中央财经大学民泰金融研究所系列报告

中国中小企业金融服务发展报告

（2009）

史建平　主编

中国金融出版社

责任编辑：彭元勋
责任校对：张志文
责任印制：张　莉

图书在版编目（CIP）数据

中国中小企业金融服务发展报告.2009（Zhongguo Zhongxiao Qiye Jinrong
Fuwu Fazhan Baogao.2009）/史建平主编.—北京：中国金融出版社，
2010.7

　　ISBN 978 - 7 - 5049 - 5564 - 7

　　Ⅰ.①中…　Ⅱ.①史…　Ⅲ.①中小企业—金融—商业服务—研究报
告—中国—2009　Ⅳ.①F279.243

　　中国版本图书馆 CIP 数据核字（2010）第 125393 号

出版
发行　　**中国金融出版社**

社址　　北京市丰台区益泽路 2 号
市场开发部　（010）63272190，66070804（传真）
网 上 书 店　http://www.chinafph.com
　　　　　　（010）63286832，63365686（传真）
读者服务部　（010）66070833，62568380
邮编　　100071
经销　　新华书店
印刷　　保利达印务有限公司
装订　　平阳装订厂
尺寸　　169 毫米 ×239 毫米
印张　　14.75
字数　　258 千
版次　　2010 年 7 月第 1 版
印次　　2010 年 7 月第 1 次印刷
定价　　35.00 元
ISBN 978 - 7 - 5049 - 5564 - 7/F.5124
如出现印装错误本社负责调换　联系电话（010）63263947

"中国中小企业金融服务发展报告"
课 题 组

组长：史建平

成员：杨如冰　王婉婷　周　欣

　　　史秀红　郭剑光　李德峰

序

在我国，中小企业贡献了 60% 以上的 GDP，不仅是经济活力的源泉，更是吸纳就业和改善民生的重要载体。然而，中小企业在经济社会发展中的重要作用与其融资不足之间的矛盾却长期存在，引起了学术界对中小企业金融服务问题的广泛关注。作为身在其中的研究学者，我们也一直在思考，如何才能更加务实有效地开展研究，取得更富有建设性和更具应用价值的研究成果，满足这一领域日益增长的实务需求。

带着这些思考，2008 年 7 月，中央财经大学和浙江民泰商业银行合作设立了中央财经大学民泰金融研究所，组建了一支由中央财经大学教师科研人员、博士硕士组成的研究团队，同时聘请国内外相关领域知名教授和专家作为顾问和客座研究员，致力于中小企业金融、农村金融、金融市场和宏观金融等问题的研究。其中，中小企业金融已成为研究所目前突出的研究特色之一。成立以来，研究所与国内商业银行及其他金融机构建立了广泛的联系，合作开展基于我国实际的中小企业金融理论、政策与应用研究。在中小企业金融运行的特点和规律、中小企业金融风险的识别度量与管理、中小企业金融服务市场竞争与发展战略、中小企业金融服务政策等方面取得了一系列研究成果，部分成果已经应用于商业银行中小企业金融服务实践，相关政策建议得到监管层的重视，形成了科研与实践的良性互动，取得了良好的社会效益。

基于对中小企业金融服务的长期跟踪研究，研究所从 2008 年开始尝试建立中小企业金融服务市场分析体系。2009 年 5 月，研究所推出了《中国中小企业金融服务发展报告（2008）》，首次全视角展现了我国现阶段中小企业金融服务市场的全貌，涵括了中小企业金融服务的主要机构和市场，对中小企业金融服务发展现状进行了全面梳理和总结，并针对亟须解决的问题给出了政策建议。该报告在随后研究所承办的"中小企业金融服务高层论坛"（2009）上作为会议材料进行了小范围的发布，得到了与会领导和代表的充分肯定，收到了良好的市场反馈，这进一步增强了研究所持续推出系列报告的信心。

2010 年是研究所推出中小企业金融服务发展报告的第二个年头，在研究所全体同人的努力下，2010 年的报告在研究内容的广度和深度上均有进一步的提高。在中国金融出版社彭元勋主任的热情鼓励下，我们决定将报告正式出版，希望以此为开端，每年以年度发展报告的形式，记录我国中小企业金融服务市场从小到大、由弱变强的发展历程，以此促进全社会对中小企业金融服务的持续关注和大力支持。

为了更完整地展现中小企业金融服务市场的发展变化轨迹，本次出版附上了 2009 年的报告以备查阅；同时，还增附了两年来我国中小企业金融服务相关政策索引，以便为从事中小企业金融服务的实务人员和研究学者提供政策参考。衷心希望我们的报告能够为中小企业金融服务领域的从业人员、监管者和研究学者提供有益的借鉴，也期待大家对报告提出宝贵的意见和建议。

中央财经大学副校长
中央财经大学民泰金融研究所所长

2010 年 6 月

目　　录

中国中小企业金融服务发展报告（2009）

附　中国中小企业金融服务发展报告（2008）

中国中小企业金融服务发展报告（2009）

（中央财经大学民泰金融研究所·2010 年 5 月）

1　前　言

　　2009 年，中国经济经受了严峻考验，在最短的时间内率先复苏，给低迷的全球经济带来一丝春意。成果来之不易，巩固更需努力。短期内，政府主导的投资可以及时遏制经济下滑的趋势，而长期来看，经济恢复健康增长还有赖于市场主体能够自我修复，并形成经济增长的内生动力。在危机冲击下，我们看到许许多多积极主动开展自救的中小企业，它们所表现出来的灵活调整能力和顽强的生命力正是建设一个更富有弹性和更具自我修复能力的经济体所不可或缺的支柱。

　　在过去的一年里，包括中小企业金融服务在内的中小企业发展问题继续得到各级政府及有关各方的高度重视。2008 年相继出台的促进中小企业发展政策在 2009 年逐步得到落实，更多的后续政策在随之跟进，政策合力进一步提升。中小企业金融服务市场的整体规模继续保持良好的增长态势，市场各类主体在积极参与的同时，进一步明确市场定位，中小企业金融服务创新更加务实有效。其中，作为中小企业金融服务最重要的力量，商业银行 2009 年的表现尤其可圈可点。如果说 2008 年我们只是看到中小企业金融服务市场发展的希望，那么 2009 年这希望正在一步步地变为现实。不过，中小企业金融服务市场的发展之路并非坦途，仍需各方持续不懈的努力。

　　2010 年是我们推出中小企业金融服务发展年度报告的第二个年头，在广泛收集资料形成报告的过程中，看到一项项日益具体的政策措施和一组组鲜活的数字，感受到中小企业金融服务市场一点一滴的变化，我们深知记录之意义，也深感责任之重大。在纷繁散乱的数据资料中，我们尽可能进行充分的甄别求证，力图采用最为客观的数据刻画这个新兴市场的真实状况。而且，从 2010 年起，我们在报告中适当增加了基于三年以上数据的图表，以便更清晰地展现这个市场每年发生的变化，也希望以此促进中小企业金融服务市场的外部监督和内部竞争。

2 中小企业金融服务发展环境

2.1 经济环境

2009 年，国际金融危机持续扩散蔓延，世界经济严重衰退，我国经济社会发展遇到严重困难。面对严峻复杂的经济形势，我国坚持积极的财政政策和适度宽松的货币政策，全面实施并不断完善应对国际金融危机的一揽子计划，较快地扭转了经济增长明显下滑的态势，在全球各经济体中率先实现了总体回升。全年国内生产总值（GDP）比 2008 年增长 9.1%，尽管增速较上年回落了 0.5 个百分点，但实现了"保八"的经济增长目标。

外需方面，金融危机造成国外需求急剧萎缩，2009 年全年出口总额下降 16.0%，虽然从第三季度开始，出口降幅开始逐月缩小，并于 2009 年 11 月实现正增长，但由于存在贸易摩擦加剧、美国贸易保护主义抬头等不利因素，外需能否持续回稳尚有不确定性。内需方面，随着中央扩大内需、增加投资一揽子计划的逐步实施，全年全社会固定资产投资实现快速增长，增速高达 30.1%，比上年提高 4.6 个百分点。固定资产投资在克服国际金融危机影响，确保国民经济较快增长中发挥了重要作用。此外，2009 年全年实现社会消费品零售总额比上年增长 15.5%，增速比上年回落 6.1 个百分点①。短期内，消费仍难以迅速接过投资的接力棒而成为经济增长的主要动力。由于经济结构的长期问题短时间内仍难解决，加之逐渐显现的通胀压力，以及经济刺激计划淡出的市场预期，经济回升向好势头的持续性仍待时间检验。

尽管经济回升的基础尚不稳固，但整体经济的复苏使中小企业的生存发展环境得到了一定程度的改善。而且，在经历了 2008 年形势急转直下带来的剧烈冲击后，中小企业开始表现出灵敏的市场反应和灵活的调整能力。它们根据市场情况及时调整经营策略，采取停工不倒闭、以销定产、限产压库等措施避免更大的损失以求自保，争取调整的时间和空间，同时积极进行产品结构调整和内外需市场转换，表现出顽强的生命力。2009 年下半年，珠三角、长三角

---

① 扣除价格因素，实际增长 16.9%，比上年加快 2.1 个百分点。

及大连等沿海地区出口型中小企业出现接单量反弹、用工增长甚至局部地区缺工的情况。此外,大量投资项目的实施也顺着产业链开始逐步惠及中小企业。国家统计局调查显示,中小企业企业景气指数和企业家信心指数逐季回升,其中,小型企业的景气指数和信心指数的回升虽然滞后于中型企业,但于第三季度也回升至景气区间,这也是自2008年第四季度以来,中型企业和小型企业景气指数和企业家信心指数首次同时位于景气区间。

据人民银行调查统计司报告反映,我国小企业生产经营状况总体好转,销售收入降幅逐步缩小,利润由降转升,用工需求逐步增加。小企业资产负债率趋于下降,短期偿债能力总体趋升,停产倒闭状况有所缓解。但小企业各经济指标仍低于危机前水平,与大中型企业相比还有一定差距。进一步激发市场活力,特别是调动中小企业的活力,直接关系到我国经济回升势头的稳定性和持续性,仍需要付出相当的努力。

2.2　政策环境

在2009年宽松的货币政策下,银行体系保持流动性充裕,金融机构信贷投放超常增长,新增信贷投放达到9.59万亿元,超过2008年近1倍,中小企业金融服务的资金来源相对充足。与此同时,中央和相关部门继2008年密集出台了一系列促进中小企业发展的政策措施以来,于2009年又进一步出台了大量有关中小企业发展的政策,这些政策既延续和深化了上年各项政策,又增添了新的重要内容。不仅强调要切实缓解中小企业融资难,而且在创造公平竞争的市场和法律环境、加大对中小企业的财税扶持、加快中小企业技术进步和结构调整等方面提出了具体的措施,涵盖了中小企业发展的各个方面,使中小企业发展的政策环境得到进一步的改善。

特别值得一提的是,2009年促进中小企业发展的政策更加务实具体,而且含金量高,特别是有关中小企业的财税政策的力度是历年来少见的,体现了管理层对帮扶中小企业发展的决心。此外,政策更注重延续性,更强调落实。我们看到,2009年政策中很大部分是2008年提出的政策思路的具体落实,政策的可操作性显著提高。如果说2008年是分散独立的中小企业政策在统一的共识下走向系统化的一年,那么2009年则是中小企业政策走向全面务实的关键一年。这无疑为中小企业金融服务的发展创造了更为宽松的环境和更大的空间。

表 2 - 1　　　　　　　2009 年出台的促进中小企业发展的主要政策

政策类型	政策要点
中央及国务院政策	• 《政府工作报告》（2009）将"加快转变发展方式，大力推进经济结构战略性调整"作为 2009 年主要任务之一，其中强调，采取更加有力的措施扶持中小企业发展。抓紧落实金融支持政策，健全融资担保体系，简化贷款程序，增加贷款规模。中央财政中小企业发展资金增加到 96 亿元。继续实行鼓励中小企业科技创新、技术改造、增加就业的税收优惠政策。健全中小企业社会化服务体系。 • 国务院第 77 次常务会议专题研究部署中小企业发展工作，会后经修改印发了《国务院关于进一步促进中小企业发展的若干意见》（国发〔2009〕36 号），从营造有利于中小企业发展的良好环境、缓解中小企业融资困难、加大对中小企业的财税扶持力度、加快中小企业技术进步和结构调整、支持中小企业开拓市场、改进对中小企业的服务 6 个方面提出了进一步促进中小企业发展的 29 条政策意见。 • 《国务院办公厅关于成立国务院促进中小企业发展工作领导小组的通知》（国办发〔2009〕67 号），旨在加强对促进中小企业发展工作的组织领导和政策协调。 • 中央经济工作会议提出 2010 年经济工作的重点任务，提出增加对中小企业的支持力度。同时，提出"加大信贷政策对经济社会薄弱环节、就业、战略性新兴产业、产业转移等方面的支持，有效缓解小企业融资难问题"。"增强非公有制经济和小企业参与市场竞争、增加就业、发展经济的活力和竞争力，放宽市场准入，保护民间投资合法权益"。 • 《国务院办公厅关于进一步明确融资性担保业务监管职责的通知》（国办发〔2009〕7号）建立融资性担保业务监管部际联席会议。
财税政策	• 《财政部关于中小企业和涉农不良贷款呆账核销有关问题的通知》（财金〔2009〕12 号），放宽了中小企业不良贷款呆账认定条件，对单笔 500 万元以下（含 500 万元）的，经追索 1 年以上，确实无法收回的中小企业贷款，可按照账销案存的原则实行税后自主核销。 • 《财政部、国家税务总局关于金融企业涉农贷款和中小企业贷款损失准备金税前扣除政策的通知》（财税〔2009〕99 号），对年销售额和资产总额均不超过 2 亿元的企业的贷款按一定比例提取的贷款损失准备金准予税前扣除。 • 《财政部、国家税务总局关于中小企业信用担保机构有关准备金税前扣除问题的通知》（财税〔2009〕62 号）规定，中小企业信用担保机构可按照不超过当年年末担保责任余额 1% 的比例计提担保赔偿准备，以及按照不超过当年担保费收入 50% 的比例计提未到期责任准备，允许在企业所得税税前扣除。 • 《工业和信息化部、国家税务总局关于中小企业信用担保机构免征营业税有关问题的通知》（工信部联企业〔2009〕114 号），对符合规定的中小企业信用担保机构实行免征营业税的优惠政策。 • 《财政部、商务部关于印发〈中小外贸企业融资担保专项资金管理暂行办法〉的通知》（财企〔2009〕160 号），支持担保机构扩大中小外贸企业融资担保业务，缓解中小外贸企业融资难问题。按保费的一定比例资助担保机构开展中小外贸企业融资担保业务、对担保费率低于银行同期贷款基准利率 50% 的中小外贸企业融资担保业务给予奖励、资助信用担保欠发达地区地方政府出资设立担保机构，开展中小外贸企业融资担保业务。

续表

政策类型	政策要点
	• 《财政部、国家税务总局关于小型微利企业有关企业所得税政策的通知》（财税〔2009〕133 号）规定，对年应纳税所得额低于 3 万元（含 3 万元）的小型微利企业，其所得减按 50% 计入应纳税所得额，按 20% 的税率缴纳企业所得税。 • 《国家税务总局关于实施创业投资企业所得税优惠问题的通知》（国税发〔2009〕87 号），明确了创业投资企业股权投资税收优惠政策。 • 2009 年年内 3 次（2008 年以来 7 次）提高部分劳动密集型商品、附加值和技术含量高商品的出口退税率。 • 继 2008 年中央财政安排专项资金 49.9 亿元用于支持中小企业发展之后，2009 年中央财政安排专项资金 108.9 亿元，较上年增长 118%；在增量资金安排上突出了以下工作重点：一是积极改善中小企业融资环境，鼓励担保机构扩大对中小企业的担保规模；二是大力支持中小企业技术创新、结构调整、扩大就业，转变发展方式；三是帮助中小企业开拓国内市场和国际市场。 • 在中央预算内企业技术改造专项投资中，安排 30 亿元支持中小企业特别是小企业技术改造，在切块地方的技术改造专项投资中，68% 的资金用在了中小企业。 • 2009 年共安排中小企业担保资金 40 亿元，比上年增长 1.2 倍。在此政策引导下，各地财政部门也加大对中小企业信用担保的扶持力度，探索实施了准备金补助、业绩奖励、风险补偿等多种扶持方式，部分地区还在再担保体系建设方面做了有益的探索。 • 允许困难企业在一定期限内缓缴社会保险费、阶段性降低四项社会保险费率、使用失业保险基金支付社会保险补贴和岗位补贴，帮助困难企业渡过难关。 • 按照正税清费的原则，深入开展减轻企业负担工作。2009 年 1 月起取消和停止征收 100 项行政事业性收费，合计每年减免金额约 360 亿元。
中国银监会政策	• 明确要求商业银行 2009 年、2010 年小企业信贷投放增速不低于全部贷款增速、增量不低于上年。 • 推动五大国有商业银行、12 家全国性股份制商业银行、邮政储蓄银行等主要银行业金融机构设立小企业金融服务专营机构，要求专营机构单列信贷规模、单独配置资源、单独信贷评审，对小企业业务进行独立会计核算。 • 《关于中小商业银行分支机构市场准入政策的调整意见（试行）》（银监办发〔2009〕143 号）取消符合条件的中小商业银行分支机构准入数量限制，鼓励其优先到西部、东北等金融机构较少、金融服务相对薄弱地区设立分支机构。 • 《中国银监会关于当前调整部分信贷监管政策促进经济稳健发展的通知》（银监发〔2009〕3 号）允许中小银行业金融机构有条件适当突破存贷比。 • 《中国银监会办公厅关于创新小企业流动资金贷款还款方式的通知》（银监办发〔2009〕46 号）规定，银行和小企业可在借款合同中约定，如有需要，小企业可在贷款到期前申请重新对其进行授信审查，如审查通过可适度延长贷款期限，无须签订新的借款合同、担保合同和重新办理有关手续，延长贷款期限的其他条件由双方协商决定。商业银行应对有合理资金需求的优质小企业和经营运转正常、市场前景良好且暂时出现流动资金紧张的小企业给予贷款延期支持。

续表

政策类型	政策要点
	• 《中国银监会关于印发〈小额贷款公司改制设立村镇银行暂行规定〉的通知》（银监发〔2009〕48号），对小额贷款公司改制设立村镇银行的准入条件、程序和要求以及监督管理作出了规定。 • 与科技部联合印发《关于进一步加大对科技型中小企业信贷支持的指导意见》（银监发〔2009〕37号）、《关于选聘科技专家参与科技型中小企业项目评审工作的指导意见》（银监发〔2009〕64号），确立了科技金融合作模式和科技专家参与科技型中小企业信贷评审模式，由科技部推荐1000余名科技专家，为科技型中小企业贷款项目评审提供科学中立的专业咨询意见。
人民银行政策	• 贯彻适度宽松的货币政策，保持银行体系流动性充裕，引导金融机构扩大信贷投放。 • 《中国人民银行公告》（〔2009〕第1号）取消在银行间债券市场交易流通的债券发行规模须超过5亿元才可交易流通的限制条件，为中小企业通过发债融资创造了较好的政策条件。 • 《中国人民银行、中国银行业监督管理委员会公告》（〔2009〕14号）允许符合条件的金融租赁公司和汽车金融公司发行金融债券，并明确规定了申请发行金融债券的具体条件。 • 《银行间债券市场中小非金融企业集合票据业务指引》（中国银行间市场交易商协会公告〔2009〕第15号）明确中小非金融企业集合票据创新的原则和方向，规范中小非金融企业集合票据的运作。 • 《中国人民银行、中国银监会关于进一步加强信贷结构调整促进国民经济平稳较快发展的指导意见》（银发〔2009〕92号）强调要多方面拓宽中小企业的融资渠道，对中小企业的金融服务要精细化。 • 《中国人民银行、中国银监会、中国证监会、中国保监会关于进一步做好金融服务支持重点产业调整振兴和抑制部分行业产能过剩的指导意见》（银发〔2009〕386号）提出要创新金融服务，支持重点产业和新兴产业中小企业拓宽融资新渠道。
工业和信息化部政策	• 工信部2009年1号文《工业和信息化部关于做好缓解当前生产经营困难保持中小企业平稳较快发展有关工作的通知》明确6方面工作：着力缓解中小企业融资难担保难问题；帮助中小企业积极开拓市场；切实推动中小企业结构调整，加快产业升级；大力推进管理创新，提高企业市场竞争力；创造良好的政策和市场环境，完善社会化服务体系建设；全力维护企业正常生产经营，千方百计保持社会就业形势稳定。 • 工业和信息化部与工商银行、农业银行、中国银行、建设银行四大银行签署了《中小企业发展合作备忘录》，并要求各级中小企业管理部门和四大银行及其系统开展务实合作。 • 启动"中小企业健康成长计划"，旨在帮助中小企业利用现代信息技术，搭建管理服务平台，推动中小企业规范和高效管理。

2.3　金融基础设施

2009 年，以征信系统和动产融资登记公示系统为代表的金融基础设施建设进一步推进，由于与中小企业金融服务密切相关，这些金融基础设施的建设和完善将对中小企业金融服务的长远发展起到十分重要的作用。

■ 征信系统建设和应用稳步推进

2009 年，人民银行征信系统信息采集规模和服务范围不断扩大，系统数据质量全面提升。截至 2009 年末，企业征信系统收录的企业及其他组织近 1576 万户（比 2008 年末增长 8.9%），其中 741.5 万户有信贷记录（增长 6.8%）。个人征信系统收录的自然人人数达 6.6 亿多人（增长 3.1%），其中拥有信贷账户的超过 1.75 亿人（增长 25.0%）。在中小企业征信方面，人民银行加强了中小企业信用档案的信息采集和更新，推广使用中小企业信用信息。截至 2009 年末，全国补充完善未与银行发生信贷关系的中小企业信息约 200 万户，比 2008 年增加了 178.6%；中小企业信用信息系统提供查询 400 余万次；累计已有 17.3 万户中小企业取得银行授信意向，9.2 万户中小企业获得银行贷款，贷款余额 15704 多亿元，累计获得贷款总额 26374 多亿元。[①]

此外，随着金融服务机构的多元化，征信系统接入和服务的机构范围也进一步扩大。截至 2009 年末，企业征信系统接入机构已达 710 家。为防范小额贷款公司信贷风险，促进小额信贷业务开展，人民银行征信中心着手推动小额贷款公司接入企业征信系统工作，拟定了先在四川、浙江试点接入后全面展开的接入原则。同时，初步制定了小额贷款公司接入征信系统的操作流程，明确了机构设置方式，要求各分中心指导小额贷款公司建立数据报送、信息查询和使用等有关制度，督促其做好数据报送及信息查询工作。目前，试点地区小额贷款公司的接入工作正在稳步推进。

■ 动产融资登记公示系统进一步完善

作为资产支持贷款的重要形式，应收账款融资对银行业改善信贷担保结构、增强抗风险能力具有现实意义，同时也是破解中小企业融资难题的一项重要措施。为了推进应收账款融资，人民银行推出了应收账款质押登记公示系统，为质权人提供公示权利的平台，使登记的质权获得对抗第三人的法律效力；同时，为利害关系人提供信息查询渠道，有利于避免在已经设有权益的动产之上重复融资或过度融资，维护交易安全。该系统自 2007 年上线运行以来，

---

① 中国人民银行网站。

总体业务呈现稳步上升趋势。截至 2009 年底，已有 2600 多个机构①注册为登记系统的用户，应收账款质押登记系统累计登记量超过 12 万笔，累计查询量超过 17 万笔，均较 2008 年同期增长近 3 倍。质押的应收账款类型也日益丰富，包括销售款、出租款、服务债权、不动产收费权等 20 余种。应收账款质押登记系统的运行推动了应收账款质押融资业务的开展②，为不动产资源有限的中小企业带来融资便利。据统计，截至 2009 年末，该系统中出质人为中小企业的登记约有 7.3 万笔，占总登记量的 60% 左右。涉及中小企业的应收账款融资合同金额累计约为 2.5 万亿元，占登记合同总金额的 40%③。

　　2009 年 7 月，另一个动产融资登记公示系统——融资租赁登记公示系统正式上线。融资租赁登记落实并完善了《物权法》的善意取得制度和有关担保物权与租赁物权优先顺位的确定原则，有利于出租人的所有权获得对抗善意第三人的效力，保证租赁交易的安全。截至 2009 年末，该系统已发生融资租赁登记 3300 余笔，查询 1000 余笔，登记租赁财产涉及工程机械设备、生产设备、医疗设备、办公设备、运输设备等多个领域。其中，近 90% 的融资租赁登记的承租人为中小企业和个人。融资租赁登记公示系统的建成和运行，标志着我国在支持融资租赁业发展的基础设施建设方面又前进了一步，对促进融资租赁业快速健康发展以及推动融资租赁在中小企业金融服务中的广泛应用都将具有重要的作用。

---

①　包括全国性商业银行、城市商业银行、农村信用社、村镇银行、外资银行，以及担保公司、财务公司、典当公司、小额担保公司和信托公司等机构。

②　开展业务的机构主要集中于全国性商业银行，其登记量约占登记总量的 80%。

③　《应收账款质押登记和融资租赁登记公示系统致力解决中小企业融资难》，金融界网，2010 - 04 - 03。

3　中小企业金融服务发展现状①

3.1　商业银行：变化喜人

在我国以间接融资为主体的金融环境下，商业银行是企业资金供给的主要来源，也将长期成为中小企业融资的重要支撑。在监管部门的积极推动下，商业银行逐渐认识到中小企业的商业价值，开始转变服务中小企业的观念，将中小企业金融服务作为商业银行新的经济增长点。据中国银行业协会《中国银行家调查报告（2009）》显示，大多数银行家正在积极关注中小企业贷款业务，80%的银行家选择中小企业贷款作为银行未来公司金融业务的发展重点。

3.1.1　专营机构全面推行

与 2008 年相比，2009 年商业银行中小企业金融服务最明显的变化是中小企业金融服务专营机构的全面推行。继 2008 年中国银监会出台《关于银行建立小企业金融服务专营机构的指导意见》后，2009 年 3 月，中国银监会明确要求国家开发银行、5 家国有商业银行、12 家股份制商业银行和邮政储蓄银行等 19 家银行业金融机构须于 2009 年第二季度末前完成满足 "1＋3" 要求的专营机构建立工作，即总行层面成立一级部制机构，专职负责中小企业金融服务，并实行独立的信贷计划，独立的财务和人力资源配置，独立的信贷评审系统和中小企业客户标准。根据相关政策的规定及专业服务中小企业的要求，截至 2009 年末，主要商业银行一级部制机构的中小企业专营机构的设立基本完成，而且其中部分商业银行还将专营机构在全国多省市扩展，搭建起专业化的中小企业业务经营管理组织架构，通过更加专业、集约和高效的方式为小企业提供金融服务。

---

① 虽然农村商业银行、信用社等农村金融机构在农业中小企业、农户的金融服务中占据主导地位，但由于农村金融的相对独立的特点，为突出重点，本报告未将这类机构涵括在内。

表 3-1　部分代表性商业银行中小企业专营机构的设立及进展情况（截至 2009 年末）

银行名称	成立时间	机构及模式	进展情况
招商银行	2008 年 6 月	小企业信贷中心（事业部制，持分行级营业执照）	• 在苏州、杭州、上海、南京、宁波、北京和东莞设立了一级分中心，在南通、温州、无锡、台州设立了二级分中心，在常熟、张家港、昆山、瑞安、江阴、吴江、宜兴设立了三级分中心，初步完成长三角地区主要城市的覆盖，并开始在珠三角和环渤海地区的业务尝试。 • 专门针对小型企业客户提供金额在 1000 万元以下的各类信用、担保、抵押、质押等融资服务。 • 贷款余额 55.12 亿元，拥有贷款客户 930 户，分别占全行中小企业贷款余额和贷款户数的 1.8% 和 7.4%。贷款平均利率较基准利率上浮 20% 左右。
	2009 年	分行中小企业金融部	在 7 家分行设立中小企业金融部，试点分行层面的中小企业专业化经营改革。
民生银行	2008 年初	中小企业金融事业部（事业部模式，持分行级营业执照）	• 将中小企业金融事业部改造成业务范围覆盖全国、持分行级营业执照的中小企业专营机构。 • 初步形成以长三角为重点，逐步向环渤海、海峡西岸、珠三角等经济带辐射的格局，专业从事中小企业金融服务的销售机构数量扩大到 23 个。 • 拥有客户 3277 户，贷款余额 341.80 亿元，贷款平均收益率达到基准利率上浮 20% 的水平。
宁波银行[①]	2008 年 7 月	小企业部（总行一级部）	N/A
中国银行	2008 年 7 月	中小企业部	• 总行将分散在各部门的中小企业服务的功能集中到公司金融总部中小企业业务模块（中小企业部）。 • 符合条件的一级分行成立中小企业部，"中银信贷工厂"流水线式服务模式已推广至 17 个一级分行。
北京银行	2008 年 12 月	中小企业部（总行一级部）	• 2009 年 5 月更名为中小企业事业部。 • 在北京管理部、商务中心区管理部、中关村科技园区管理部建立 3 家中小企业服务中心。 • 成立中关村海淀园支行、健翔支行 2 家科技型中小企业特色支行。
交通银行[②]	2009 年 3 月	小企业信贷部（总行一级部）	在江苏、浙江、广东、湖北、湖南、河南、安徽、四川等 12 家省直分行设立了 161 个 "在行式" 小企业专营机构，覆盖全行 80% 的小企业贷款规模。

续表

银行名称	成立时间	机构及模式	进展情况
建设银行	2009 年 3 月	小企业金融服务部（总行一级部）	在分支机构组建了约 140 家"信贷工厂"模式的小企业经营中心，各层级的小企业专业机构 700 多家，配置专业人员近 2000 人。
农业银行[3]	2009 年 3 月	小企业金融部（总行一级部）	• 将原来属于"三农"板块的小企业业务独立出来成立小企业金融部。 • 小企业金融部编制 23 人，在 37 个一级分行都设立了小企业业务部。 • 已设立小企业金融服务专营机构 836 个，其中设立在省辖市分行和大城市支行的小企业金融服务中心超过了 300 个，在支行设立的分中心、专业支行和特色支行超过 500 个。
恒丰银行	2009 年 3 月	中小企业信贷管理部（总行一级部）	已在中小企业信贷占比较高的烟台、青岛、济南、杭州、成都 5 家分行开展中小企业特色支行试点。
工商银行[4]	2009 年 4 月	小企业金融业务部（总行一级部）	全行成立近 1000 家小企业专营机构。
兴业银行	2009 年 4 月	小企业部（总行一级部）	已在广州、杭州、深圳、南京、福州、成都、武汉、厦门、泉州、宁波等 10 家分行成立分行小企业中心及相应专营机构，采用"信贷工厂化"处理模式。
中信银行	2009 年 5 月	小企业金融中心（总行一级部）	浙江、宁波、江苏、苏州小企业金融区域中心已经建立并正式挂牌。
华夏银行[5]	2009 年 5 月	中小企业信贷部（总行一级部）	在北京、江苏、浙江和湖北等地区成立 9 家分部，其中已开业的 5 家分部集中在长三角地区。
南京银行	2009 年 5 月	小企业金融部（总行一级部）	N/A
深圳发展银行	2009 年 6 月	中小企业金融事业部（分行级事业部模式）	在温州、宁波、上海、杭州、深圳和南京等地成立多家地区性中小企业金融事业部。
浙商银行	2009 年 6 月	小企业信贷中心	• 2006 年 6 月 6 日，浙商银行试点的第一家小企业专营支行——杭州城西支行开业。 • 专营模式已推广到上海、天津、四川、陕西等省市分行，2009 年新设 11 家小企业专营机构，专营机构达到 24 家。 • 2009 年 6 月 26 日，获准筹建小企业信贷中心，该中心筹建工作正在进行。

续表

银行名称	成立时间	机构及模式	进展情况
光大银行⑥	2009 年 6 月	中小企业业务部	• 确立了立足于配套型、集聚型、科技创新型中小企业三大目标市场的发展战略。 • 在防范潜在风险的基础上提高中小企业贷款的综合收益水平，全行中小企业一般贷款综合收益高出平均水平 1.24 个百分点。
广发银行⑦	2009 年上半年	中小企业金融部（总行一级部）	2009 年在全行推广"好融通"中小企业融资新模式，截至 2010 年 3 月末，"好融通"授信余额已超过 220 亿元，增幅 65%；授信客户 2200 多户，增幅 47%。
浦发银行	2009 年 9 月	中小企业业务经营中心（总行一级部）	33 家分行中小企业业务经营中心基本建立，机制建设逐步完成，人员正逐步到位。

说明：表中除注明信息来源的银行外，其他银行信息摘自该行 2009 年年报。

注：①《宁波银行小企业部升格》，中国金融网，2008 – 07 – 22。

②《交通银行信贷支持小企业发展》，新浪财经，2010 – 03 – 08。

③《农行蓄力小企业信贷》，载《当代金融家》，2010（3）。

④《工商银行在总行成立小企业金融业务部》，工商银行主页—行内快讯，2009 – 04 – 30。

⑤《华夏银行：打造中小企业金融服务商》，载《中国企业报》，2010 – 01 – 29。

⑥《光大银行为中小企业发展创新拓展空间》，载《黑龙江经济报》，2010 – 03 – 22。

⑦《广发行一季度中小企业贷款达 1500 亿元》，载《金融时报》，2010 – 04 – 20。

　　在各商业银行自身积极推进中小企业金融服务专营机构建设的同时，一些地方政府也加大了吸引专营机构的政策支持力度，特别值得一提的是北京市特别为科技型企业服务的专营机构建设提供了配套优惠政策。鼓励银行业金融机构在中关村示范区核心区内设立专门为科技型中小企业服务的支行、信贷中心等信贷服务专营机构，通过购（建、租）房补贴、风险拨备补贴、业务增量补贴等多种方式支持各专营机构在示范区核心区开展科技金融创新试点，综合运用多种金融工具加大对示范区核心区科技型中小企业的融资支持（详见附件1《关于促进银行业金融机构在中关村国家自主创新示范区核心区设立为科技企业服务的专营机构的指导意见》）。这种服务特定对象的专营机构建设不仅有利于提升科技型中小企业金融服务专业化水平，而且也有利于商业银行专营机构差异化发展。

　　总体来看，2009 年中小企业金融服务专营机构的全面推行为商业银行中小企业金融服务的专业化运作奠定了组织机构基础，有助于商业银行更有效地落实小企业金融服务"六项机制"，从而提升中小企业业务市场的竞争力，提高中小企业金融服务水平和效率。据中国银监会官方报道，主要银行业金融机构所设专营机构的新增贷款已超过全行新增中小企业贷款的60%，专营机构的"引擎"作用已初步显现，小企业金融服务专业化水平明显提高①。

但是，我们也要看到，能够全面实现"三独立"要求的仍仅限于招商银行和民生银行这样的标准事业部制的专营机构，而对大部分总行一级部建制的专营机构而言，在目前条件下，实现独立的信贷计划、独立的信贷评审系统，以及分离和建立相对独立的服务团队已是较大突破，要实现独立的财务核算和资源配置，则需要商业银行进行更为彻底的管理变革，这应该是每家商业银行根据自己的中小企业发展战略，结合自身资源特点进行的管理变革，不仅仅需要监管层的良好引导，更重要的还有赖于市场对专营机构有效性的检验。专业化是中小企业金融服务不变的趋势，在实现专业化的过程中，鼓励不同的商业银行尝试包括但不仅限于专营机构的机制创新将更有利于商业银行在中小企业市场形成差异化竞争。

3.1.2 规模及占比双增长

整体来看，2009年银行业金融机构中小企业金融服务规模保持持续增长态势，而且增幅较2008年有大幅提高，并超过企业贷款的平均增速，其中，小企业贷款增速显著快于中小企业贷款增速。与此同时，无论是中小企业贷款还是小企业贷款，其在企业贷款中的占比均有所提高，呈现贷款规模及占比双增长的良好局面。

■ **中小企业贷款增长情况**

人民银行数据显示，截至2009年末，银行业金融机构中小企业贷款（含票据贴现）余额14.4万亿元②，全年累计新增3.4万亿元，年末同比增长30.1%③，比2008年13.5%④的增幅提高了16.6个百分点，据此计算，近三年银行业金融机构中小企业贷款（含票据贴现）余额加速增长情况可见图3-1。

---

① 《2009年银行业小企业金融服务实现三大突破》，中国银监会主页—要闻导读，2010-02-23。
② 《回眸2009·喜看新成就：中国银行业 逆势创佳绩》，载《人民日报》，2010-03-08。
③ 中国人民银行：《2009年第四季度中国货币政策执行报告》。
④ 《2008年中小企业贷款全年增长13.5%》，人民网，2009-03-06。

万亿元

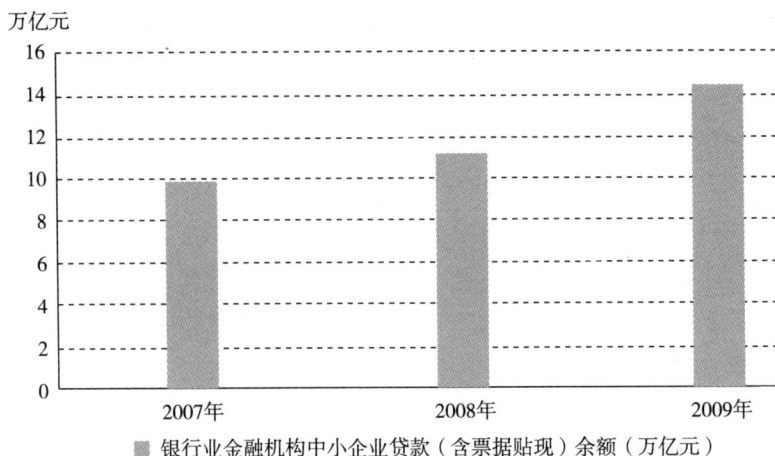

数据来源：中国人民银行。

图 3 - 1　2007—2009 年银行业金融机构中小企业贷款余额（含票据贴现）

　　表 3 - 2 统计了中小企业贷款余额及其在非金融性公司及其他部门贷款中的占比变化情况①，尽管中小企业贷款规模绝对值的迅速增长很大程度上源于宽松货币政策下信贷投放的整体高速增长，但我们同时也看到，2009 年中小企业贷款增速（30.1%）开始超过非金融性公司及其他部门贷款增速（29.1%）；而且新增贷款中投放于中小企业的比例显著提高，2009 年中小企业贷款增量占比从 2008 年的 37.3% 提高至 46.5%。这与监管层大力推动"两个不低于"的要求和银行业金融机构调整贷款结构付出的努力密不可分。截至2009 年末，中小企业贷款占非金融性公司及其他部门贷款的比例从 2008 年末的 44.9% 提高至 45.3%，虽然仅提高了 0.4 个百分点，但是如果我们注意这是在 2009 年经济刺激计划下巨额信贷投放于基础设施建设等非中小企业部门的背景下所取得的结构改善，可知成果来之不易，其代表的意义甚至超过了中小企业贷款规模高速增长本身。

---

　　①　由于人民银行未公开披露历年企业贷款余额数据，故采用"非金融性公司及其他部门贷款"数据作为企业贷款的替代，因该数据包括但不限于企业贷款，故中小企业贷款占比会因分母偏大而降低。人民银行《2009 年金融机构贷款投向统计报告》数据显示，2009 年全年累计新增企业贷款 5.7 万亿元，其中大、中、小企业新增贷款占比分别是 40.9%、34.3% 和 24.8%，据此，2009 年中小企业新增贷款占新增企业贷款的比例达 59.1%。

表 3 - 2   中小企业贷款余额及占比变化情况（2008—2009 年）

年　份		2008	2009
中小企业贷款 （含票据贴现）	余额（万亿元）	11.07*	14.40
	增量（万亿元）	1.32	3.33**
	增长率（%）	13.5	30.1
非金融性公司及其他 部门贷款	余额（万亿元）	24.63	31.80
	增量（万亿元）	3.53	7.17
	增长率（%）	16.7	29.1
中小企业贷款增量占非金融性公司及其他部门贷款增量的比例（%）		37.3	46.5
中小企业贷款余额占非金融性公司及其他部门贷款余额的比例（%）		44.9	45.3

注：* 根据 2009 年余额及增长率计算而得，与中国银监会 2008 年年报披露的余额 10.3 万亿元有一定偏差，可能与是否计入票据贴现有关。

** 因小数点取舍，与人民银行《2009 年第四季度中国货币政策执行报告》披露的全年累计新增 3.4 万亿元有偏差。

■ 小企业贷款增长情况

小企业贷款的迅速增长成为 2009 年中小企业金融服务一个突出变化。人民银行数据显示，2009 年小企业贷款（含票据融资）同比增长 41.4%，全年增加 1.41 万亿元，占全年新增中小企业贷款的 41.5%，占同期新增各项贷款的比重为 24.8%，占比呈明显上升态势①。中国银监会统计显示，小企业贷款（不含票据融资）余额达 5.8 万亿元，增速快于企业贷款平均增速和各项贷款平均增速，比企业贷款平均增速高 5.5 个百分点，高于各项贷款平均增速 0.61 个百分点②，从结构上看，小企业贷款余额占企业贷款余额的比例进一步提高，较 2008 年增加 1 个百分点，达到 22.2%③。

■ 代表性商业银行中小企业贷款增长情况

从总体看，城市商业银行中小企业贷款增长相对较快，中国银监会公布的数据显示，截至 2009 年末，全国城市商业银行中小企业贷款余额超过 1.38 万亿元④，比 2008 年末增长了 36.4%；其中，微小企业贷款余额达到 7155 亿

① 中国人民银行：《2009 年第四季度中国货币政策执行报告》。
② 《2009 年银行业小企业金融服务实现三大突破》，中国银监会主页—要闻导读，2010 - 02 - 23。
③ 《小企业贷款期待再提速》，载《人民日报》，2010 - 02 - 24。
④ 《银监会：城商行应走差异化发展道路》，载《上海证券报》，2010 - 04 - 02。

元，较年初增长了42%，均超过银行业平均增幅。从个体看，无论是大型国有银行、股份制商业银行，还是城市商业银行，同类群体中各银行的表现均各有千秋。我们统计了5家国有商业银行、11家股份制商业银行和3家上市的城市商业银行共19家代表性商业银行中小企业金融服务的规模（详见表3－3）。

表3－3　　2009年部分代表性商业银行中小企业服务规模对比

银行名称	客户类型	余额（亿元）	占公司贷款比例	增长变化情况		
				余额增幅	与全部贷款增幅比较（百分点）	占比变化（百分点）
工商银行	中小企业	19217.1	48.6%	28.6%	+3.3	+4.3
建设银行	中小企业	12322.1	36.8%	19.9%	-7.1	-8.2
中国银行	中小企业	9114.6	44.7%	60.0%	+10.3	+3.8
	小企业	1771.6	8.7%	129.9%	+80.2	N/A
农业银行① （非上市）	中小企业	16300.0	41.5%	24.6%	N/A	N/A
	小企业	3980.3	11.7%	N/A	N/A	N/A
交通银行	微小企业	395.5	2.8%	132.9%	+94.5	N/A
浦发银行	中小企业(授信)	5653.8	—	25.6%	—	—
	小企业	243.0	13.3%	5.8%	-27.3	N/A
招商银行	中小企业	3083.7	47.7%	39.8%	+4.2	+4.6
民生银行	中小企业	341.8	5.0%	90.6%	+56.5	N/A
中信银行	中小企业	3283.1	39.9%	35.3%	-10.6	N/A
	小企业	374.2	4.5%	17.7%	-28.2	-1.0
兴业银行	小企业	2746.0	54.3%	N/A	N/A	N/A
深圳发展银行②	中小企业	1000.0	N/A	N/A	N/A	N/A
华夏银行③	中小企业	2177.4	58.0%	N/A	N/A	N/A
光大银行（非上市）	中小企业(授信)	3334.3	—	58.4%	—	—
广发银行④（非上市）	中小企业	1473.0	52.3%	39.2%	+17.2	-2.8
恒丰银行⑤（非上市）	中小企业	400.0	46.7%	89.6%	+46.6	+2.9
浙商银行（非上市）	小企业<1500万元	199.6	26.5%	81.8%	+11.6	-0.9
	小企业<500万元	111.2	14.8%	171.9%	+101.7	+4.6
北京银行	中小企业	897.0	36.2%	65.0%	+23.4	+5.1

续表

银行名称	客户类型	余额（亿元）	占公司贷款比例	增长变化情况		
				余额增幅	与全部贷款增幅比较（百分点）	占比变化（百分点）
宁波银行⑥	中小企业	495.0	81.0%	59.7%	− 6.8	N/A
	小企业	93.3	15.7%	113.7%	+ 47.2	+ 2.0
南京银行	小企业	92.7	16.3%	46.0%	− 20.8	+ 0.5

说明：1. 此表中常规字体的数据直接摘自 2009 年年报，带有下划线的数据源自权威媒体报道，斜加粗数据根据查得数据计算得出。除注另有说明外，其他数据截至 2009 年 12 月 31 日。

2. 除特殊标注外，表中余额均为贷款余额。

3. 工商银行贷款余额占比和客户占比的变化是与 2008 年 10 月相比，其他银行是与 2008 年 12 月相比。

4. 民生银行 2009 年年报公布的是中小企业事业部的数据，而非整个银行中小企业金融服务的规模。

注：①《上半年农行中小企业贷款余额增 3225 亿元增 24.6%》，新华社，2009 – 07 – 21；《农业银行打造中小企业新引擎》，载《新快报》，2009 – 09 – 23，数据截至 2009 年 6 月。

②《后金融危机时代中小企业信贷市场的机遇》，中国金融网，2009 – 08 – 15，数据截至 2009 年 3 月。

③《华夏银行与小企业同舟共济》，载《中国金融家》，2010 – 04 – 22。

④《广发银行重组初见成效》，载《上海证券报》，2010 – 03 – 13。

⑤《恒丰银行创新融资模式、多管齐下破解融资难》，腾讯网，2010 – 04 – 14；恒丰银行主页—中小企业业务—服务介绍。

⑥《宁波银行推新品助小企业融资》，中国证券网，2010 – 04 – 30。

从中小企业贷款余额增长幅度看，股份制商业银行和城市商业银行表现抢眼，国有大型银行的增幅除了中国银行以外，增幅均落后于银行业中小企业贷款平均增幅。其中，民生银行、恒丰银行、北京银行、中国银行、宁波银行、光大银行（授信）的中小企业贷款余额增幅居于前列，增幅为 58.4% ~ 90.6%；招商银行、广发银行、中信银行增幅次之，增幅为 35.3% ~ 39.8%；而工商银行、浦发银行（授信）、农业银行和建设银行增幅相对较低，增幅为 19.9% ~ 28.6%，未超过 30%。

在小企业贷款方面，在公开披露小企业贷款数据的商业银行中，浙商银行（500 万元以下）、交通银行（微小企业）、中国银行、宁波银行的小企业贷款余额增幅尤为显著，均超过了 100%；南京银行的增幅略高于银行业小企业贷款平均增幅；而中信银行和浦发银行则均落后于银行业小企业贷款平均增幅。

从各银行中小企业贷款增幅与其全部贷款增幅的比较来看，浙商银行（500 万元以下小企业）、交通银行（微小企业）、中国银行小企业贷款增幅显著高于其全部贷款增幅，高出 80 ~ 102 个百分点；其次是民生银行、宁波银行（小企业）、恒丰银行和北京银行，中小企业贷款增幅高出 23～57 个百分点；广发银行、浙商银行（1500 万元以下小企业）、中国银行中小企业贷款增幅高出 10～18 个百分点；招商银行和工商银行中小企业贷款增幅高出的百分点相对较低，仅高出 3～4 个百分点。值得注意的是，宁波银行、建设银行、浦发银行、中信银行、南京银行中小企业贷款增幅没有跑赢本行的全部贷款增幅。

此外，由于大部分商业银行中小企业贷款增幅大于公司贷款的增幅，使其中小企业贷款占公司贷款的比例有所上升。但也有个别银行中小企业贷款占比有所下降，其中比较突出的是建设银行，下降了 8.2 个百分点，这反映了 2009 年在国家扩大内需政策背景下，国有商业银行信贷大量投放于基础设施项目①造成对中小企业贷款份额挤压的现象在一定程度上是存在的。

此外，根据可获得的公开数据，我们对 13 家代表性商业银行中小企业贷款客户数量进行了统计（详见表 3-4）。数据显示，这些商业银行中小企业贷款客户在 2009 年也得到了进一步的扩张，增长幅度在 20%～50%，普遍低于中小企业贷款余额的增幅，这表明，尽管中小企业贷款客户数量的增长对中小企业企业贷款增长有一定的贡献，但仍不及户均贷款增加所带来的效果显著。这也反映了 2009 年信贷投放大量增长一定程度上也抬高了中小企业户均贷款的水平（参见表 3-5）。中小企业新增贷款中，流向中型企业的相对更多②。

表 3-4　　　　　2009 年部分代表性商业银行中小企业客户数量对比

银行名称	客户类型	户数（户）	增幅	占公司客户比例
工商银行	小企业	44243	*17.8%*	*52.7%*
建设银行	中小企业	56700	*16.1%*	N/A
中国银行	中小企业	N/A	31.0%	N/A
	小企业	16700	50.1%	N/A
农业银行（非上市）①	中小企业	67700	N/A	*90.0%*
	小企业	42500	N/A	*56.8%*
浦发银行	中小企业（授信）	21391	*15.6%*	N/A
	小企业	4398	*6.1%*	N/A
招商银行	中小企业	12620	32.6%	N/A

① 2009 年年报显示，建设银行投向基础设施行业领域的新增贷款在公司类贷款新增额中的占比达到 53.12%。

② 浙江省金融办数据也反映，在信贷宽松的情况下，不把中型企业计算在内，小企业的信贷增量占比实际是下降的。

续表

银行名称	客户类型	户数（户）	增幅	占公司客户比例
民生银行	中小企业	3277	50.4%	N/A
深圳发展银行②	中小企业	<u>5000</u>	N/A	N/A
华夏银行	中小企业	N/A	N/A	超过70.0%
光大银行（非上市）	中小企业（授信）	8080	26.0%	N/A
恒丰银行③（非上市）	中小企业	<u>4934</u>	*38.6%*	70.3%
北京银行④	中小企业	<u>3000</u>	*30.0%*	84.0%
宁波银行⑤	小企业	7000	*159.3%*	N/A

说明：1. 此表中常规字体的数据直接摘自2009年年报，带有下划线的数据源自权威媒体报道，斜加粗数据根据查得数据计算得出。除注另有说明外，其他数据截至2009年12月31日。

2. 除特殊标注外，表中户数均为贷款户数。

注：①《上半年农行中小企业贷款余额增3225亿元增24.6%》，新华社，2009 - 07 - 21；《农业银行打造中小企业新引擎》，载《新快报》，2009 - 09 - 23，数据截至2009年6月。

②《后金融危机时代中小企业信贷市场的机遇》，中国金融网，2009 - 08 - 15，数据截至2009年3月。

③《恒丰银行创新融资模式、多管齐下破解融资难》，腾讯网，2010 - 04 - 14；恒丰银行主页—中小企业业务—服务介绍。

④《北京银行：理念引领创新型服务、特色助力品牌化经营》，中国金融网，2010 - 04 - 08。

⑤《宁波银行推新品助小企业融资》，中国证券网，2010 - 04 - 30。

表3 - 5　　　　　　　部分代表性商业银行户均贷款变化

银行名称	客户类型	2009年（万元）	2008年（万元）	增幅
建设银行	中小企业	2173.2	2104.3	3.3%
中国银行	小企业	1060.8	692.6	53.2%
浦发银行	小企业	552.5	554.1	- 0.3%
招商银行	中小企业	2443.5	2317.7	5.4%
民生银行	中小企业	1043.0	823.0	26.7%
深圳发展银行	中小企业	2000.0	N/A	N/A
恒丰银行	中小企业	810.7	592.6	36.8%
北京银行	中小企业	2990.0	2355.8	26.9%
宁波银行	小企业	133.3	161.8	- 17.6%

说明：表中2009年数据根据表3 - 3和表3 - 4数据计算得到，2008年数据根据年报相关数据计算得到。

3.1.3　市场竞争日趋激烈

■ 大型商业银行与中小商业银行的竞争加剧

随着中小企业金融服务市场的价值和潜力逐渐为商业银行所认知，大中小型商业银行均把中小企业金融服务作为发展的战略选择和新的盈利增长点。其中，大型银行"抓大不放小，多管齐下"的方针在2009年小企业贷款规模的扩张上得到了充分体现，从2009年小企业贷款规模的增幅来看，以中国银行和交通银行为例的国有商业银行大幅提高小企业贷款规模，增长幅度超过了100％。

从中小企业专营机构设立带来制度变革的效应看，由于大部分中小商业银行，特别是城市商业银行的主要客户群是中小企业，其本身可以说就是中小企业专营机构；而对大型商业银行而言，由于主要客户群是大中型企业，其信贷标准、操作流程等制度体系均主要依大中型客户的特点而设，因此，从这个角度看，专营机构设立对大型商业银行中小企业金融服务的推动效果会强于中小商业银行。

此外，2009年12月1日，工业和信息化部与工商银行、农业银行、中国银行、建设银行四大商业银行签署了《中小企业发展合作备忘录》，并开展了相当规格的自上而下的动员，要求各级中小企业管理部门和四大商业银行及其系统开展务实合作。这对发挥四大商业银行在缓解中小企业贷款难中的示范作用，带动其他银行机构加大对中小企业信贷支持将起到积极作用。

在看到大型商业银行中小企业金融服务受政策推动步伐显著加快的同时，我们更应该注意到大型商业银行更为市场化的创新。2009年，建设银行和工商银行两大商业银行巨头都借助第三方电子商务平台加大了对电子商务中小企业客户群的开发力度，考虑到大型商业银行的技术和网络优势，中小商业银行面临的竞争压力不可小觑。

■ 跨区经营使中小商业银行之间形成直接竞争

2009年中国银监会发布了《关于中小商业银行分支机构市场准入政策的调整意见（试行）》，对股份制商业银行、城市商业银行分支机构的市场准入政策进行了调整，明确已在省会（首府）城市设立分行的股份制商业银行在其省（自治区）内其他城市申请下设分支机构，不再受数量指标限制，并将审批权限下放至各地银监局。同时，不再对设立分行和支行设定统一的营运资金要求。此次政策调整要点在于放宽和简化了机构设立的限制和程序，有利于商业银行加快分支机构设立步伐。政策的出台使城市商业银行异地扩张的冲动强烈，中小商业银行跨区经营的步伐正在提速，2009年已在省外设立分支机构的城市商业银行数量突破了 20 家，在省内设立分支机构的城市商业银行数量达到 30 家以上，跨区域经营成为 2009 年城市商业银行进行规模扩张的显著特征①。跨区域经营有助于中小商业银行增强中小企业金融服务辐射能力，在竞争中促使商业银行多方面提高中小企业金融服务水平。

如果说以往中小商业银行，尤其是城市商业银行在本地中小企业金融服务市场的直接竞争对手是大型商业银行在当地的分支机构，那么，在跨区域经营限制放宽之后，市场中增加了异地中小商业银行这样一群新进入者。与大型商业银行所不同的是，这是一群在其本地市场积累了丰富的中小企业服务经验的新进入者，而且有的已经形成了有知名度的中小企业金融服务品牌，它们将与当地的中小商业银行产生直接的交锋。比如，北京银行凭借其科技型中小企业的服务优势和"小巨人"品牌，在异地分行的客户目标定位中特别强调为科技型中小企业服务；浙江民泰商业银行则利用其服务微小企业的经验和"便民小额贷款"等产品创新在异地打开市场。这些差异化竞争的做法不仅使商业银行自身找到更有优势的市场定位，而且，由于在一定程度上更加完善了异地市场的市场层次而赢得异地政府和客户的欢迎，同时也给异地原有的中小商业银行带来了竞争压力。

值得注意的是，异地扩张对中小商业银行的机构资源配置、管理能力、中小企业金融服务市场份额拓展等提出了新的要求。而且城市商业银行已积累的中小企业服务经验通常带有浓厚的地域色彩，简单复制过往经验可能会遭遇"水土不服"，需要在异地经营中通过客户需求的探索、与当地政府的协调不断地作出尝试和调整。适于当地中小企业金融服务市场的合理的市场定位和独特的品牌创新才是中小商业银行在激烈的异地经营中获胜的重要手段。

■ 大型商业银行与中小商业银行竞争格局尚未发生根本改变

商业银行中小企业金融服务竞争的基本格局是，大型商业银行靠网点优势在量上取胜，中小商业银行靠地缘优势在效率上取胜。尽管市场竞争日趋激烈，但 2009 年这一竞争格局仍未发生根本改变。

中小企业贷款余额和中小企业贷款客户数排名基本与商业银行资产规模排名相近，即第一梯队是国有大型商业银行，第二梯队是股份制商业银行，第三梯队是城市商业银行。在贷款总量上，国有大型商业银行及股份制商业银行仍占有绝对优势，工商银行、建设银行、农业银行和中国银行的中小企业贷款均已超过或接近 1 万亿元，其中工商银行接近 2 万亿元。

相比而言，以城市商业银行为代表的中小商业银行发挥地缘和人缘带来的

---

① 《中国的商业银行的内外扩张动力》，载《上海证券报》，2009 – 12 – 18。

关系型融资优势，及与地方中小企业建立了稳定的银企关系，使其在当地中小企业金融服务市场份额排名仍超过国有大型商业银行在当地的市场份额位居前列，如在北京地区中小企业贷款市场中，北京银行中小企业贷款余额排名第一。中小商业银行在其中小企业和小企业的贷款余额及户数的占比、单位网点服务的中小企业客户数量和贷款余额等效率指标上仍具有相对比较优势。

由表3-3和表3-4可见，中小商业银行的中小企业和小企业贷款余额和客户数占公司类贷款的比例仍高于大型商业银行，且以小企业贷款余额占比尤为突出；同时，中小商业银行单位网点服务的中小企业客户数量和贷款余额远远高于大型商业银行，以相对有限的网点实现相对高的中小企业金融服务覆盖，保持了服务的效率优势，见表3-6。

表3-6　　　　　部分代表性商业银行网均贷款和网均户数情况

银行名称	客户类型	网均户数（户）	网均贷款（亿元）
工商银行	中小企业	N/A	1.18
	小企业	2.73	N/A
建设银行	中小企业	4.24	0.92
中国银行	小企业	1.52	0.16
交通银行	微小企业	N/A	0.15
浦发银行	小企业	7.78	0.43
招商银行	中小企业	17.10	4.18
民生银行	中小企业	7.55	0.79
中信银行	中小企业	N/A	5.34
	小企业	N/A	0.61
兴业银行	小企业	N/A	5.46
深圳发展银行	中小企业	16.56	3.31
华夏银行	中小企业	N/A	6.24
广发银行	中小企业	N/A	9.21
恒丰银行	中小企业	51.40	4.17
浙商银行	小企业＜1500万元	N/A	4.44
	小企业＜500万元	N/A	2.47
北京银行	中小企业	17.75	5.31
宁波银行	中小企业	N/A	5.63
	小企业	79.55	1.06
南京银行	小企业	N/A	1.36

说明：表中数据根据表3-3和表3-4数据以及各银行网点数计算得到。

3.1.4　客户分化初露端倪

中小企业群体是一个量大面广的客户群，以往商业银行更多地将其视为一类客户加以对待，服务的同质化程度很高，随着中小企业金融服务专业化水平的提高，中小企业客户的精细化管理将成为商业银行日益重视的课题。2009年商业银行中小企业金融服务一个可喜的变化是中小金融服务开始出现客户群分化。即不同的商业银行在中小企业客户细分的基础上，根据自身的资源特点和优势选择目标客户群进行重点开发和服务，并不断巩固和积累对特定类别客户服务的优势，有的商业银行已经在某一类中小企业客户群上形成了良好的市场口碑。敏锐的市场洞察力、准确的客户群定位及创新的特色服务成为商业银行在中小企业金融服务市场占据领先地位、创出自身特色的决定性因素。

从目前中小企业金融服务市场看，商业银行初步形成的中小企业客户群分化主要有科技型中小企业客户群、电子商务中小企业客户群和微小企业客户群。

■ 科技型中小企业客户群

在我国经济转型战略背景下，高科技产业和科技型中小企业的发展日益受到重视，而作为中小企业群体中相对高端的客户，科技型中小企业的技术和人才优势及其高成长性使其成为近年来商业银行激烈争夺的目标客户群。

北京银行是国内最早将科技型中小企业作为目标客户定位的商业银行之一，借助中关村科技园区的区位优势，长期耕耘积累了丰富的科技型中小企业资源，形成了独特的科技型中小企业金融服务优势。2009年，北京银行在中关村自主创新示范区的核心区率先成立了科技型中小企业特色支行——中关村海淀园支行和健翔支行，并以此为契机，积极参与中关村科技金融创新和试点工作，按照"多元化产品、一站式审批、规范化管理、专业化服务"的高效、便捷、全方位金融服务模式开展试点，推进与政府部门、中关村科技创业金融服务集团等单位的深入合作，以有效的创新举措切实支持科技型中小企业融资和快速发展。截至2009年末，特色支行累计放款达到123笔、8.14亿元，试点取得了初步成功[①]。尽管北京银行在科技型中小企业这个细分市场占领先机，从其科技型中小企业客户数量及占比来看，目前国内还没有其他商业银行能出其右，但随着这一市场价值的逐步凸现，加上政府的大力引导，激烈的竞争不可避免。

2009年5月，中国银监会和科技部联合发布了《关于进一步加大对科技

---

① 北京银行2009年年报。

型中小企业信贷支持的指导意见》；2009 年 10 月，中关村国家自主创新示范区核心区科技型中小企业金融服务专营机构政策发布。中国银行、工商银行、光大银行、招商银行、华夏银行等十余家银行入驻中关村逐鹿科技型中小企业金融服务市场。其中，招商银行小企业信贷中心北京区域总部与中关村管委会、北京市工商联合作启动"伙伴工程"项目，为科技创新型小企业提供创新金融服务。

　　除上述北京地区外，上海银行业也加大了信贷支持科技型中小企业的力度。在"上海银行业支持科技型中小企业融资洽谈会"上，8 家银行和 28 家科技型企业签署了金融服务协议，为科技型企业提供具有针对性的金融服务。同时，浦东新区政府和上海银监局正式签署了《关于在张江高科技园区开展科技金融合作模式创新试点的备忘录》，旨在探索金融与科技合作创新的良好模式，进一步加大对科技型中小企业的信贷支持，促进上海的金融发展和科技创新能力。

　　此外，越来越多的商业银行认识到，面对科技型中小企业这一相对高端的客户群，应量身订制更为综合化的金融服务以满足其需求，而不仅仅是提供传统的贷款。一些有实力的商业银行推出了包括财务顾问、投资银行等服务在内的综合金融服务来吸引有私募计划或发行上市计划的科技型中小企业，商业银行与政府科技主管部门、创业投资等机构的合作也在进一步加强。这些积极的变化都将给科技型中小企业带来更多的福音。

■ 电子商务中小企业客户群

　　互联网的普及以及电子商务业务模式的明朗使电子商务发展迅速，主要依托电子商务开展业务的企业数量也在迅猛增长，而其中大多数为中小企业。由于电子商务通常依托第三方电子商务服务商（如阿里巴巴、金银岛等）的服务平台开展，因此电子商务企业会在这些平台上留下相对完整的商业交易记录，而这些记录在很大程度上反映了企业的信用水平，这是在目前公共征信体系尚未完善建立的背景下，电子商务中小企业相对其他类型的中小企业所具有的信息透明度优势，这为商业银行提供了商机。

　　继 2008 年建设银行网络银行部与阿里巴巴合作开展针对电子商务企业的网络融资业务之后，2009 年，国内又一银行巨头——工商银行在杭州成立网络融资业务中心，启动网络融资业务。网络融资业务不仅根据电子商务企业对网络的高依赖性创新了服务渠道，使贷款全程电子化，而且还将电子商务企业在网上的交易记录作为其信用风险评价的重要指标，更加重视企业之间的联保，降低了对抵押物的要求。这些创新都是围绕这一特殊客户群而设计，具有很强的针对性，受到客户的欢迎。截至 2009 年末，建设银行累计向 1890 家电子商务中小企业发放贷款 47.8 亿元；工商银行向 600 多家中小企业发放近 12

亿元网络贷款。短短一年的时间，网络贷款从 2008 年末的 14 亿元飙升至 60 亿元，客户数量也从 700 余户增至近 2500 余户①。

在贷款风险控制上，建设银行、阿里巴巴分别与浙江省政府、上海市政府、杭州市政府共建"风险池"防范信贷风险。建设银行、阿里巴巴与每个所在地政府三方各出资 2000 万元形成风险池，风险池的资金将对网络银行业务项下的信贷业务进行风险补偿，从而在合理平衡风险收益基础上缓释网络银行信贷业务风险。建立风险池后，所在地的中小企业通过网络银行贷款后，若发生信贷损失，不良贷款率介于 1%～3%，其不良贷款余额将由风险池补偿。此外，浙江省累计有 23 个各级政府部门有意向出资建立网络银行风险池，合计政府出资金额近 2 亿元。

网络银行业务的迅速发展显示出了该项业务强大生命力和发展潜力。尤其值得注意的是，该项业务建立了一种大型商业银行摆脱人力资源瓶颈发展中小企业金融服务的新模式，为中小企业资金链短缺困局贡献出创新性的解决思路与多方共赢模式，也为大型商业银行在中小企业金融服务市场开展差异化竞争，甚至取得后发优势提供了新的手段。

■ 微小企业客户群

在中小企业客户群中，以个体工商户为代表的微小企业是整个中小企业金字塔的塔基，其庞大的数量为微小企业金融服务提供了广阔的发展空间。

包商银行 2005 年率先启动微小企业贷款项目，是国内较早将微小企业作为主要目标客户的商业银行之一，服务对象包括小摊位、个体户、小企业，贷款金额从 5000 元到 500 万元不等。凭借成熟的信贷技术，包商银行在微小企业信贷领域取得了良好的业绩，成为该行最具特色的金融服务。哈尔滨银行推出"智赢"系列小额贷款产品，致力于无抵押担保微小企业贷款、针对下岗失业人员的小额担保贷款、个体户等面向微小客户群的融资服务。截至 2009 年末，累计投放小企业贷款和微小企业贷款 54 亿元，其中微小企业贷款金额 27 亿元，贷款客户 1.6 万户，分别占该行小企业融资服务规模（包括小企业贷款和微小企业贷款）的 50% 和 94.3%②。目前，无抵押担保的微小企业贷款业务已经覆盖了哈尔滨地区 130 多个专业市场，发展势头良好，并将贷款额度由 10 万元提高至 50 万元，逐步涵盖商品流通业、生产制造业等各个业务领域。

此外，鉴于以法人资格直接贷款的门槛比较高，更多的小银行选择通过发展个人经营性贷款来满足微小企业客户群的融资需求。如浙江民泰商业银行以

---

① 阿里贷款官方网站。
② 哈尔滨银行主页—哈行简介。

小型和微小企业主为目标客户的"便民小额贷款"作为其强化市场定位的拳头产品。该产品具有准入门槛低、手续简便、锁定小额客户、担保多样化、利率灵活的特点，为微小企业主提供5000元至30万元的个人经营性贷款，成为满足微小企业资金需求的"便捷通道"。便民小额贷款在该行小企业贷款中占有绝大比例，有力地推动了小企业贷款业务的发展。

相对于小商业银行，大中型商业银行也在个人经营性贷款上加大了创新。如民生银行推出面向小企业、工商户、私营个体经济的"商贷通"金融产品，针对个体工商户集中的大型市场，进行批量营销，全面开展微小企业信贷业务。该行的"商贷通"贷款增长迅速，并带动了零售贷款高速增长。招商银行面向中小企业主、个体工商户推出个人经营贷款新品"生意贷"，该产品首创贷款授信额度长期使用、主动续期，贷款发放自助"随借随还"及贷款可拥有最长达50天的延后结算期等功能，为中小企业提供新的融资解决方案。工商银行针对百荣世贸商城商户需求，推出了"百荣模式"个人经营贷款。通过设计符合百荣世贸商户特点的贷款操作流程，引入百荣易成担保有限公司承担担保责任，有力支持了依托大型商品集散地或专业市场从事商品交易活动的微小企业发展。交通银行提供个人经营性贷款的同时，提供一站式理财方案。该配套服务符合小企业在生产经营中的资金需求，同时也有效降低了资金的实际使用成本。

目前，通过个人经营性贷款来满足微小企业客户群的融资需求成为微小企业客户金融服务的一大特色。从人民银行的统计数据看，2009年，个人经营性贷款增长迅速，增幅达33.3%，而且增幅超过了中小企业贷款，也超过了非金融性公司及其他部门贷款（详见表3-7），这也在一定程度上反映了个人经营性贷款在满足微小企业融资需求方面正在发挥越来越重要的作用。

表3-7　　　　　　　　　个人经营性贷款增长情况

贷款类型	2008年	2009年
经营性贷款	10.7%	33.3%
其中：短期经营性贷款	13.8%	34.3%
中长期经营性贷款	3.2%	30.4%
中小企业贷款（含票据贴现）	13.5%	30.1%
非金融性公司及其他部门贷款	16.7%	29.1%

3.1.5　品牌内容更加丰富

面对中小企业金融服务日趋激烈的市场竞争，以客户为中心，树立中小企业金融服务品牌以及创新品牌下的产品和服务成为商业银行应对竞争的主要手段。2009年，商业银行中小企业金融服务品牌作用凸显。例如，2009年交通银行"展业通"品牌的贷款约增长154.7%，该行395.46亿元的微小企业贷款余额中有390.71亿元是"展业通"品牌贷款①。越来越多的商业银行开始推出新的服务品牌，并不断完善品牌下的产品和服务体系，为中小企业提供了更多选择。

2009年主要商业银行推出的新品牌有：华夏银行"龙舟计划"品牌、招商银行"U-BANK中小企业专属服务"品牌、民生银行"财富罗盘"品牌、浦发银行"助推器"品牌、南京银行"金梅花'易'路同行·小企业成长伴侣"品牌、光大银行"阳光创值服务"品牌。部分新品牌除延续以往采取组合套餐的形式，针对企业发展不同阶段的需求提供系列金融服务的一站式模式外，更加注重客户细分以及依托网上银行为中小企业提供便捷服务。

此外，一些银行在现有特色品牌的基础上创新了产品，进一步丰富了品牌内容：工商银行网络融资业务中心推出"网贷通"和"易融通"小企业特色网络融资产品；建设银行推出网络银行业务、"诚贷通"小企业小额无抵押贷款产品、小企业助保金贷款；北京银行"小巨人"品牌推出科技金融产品套餐、高端制造业融资两套特色服务方案；宁波银行"金色池塘"品牌推出联保融、定期融、业链融、互助融产品。

表3-8　　　代表性商业银行中小企业金融服务特色品牌一览表

品牌	产品支持
工商银行 财智融通	• 以融资类产品为主，并涵盖结算、国际业务、电子银行业务、现金管理业务、投资银行业务、理财业务、企业年金业务和银行卡业务等5大系列、9个产品组合，涉及约100个金融产品。为小企业提供一揽子、综合化的金融服务。 • 在融资类产品组合中，针对小企业所处不同经营环节分别制定了5个产品组合，采用了灵活的融资方式，帮助缺少有效抵押物的小企业获得融资支持。 • 〔2009〕启动网络融资业务，推出"网贷通"和"易融通"小企业特色产品。"网贷通"是企业网络循环贷款。一次性签订循环贷款借款合同，在合同规定的有效期内，企业可通过网上银行自助进行提款和还款申请，贷款最高额度可达3000万元。"易融通"是电子商务领域网络融资产品系列，涵盖了信用贷款、联保贷款、保证贷款和抵质押贷款等融资产品，形成了阶梯式的融资体系，能够满足不同层次中小网商的融资需求。

① 交通银行2009年年报。

品牌	产品支持
建设银行 "速贷通" "成长之路" "网络银行"	• "速贷通"业务对象是因财务信息不充分而难以达到银行信用评级和授信要求，但对信贷需求迫切的小企业。优势表现为其业务流程及融资条件的方便快捷，不设门槛，在落实足额有效抵质押的情况下，可以不进行评级授信，采取高效快捷的"柜面式"操作，实行限时服务。 • "成长之路"业务对象是信用记录较好、持续发展能力较强的成长型小企业。虽然需要评级授信，但授信额度确定后可以循环使用。 • 在企业不同发展阶段，还针对性地提供配套产品和服务支持，如成长型小企业额度贷款、小企业联贷联保贷款、小企业贸易链融资贷款、小企业法人账户透支、小企业保理业务等多项产品。 •〔2009〕对公网络银行信贷业务专门为网络交易平台上的电子商务客户提供融资服务。目前与阿里巴巴、金银岛两大网络交易平台合作，引入网络信用记录作为评价的重要依据，通过系统对接，可以实现贷款全流程的线上操作。包括网络银行"e贷通"（含网络联贷联保、网络供应商融资、网络速贷通）和网络银行"e单通"（含网络仓单融资、网络订单融资）两大系列产品，服务区域已扩大到北京、上海、广州等8个地区。 •〔2009〕推出"诚贷通"小企业小额无抵押贷款产品，企业主或企业实际控制人只需提供个人连带责任保证，贷款额度在人民币50万~100万元，期限为1年，可随借随还，到期经过年审可不还款继续使用。目前已在全国22家分行推广。 •〔2009〕推出小企业助保金贷款，向"重点中小企业池"中企业发放，在企业提供一定担保的基础上，由企业缴纳一定比例的助保金和政府提供的风险补偿金共同作为增信手段的信贷业务。还款方式灵活：整贷零偿还款方式；2年期（含）以上的，可从第13个月起开始还款。
交通银行 "展业通"	• 包括6个产品组合套餐：生产经营一站通、贸易融资一站通、工程建设一站通、结算理财一站通、厂商联动一站通和个人投资一站通。包括17个系列产品组合。 • "生产经营一站通"专为生产型企业设计，产品组合分为采购、销售和生产建设等三个阶段的金融服务，囊括了生产型企业的全部经营流程；"贸易融资一站通"服务于具有稳定客户资源的生产型企业、商贸流通企业；"工程建设一站通"服务于为大型工程建设项目配套定点生产的小企业；"结算理财一站通"服务于各类有结算理财需求的小企业；"厂商联动一站通"服务于为核心、龙头生产企业提供原材料、进行产品销售的配套小企业，根据交易细节提供供应链全程金融服务；"个人投资一站通"服务于各类小企业主、个体工商户经营者。 • 另有针对小额贷款授信需求的信贷产品"展业通快车"和知识产权质押贷款和文化创意企业贷款特色产品。 •〔2009〕根据小企业经营特点和资金回笼方式，开发小企业法人账户透支和分期还款两个创新金融产品，简化小企业融资手续，缓解集中还贷压力。

品牌	产品支持
招商银行 "U – BANK 中小企业 专属服务"	• 〔2009〕"U – BANK 中小企业专属服务"品牌包含专门面向中小企业的现金管理、电子供应链、商贷融资、电子商务 4 大类近 30 项产品,以及在线客服、电子账单、手机银行、主动追踪等 10 项中小企业专属增值服务,充分体现供应链金融的特点。此品牌分为三个阶段:伴您成长方案、高级财务筹划、全面领先行动,根据各个阶段的显著特点以及对银行电子金融服务的需求特征提供不同服务。 • 〔2009〕梳理中小企业的产品体系,将重点发展的融资产品概括为物业抵押类、动产质押类、应收账款融资类、担保类、"1 + N"融资等 5 个业务大类。其次,开发了应收账款质押融资、专业担保公司担保融资、国内信保融资、旅行社质量保证金等新业务品种。
兴业银行 金芝麻 中小企专享金融服务方案	针对生产、采购、销售三个财务需求环节,以一站式解决之道,解决中小企业 8 大资金难题。与小企业现金流、物流紧密结合,提供低成本采购、融资采购、扩大采购、快速回笼、扩大销售、避免坏账、资金临时短缺、创业投资在内的 8 大金融服务方案,依托动产(仓单)质押、厂房贷款、商票保贴、票易票、T/T 押汇、保理融资等便利性产品。
深圳发展银行 供应链金融 SUPPLY CHAIN FINANCE	• 主品牌"供应链金融"整合了涵盖应收、预付和存货三大领域的数十项供应链融资产品和以离岸网银为主打的电子结算产品。 • 子品牌"池融资"包括出口应收账款池融资、票据池融资、国内保理池融资、出口退税池融资、出口发票池融资 5 大业务内容,支持不同成长阶段的企业和具有不同应收款资源的企业。 • 〔2009〕开发上线了汽车供应链金融系统、电子票据系统、交易资金监管系统、法人账户透支系统、"银关保"、"银行物流直连"数据接口标准等电子系统,供应链金融线上化项目进展顺利,交易资金监管等部分业务发展势头良好。
中信银行 "中信—小企业成长伴侣"	• 根据小企业产、供、销各个环节上的需求,整合 9 大类 31 项产品,提供个性化金融服务方案,满足不同行业、不同类型、不同成长周期中小企业的金融需求。 • 〔2009〕推出"联保授信"和"商用房经营权质押贷款"产品。
北京银行 小巨人 中小企业最佳融资方案	• 〔2009〕将产品体系进一步整合为包括三大核心基本产品包和三大行业特色附加产品包的融资方案。同时,重点针对文化创意、高科技、节能减排、再就业工程等领域的中小企业开发了"创意贷"、"融信宝"、知识产权质押贷款、中国节能减排融资项目贷款及小额担保贷款等特色产品。

续表

品牌	产品支持
宁波银行	• "金色池塘"品牌下包括透易融、诚信融、友保融、专保融、便捷融、贷易融、押余融7款产品，以及即时灵账户信息服务和特色积分增值服务。 • 〔2009〕新增加联保融、定期融、业链融、互助融4款产品。
民生银行	• 〔2009〕"财富罗盘"包括7个金融套餐，现金管理、传统产品、票据产品、零售业务、网上e平台、物流产品、创新产品、进出口融资8个特色产品，易捷贷、联保贷、中小企业e管家、组合贷、循环贷5个标准化产品。
浦发银行"助推器"	• 〔2009〕"助推器"品牌包括成长型企业金融服务方案及十大特色产品。分为助推器"第一档"——企业生产经营过程的金融服务方案；助推器"第二档"——企业扩大再生产过程的金融服务方案；助推器"第三档"——企业经营升级过程的金融服务方案。 • 〔2009〕"成长型企业金融服务方案"针对小企业成长初期、快速发展期、成熟期等各阶段提供完整的金融服务方案，包括"中期抵押贷"、"黄金水道"、"共赢联盟"等特色产品。
光大银行"阳光创值服务"	• 〔2009〕"阳光创值服务"品牌以"配套型、集聚型和科技创新型"三类中小企业为目标市场。包含6种12款阳光套餐，为中小企业提供项目融资、财务顾问、战略咨询、融资培训、现金管理和上市辅导等一系列综合性服务。
华夏银行	〔2009〕根据小企业发展的不同阶段特征及需求，分别推出华夏银行龙舟计划之创业通舟、卓业龙舟、展业神舟，针对各阶段实际需求提供不同种类的系列服务。推出快捷贷、循环贷、联贷联保、增值贷、接力贷5个产品。
南京银行"金梅花'易'路同行·小企业成长伴侣"	〔2009〕"金梅花'易'路同行·小企业成长伴侣"品牌下包括创易贷、商易贷、融易贷、智易贷、金易聚5个系列近40个产品，覆盖了小企业各方面的融资需求。
上海银行"成长金规划"	包括"便捷贷"、"商易通"、"创智贷"、"金赢家"和"小巨人"5大系列近20项服务内容，分别对应小企业客户日常周转资金、供应链资金（采购、存货、销售）、技术成果转化资金、资金理财、高速成长但缺乏综合服务支持等不同类型的需求。并推出小企业融资"无忧服务"——"省贷无忧、易贷无忧、速贷无忧"。
包商银行	小企业贷款（50万～500万元，月息9‰～15‰，期限3个月至2年）微小企业贷款（3000元～50万元，月息12‰～15‰，期限3个月至2年）。

说明：本表根据各银行2009年年报和网站主页信息整理，〔2009〕标注代表2009年新增品牌及产品。

3.1.6 创新更加务实有效

中小企业的广泛性和多样性对中小企业金融服务的灵活性提出了很高的要求,"专、短、频、快"的特点继续引导着 2009 年的中小企业金融服务创新,有所不同的是,2009 年中小企业金融服务创新更加"由表及里"、"由虚转实",更加贴近中小企业客户的内在需求,涌现出更多务实有效的创新成果。

■ **金融服务电子化创新成效显著**

1. 网络融资渠道创新。自建设银行与阿里巴巴携手针对电子商务中小企业量身订制网络融资业务以来,2009 年,工商银行也加入了这一阵营。鉴于电子商务企业的业务特点及网商使用互联网的偏好,网络融资业务启用了全新的信贷操作模式,即全程电子渠道自动化,使企业通过网络、足不出户就可完成贷款的申请、审批、放款、归还以及查询的全部过程,特别适应电子商务中小企业的融资需求,市场反响强烈。

2. 供应链金融电子化创新。由于借助核心企业的信用能力来解决中小企业融资难问题,供应链金融具有广泛的应用前景。电子化对供应链金融的发展无疑具有革命性的意义,这将有力推动供应链金融在中小企业金融服务中的应用,而率先实施电子化供应链金融的商业银行也将借此在竞争中获得领先优势。

2009 年电子化使深圳发展银行的"供应链金融"品牌优势得到进一步强化。深圳发展银行开发上线了汽车供应链金融系统、电子票据系统、交易资金监管系统、法人账户透支系统、"银关保"、"银行物流直连"数据接口标准等电子系统,供应链金融线上化项目进展顺利,交易资金监管等部分业务发展势头良好。该行 2009 年电子票据开票笔数和金额均居于全国领先位置。

与深发展类似,招商银行推出的电子供应链、电子商务产品,除创新传统的网络银行业务外,将供应链金融产品置于网上实施,运用电子票据、网上国内保理、网上国内信用证等新型电子金融结算工具,全面实现供应链核心企业与上下游中小企业资金流与信息流的有效衔接,有效解决供应商、制造商与零售商等供应链成员在采购、生产、销售等各环节之间的信用缺失、结算复杂等难题,加快资金流转效率,全面降低供应链总成本,为中小企业融资带来更大便利。

此外,工商银行借助其企业网银的强大技术优势推出网上供应链融资业务,以电子数据取代纸质票据,以网络传输取代人工传递,以在线申请取代网点办理,为供应商尤其是中小企业提供融资新渠道。同时,网上供应链融资产品为核心企业提供了应付账款信息管理功能,只需将财务系统中的应付账款信息导出并发送至银行，而无须再配合完成繁琐的实物发票确认工作，提高了供应链融资业务的服务效率。

■ 金融服务创新更加注重客户细分

正如我们在"中小企业金融服务客户分化初露端倪"部分总结的那样，越来越多的商业银行开始重视中小企业客户细分，在金融服务创新方面，更加强调基于客户细分，针对不同类型的中小企业，设计提供差异化的金融服务。

2009 年，北京银行针对科技型中小企业推出科技金融产品套餐；工商银行针对电子商务中小企业推出"网贷通"企业网络循环贷款、"易融通"电子商务领域网络融资产品系列，并将"注册用户"、"网络信誉"等因素作为客户分类、准入标准之一，而且还专门针对此类客户成立了网络融资专营机构进行专业化运作；光大银行则将中小企业服务锁定在"配套型、集聚型和科技创新型"三类企业，深入研究这三类中小企业的经营特点和服务需求，推出更具针对性的产品和服务创新。

针对不同行业的中小企业进行金融服务创新也逐渐成为业内普遍做法。工商银行北京分行结合北京市重点发展的城建、能源、钢贸、医药、物流等多个领域，推出"能源通"、"城建通"、"医药通"、"钢贸通"、"棉贸通"、"工商物业通" 6 个"通"字类中小企业融资产品；中国银行还针对棉花、家具、茧丝绸和畜牧等行业的中小企业，专门开发存货质押产品，等等。

这些基于细分客户的创新使得中小企业金融服务的创新更加贴近客户的实际需求，大大提高了服务的针对性和服务效率，这也是中小企业金融服务专业化程度提高的可喜表现。

■ 金融服务综合化创新取得新进展

建设银行 2009 年通过与优质中小企业进行常年财务顾问集中签约，为其提供财务诊断分析、金融产品推荐、融资安排、企业改制重组、海外创业板IPO、境内中小板 IPO、股权投资、资产证券化、资本结构优化、信贷支持等长期而全面的金融服务，这种综合化服务对中小企业，尤其是中小企业中的高端客户的发展提供了有益的帮助。中国银行北京市分行与中银国际、中银投、中银保险共同推出"投—保—贷"一条龙金融服务。中银投积极引进海外资金分别与广东省、浙江省政府设立中小企业投资基金，中银国际向中小企业提供资本市场融资服务，中银保险则为中小企业"走出去"战略提供应收账款保险和保险资费优惠。这也引起我们对金融控股公司（或准金融控股公司）利用集团内不同的金融业务对中小企业提供全面的金融服务的关注，金融集团可以利用综合化经营的优势为中小企业提供全面且低成本的金融服务，这是很多业务相对传统单一的商业银行所不具备的优势。

2009 年，商业银行与保险公司进行中小企业金融服务的合作创新也有新的进展。如民生银行与中国信保等保险公司合作尝试和探索国内信用险融资；浦发银行与安邦财产保险股份有限公司在企业贷款履约保证保险市场开展合作，通过客户资源共享和互荐、产品创新和整合，共同为中小企业提供集融资与保险于一身的全面金融服务。

■ 无抵押贷款创新有突破

在小额无抵押贷款业务上，外资银行利用其信用风险控制上的优势，在我国先于国内银行推出小额无抵押贷款产品。如渣打银行于 2006 年 5 月将小额无抵押贷款从海外引入我国，至 2009 年 6 月末，渣打银行已经累计向 3000 多家中小企业发放了 1000 万美元的贷款，且将中小企业无抵押小额贷款的最高额度由 50 万元提高到 100 万元，贷款年限由 2 年增至最多 4 年[①]。

2009 年，建设银行借鉴国际经验，推出小额无抵押贷款"诚贷通"产品，并在全国 22 家分行推广，成为四大国有商业银行中首家"试水"中小企业无抵押贷款、着力突破中小企业贷款瓶颈的银行，帮助创业期和成长期的中小企业渡过难关。建设银行深圳市分行推出最高 100 万元人民币额度的小额无抵押贷款，主要客户是该行优质的存量授信企业、已在建设银行开户且年结算量在 2000 万元以上的结算企业以及优质私人客户控制的企业。国有商业银行的加入将增强小额无抵押贷款产品的创新，进一步缓解中小企业抵、质押担保品缺乏的融资困境。

■ 负债业务创新

2009 年，商业银行的中小企业产品创新不再局限于资产业务的创新，还出现了负债业务创新，即通过银行信托贷款类理财产品募集的资金，用于中小企业金融服务。具体操作形式是，由商业银行发行理财产品向社会募集资金，然后以商业银行作为委托人，将所募集到的理财资金交给信托公司，由信托公司担任受托人，将资金以贷款的形式贷给中小企业。如建设银行安徽省分行推出"乾元——中小企业信托贷款集合型理财产品"，总额为 1 亿元。该产品通过协调和汇集政府、信托公司、担保公司、中介机构、社会资金等各方面力量，支持中小企业发展。浦发银行天津分行成功发行了天津首单"中小企业集合理财产品"，精选 4 家优秀中小企业，采用"统一冠名、分别负债、统一担保、捆绑发行"的方式，发行 5000 万元的"中小企业集合理财"，目前该理财产品已经成功对社会兑付。

除了基于单一信托计划的传统银信合作模式外，还有另一种基于集合信托

---

① 《典当能顶住无抵押贷款的压力吗?》，载《中国商报》，2009 - 07 - 01。

计划的合作模式。例如，杭州银行推出的"幸福理财"0936 期个人理财计划，就是商业银行发行理财产品募集资金作为整体委托人参加"中投—江干区中小企业债权投资之'日出钱江'"集合信托计划的方式来运作。与以往银信合作中银行作为信托计划单一委托人的模式不同，在这种银信合作中，银行作为理财计划投资者的代表，只是集合信托计划众多委托人中的一个，其委托给信托公司的 3000 万元资金是整个信托计划募集资金的 60%，其余 2000 万元信托资金由其他投资者投入。这一模式发挥了银行在支持中小企业融资中的杠杆效应，从而有效地推动了中小企业信托的发展。

表 3 - 9　　　　　　2009 年部分中小企业信托贷款理财产品一览

信托计划	成立时间	银行	信托	规模（万元）	预期收益	投资期限（年）	投资类型
"乾元"中小企业信托贷款集合型 0901 期理财产品	2009 - 09 - 08	中国建设银行安徽省分行	建信信托	10000	次级 2.20%/优先级 4.20%	1	信托贷款
"嘉银理财"0908 期个人理财计划（中小企业信托贷款型）	2009 - 12 - 22	嘉兴市商业银行	N/A	3000 ~ 5000	4.50%	1	信托贷款
"幸福理财"0926 期个人理财计划	2009 - 06 - 23	杭州银行	中投信托	5000	4.50%	1	信托贷款
"幸福理财"0930 期个人理财计划	2009 - 07 - 10	杭州银行	中投信托	11000	N/A	1	信托贷款
"幸福理财"0936 期个人理财计划	2009 - 09 - 18	杭州银行	中投信托	3000	N/A	1	信托贷款
"幸福理财"0949 期个人理财计划	2009 - 11 - 26	杭州银行	中投信托	9100	5.46%	2	信托贷款

资料来源：根据公开信息整理。

值得注意的是，2009 年 12 月中国银监会下发了《关于加强信托公司主动管理能力有关事项的通知（讨论稿）》，拟对银信合作信托贷款理财产品进行规范，该通知明确规定"信托公司不得将银行理财对接的信托资金用于投资理财资金发行银行自身的信贷资产"。这将对商业银行信贷资产受让型理财产品的发展造成一定的影响，也意味着商业银行不能将存量中小企业贷款转入信托投资资产。但是，商业银行仍可通过推介、顾问等方式为信托公司提供信托资金投放对象，以间接满足中小企业的贷款需求。

3.2 政策性银行：按部就班

3.2.1 国家开发银行稳步推进中小企业金融服务[①]

2009 年，国开行继续稳步推进开发性金融服务中小企业，截至 2009 年年末，国开行已发放中小企业贷款 482 亿元[②]，比上年增长 31.0%。其中，向中关村科技型中小企业累计贷款 115 亿元[③]，支持了一大批科技企业的发展。累计发放小企业贷款 1357 亿元，融资支持小企业和个体经营户 120 万户，创造就业岗位 335 万个[④]。目前，国开行小企业贷款已基本覆盖全国，融资支持了制造业、农、林、牧、渔等近 20 个行业，惠及小型企业、微型企业、个体工商户、创业青年、城市下岗职工及农村劳动妇女等各类融资瓶颈客户和社会弱势群体。

在微型贷款方面，截至 2009 年末，国开行在内蒙古自治区发放妇女创业微贷款 1838 万元，支持 2304 名农村妇女"庭院创业"；经过两年多的实践和探索，国开行青年创业小额贷款的操作模式也日趋成熟，目前，国开行在试点县——循化县共发放青年创业小额贷款 520 万元，主要发放 5 万元到 30 万元额度不等的小额贷款，共支持 65 户青年村民异地创业，发展劳务经济，带动一大批农牧民走上了致富发展路。

2009 年国开行继续推进小企业"抱团增信"担保融资模式，通过组织两批共 20 家担保公司抱成团，通过该模式累计向 500 余家成长型小企业发放贷款 9.17 亿元，目前贷款本息无一逾期，取得了良好的社会效益和经济效益。

此外，国开行还加大中小企业信用风险管理体系的建设力度，提高自身在中小企业融资服务方面的市场竞争力。2009 年 12 月，国开行进行"巴塞尔新协议实施项目——中小企业及零售类资产风险计量咨询"项目竞争性谈判的招标活动，着力开展中小企业信用评级体系的建设，做好进一步支持中小企业金

---

① 2008 年 12 月 16 日，国家开发银行正式改制更名为国家开发银行股份有限公司。但鉴于目前国家开发银行仍未完全实现市场化经营，开发性金融仍是其主要业务，本报告仍将国家开发银行列在政策性银行部分。

② 《中长期投融资助力经济结构调整》，国家开发银行主页—开行快讯，2010 - 01 - 19。

③ 《国开行北京分行解决科技型中小企业融资难》，载《中国高新技术产业导报》，2010 - 03 - 02。

④ 《"国家"银行心系民生——国家开发银行开展基层金融服务纪实》，载《中国财经报》，2010 - 03 - 02。

融服务的技术支持工作。

3.2.2 中国农业发展银行明确农业小企业支持重点

农发行依据自身承担的农业政策性金融的责任，加大对农业小企业贷款的支持力度，为解决农、林、牧、副、渔业小企业生产经营活动过程中的资金需要发放贷款。2009 年全年累计发放农业小企业贷款 101.4 亿元，支持企业4646 个①。虽远远小于农村基础设施建设和农业综合开发中长期贷款，但农发行通过对农村基础设施和农业综合开发等大型项目的支持，可有效改善当地经营政策环境，间接为上下游农业小企业经营脱困提供多方位支持。

2009 年 5 月，农发行下发了《关于进一步做好农业小企业贷款管理的意见》②，明确将重点加大七类小企业的信贷支持：一是具有当地产业优势、市场前景好、信用状况好，以及获得政府部门财政贴息或纳入各级财政专项基金扶持计划的重点农业小企业；二是具有自主创新能力、拥有自主品牌、产品附加值高、市场竞争力强的成长型农业小企业；三是为大型优质核心企业提供配套服务的上下游农业小企业；四是为政府、部队等国家机关集中采购提供专项产品的农业小企业；五是以满足内需为主、与人民生活密切相关、抗经济波动能力强的农业小企业；六是经营稳定、吸纳就业能力强、对农户有明显带动作用的农业小企业和农民专业合作社；七是符合国家和地方节能减排标准，有市场、有订单的农业小企业等。切实加大信贷支农力度，有效促进农业小企业贷款业务持续健康发展。政策的导向作用将切实加大信贷支农力度，有效促进农业小企业贷款业务持续健康发展。

3.2.3 中国进出口银行支持中小企业"走出去"

作为支持进出口贸易和对外经济合作的国家政策性银行，2009 年，进出口银行在支持中小企业方面的表现相比往年更为活跃。面对当前的国内外经济形势和出口型中小企业的困境，进出口银行积极探索针对中小企业的政府融资模式，从科技升级、产品更新、出口贸易融资等多方面为多地区中小企业"走出去"战略提供融资支持。

2009 年 2 月，进出口银行浙江省分行与温州银行合作为温州中小企业境外投资、产品设备进口、出口创汇等提供全方位的本外币融资服务，首期资金额度人民币 1 亿元已正式启用。此次合作是进出口银行与温州银行继成功开展

---

① 《农发行今年发债2800 亿元加大支农力度》，载《上海证券报》，2010 – 03 – 06。

② 《农发行进一步加强农业小企业贷款管理》，载《金融时报》，2009 – 05 – 18。

大项目合作后，专门针对温州中小企业融资服务的再度合作。双方共建中小企业融资平台，拓宽了政策性银行扶持外向型经济发展的渠道，为温州中小企业参与国际市场竞争提供了强有力的支持。

3.3 小额贷款公司：探索前行

作为异军突起的服务中小企业的新力量，2009 年小额贷款公司在发展规模、政策支持、地方制度创新方面呈现出一定程度的积极变化。

3.3.1 延续迅猛的发展势头

2009 年小额贷款公司仍延续 2008 年迅猛的发展势头，据人民银行数据显示，截至 2009 年 12 月末，我国小额贷款公司达 1334 家[①]。除了西藏、海南、湖南等 3 个省区，全国其他省区均有小额贷款公司。这些公司风险控制良好，多数地区不良贷款率远低于银行业金融机构同类不良贷款率，多数公司在开业一年即实现盈利，尚未发现非法集资、暴力收贷和洗钱等违法行为，初步实现了良性循环。

以典型省份为例，截至 2009 年末，浙江全省共有 105 家小额贷款公司，比年初增加 63 家，新增数占总数的 60%，小额贷款公司已遍及该省 11 个市，为 5 万多户中小企业与农户发放贷款 551.7 亿元，其中，中小企业和个体工商户贷款占比约 75%。小额贷款公司贷款利率更趋于理性，从年初的 14.33% 降到年末的 13.83%[②]。不良贷款率仅为 0.12%，远低于同期浙江省金融机构本外币不良贷款率 1.29%[③]。内蒙古全区经批准开业运营的小额贷款公司 243 家，注册资本总额 152.2 亿元，分别较 2008 年增长 55.8% 和 38.4%[④]，覆盖全区 90% 地区，居全国小额贷款公司数量排名第一。山东自 2008 年 11 月成立首家小额贷款公司一年后，已开业运营的 40 家小额贷款公司累计发放贷款 81 亿元[⑤]。

3.3.2 政策仍未有效突破

目前，小额贷款公司的性质仍未能明确，在融资中不能享受与金融机构相

---

① 《我国已有小额贷款公司逾 1300 家》，新华网，2010 - 03 - 25。
② 浙江省工商行政管理局：《2009 年度浙江省小额贷款公司监管报告》。
③ 《提高小额贷款公司融资比例》，载《第一财经日报》，2010 - 03 - 04。
④ 《内蒙古小额信贷协会工作报告》，2010 - 03 - 19；并 2008 年度报告对比得出。
⑤ 《山东省金融办：农行将为小额贷款公司提供授信和融资支持》，中国金融网，2009 - 12 - 07。

同的待遇，融资成本较高。向商业银行融资不超过资本金的50%这条红线仍未能突破，通过其他融资渠道融资仍非常有限，小额贷款公司融资来源不足的问题仍未得到有效的解决。

2009年6月，中国银监会发布《小额贷款公司改制设立村镇银行暂行规定》。该暂行规定的出台，对小额贷款公司规范经营、持续稳健发展具有积极的引导和推动作用。小额贷款公司转变为村镇银行这一正规的金融机构后，可以全面开展银行业务，不仅可以吸收存款，而且可以大力发展包括理财业务甚至票据业务在内的中间业务，其资金来源问题将得到改善，经营模式将更加完善。

然而在现实中，小额贷款公司转制为村镇银行还存在难点。一方面，小额贷款公司转为村镇银行的门槛过高，使多数小额贷款公司望尘莫及，而商业银行自己新设分支机构相对容易，对发起设立小额贷款公司也缺乏积极性。另一方面，转制后的村镇银行由商业银行当大股东，原小额贷款公司股东失去控制权，而且引入商业银行管理机制后，有可能对小额贷款公司"活、灵、快"的机制造成影响。这也大大减弱了小额贷款公司向村镇银行转化的积极性。此外，成为村镇银行之后，小额贷款公司由"管自己的钱"变成"管别人的钱"是对小额贷款公司法人治理、内部控制和经营管理的一项挑战。鉴于此，多数业内人士认为把小额贷款公司改造为村镇银行只能是一种激励措施，并不是小额贷款公司的发展方向，对小额贷款公司的实际影响仍有待观察。

3.3.3 地方制度创新有亮点

小额贷款公司的蓬勃发展对中小企业金融服务的支持，进而对当地经济的促进作用引起了地方政府对小额贷款公司的关注，一些地方从不同角度通过相关政策扶持小额贷款公司的发展，出现的制度创新可圈可点。

■ 浙江制度创新实践

作为民营经济发展活跃的省份，浙江在小额贷款公司发展方面进行了大胆的创新。2009年浙江省出台了《关于促进小额贷款公司健康发展的若干意见》，明确小额贷款公司的定位。小额贷款公司是以服务"三农"和小企业为宗旨，从事小额放贷和融资活动的新型农村金融组织。各地政府、各有关部门在小额贷款公司办理工商登记、税收征缴、土地房产抵押及动产和其他权利抵押、财务监督等相关事务时，应参照银行业金融机构对待。小额贷款公司在开展与小额贷款活动相关的同业合作、向银行业金融机构融资等金融活动时，应给予积极支持。在财税政策激励方面，浙江省对服务"三农"和小企业贡献突出，考评优秀的小额贷款公司，规定其缴纳的营业税及附加、印花税，以及所得税归属省以下的地方部分，3 年内可由同级财政予以全额补助。部分县政府还对融资利率超过同业拆借利率的，给予利差补助。

浙江省还根据实际需求，适当调高了小额贷款公司的单户贷款上限、放宽经营范围。将小额贷款公司贷款余额的 70% 从用于单户贷款 50 万元的上限提高到了 100 万元，其余部分单户贷款余额最高不超过资本净额的 5%。同时，对达到一定条件的优秀小额贷款公司，报经省小额贷款试点联席会议批准，可适度放宽经营范围，开展票据贴现、资产转让等新业务试点。业务范围的扩宽使小额贷款公司在控制一定的风险水平下，通过贷款额度的上升及新业务的开展增强自身的盈利能力。

此外，浙江省小额贷款公司的监管工作取得了良好的成效，在全国起到了表率作用。2009 年浙江省出台了一系列关于小额贷款公司监管的制度，使各监管部门的职责范围及流程、各部门间的协调机制和程序有章可循，使日常监管和年检工作制度化、数量化和信息化。浙江省工商行政管理局还发布了全国首份《2009 年度浙江省小额贷款公司监管报告》，全面介绍了 2009 年浙江小额贷款公司的发展情况，浙江省小额贷款公司组织架构、发展理念和业务建设，浙江省小额贷款公司的监管框架和制度建设，以及小额贷款公司日常监管工作情况。监管报告的发布提高了监管工作的透明度，增进社会各界对小额贷款公司的了解，增强了公众对小额贷款公司发展的信心，有效促进社会资本对小额贷款公司的支持。

■ 多重努力破资金瓶颈

小额贷款公司"只贷不存"的运营方式和资本金的制约，信贷资金来源是一直困扰小额贷款公司的难题。小额贷款公司融资有三个途径：向商业银行融资、增资扩股、接受捐赠。在接受捐赠有限的情况下，2009 年地方政府通过促进小额贷款公司与商业银行合作、放宽增资扩股的相关规定等方式解决小额贷款公司的融资困境。

在促进商业银行等金融机构对小额贷款公司的融资支持上，内蒙古自治区金融办与多家金融机构签署了协议，为内蒙古小额贷款公司提供融资额 110 亿元，其中包括商业银行贷款和信托公司的股权融资①；山东省金融办先后与中国银行和农业银行开展战略合作，其中中国银行为山东省 39 家小额贷款公司提供总计 15 亿元的授信额度②；浙江省金融办协助 11 家小额贷款公司累计获

---

① 《内蒙古小贷公司的探索、实践》，中国金融网，2009 – 07 – 23。
② 《民间需求旺盛　山东小额贷款公司闹"钱荒"》，中国金融网，2009 – 07 – 07。

得中国银行贷款 10 亿元①。

在小额贷款公司与商业银行的合作创新上，浙江温州政府允许小额贷款公司采取为银行包收包放组合贷款、并承担贷款全部风险的形式与银行机构联合发放组合贷款，以扩大融资数量，这将进一步扩大小额贷款公司的业务平台。目前，温州 11 家小额贷款公司正积极与银行机构就此业务展开洽谈；这一联合发放组合贷款的合作形式，在广东省小额贷款公司的业务产品中也有体现。广州市越秀海印小额贷款公司推出的"联银贷"产品，针对专业市场和批发市场，以批发形式，由银行和小额贷款公司联手来做个人和商户贷款。"联银贷"由海印牵头做，在每笔借款中，海印和合作银行同为债权人，若出现贷款拖欠情况，由海印负责追讨并优先偿还给合作银行。

在放宽政策促进增资扩股方面，浙江省发布《关于促进小额贷款公司健康发展的若干意见》，将增资扩股规定期限从以往的"一年"缩短至"半年"，即可允许小额贷款公司提前半年按规定程序增资扩股，单次增资最高额度应低于原注册资本的 1 倍，信誉良好、牵头作用突出的主发起人持股可由原来的20% 增持至 30%。这一政策减少了小额贷款公司股权融资的障碍，加强了对小额贷款公司融资支持的力度，也为全国各省对小额贷款公司的扶持工作起到了良好的导向作用。

3.4 典当企业：方兴未艾

典当融资简便快捷、门槛低，接受的抵押品或质押品范围远远超过银行②，这些特点扩大了企业融资可利用的资源范围，为信用级别不高又面临资金压力的中小企业提供了一个短期和急需资金的渠道，满足了它们在创业初期和再发展的资金缺口，日益成为中小企业的"应急银行"。

3.4.1 行业规模持续增长

数据显示，2009 年，典当行业延续了 2008 年的增长势头，数量和典当总额进一步增长。截至 2009 年末，上海市共有典当企业 168 家，分支机构 52 家，分别较 2008 年增长 22.6% 和 15.6%，全年典当交易笔数 42 万笔，发放

① 《中国银行 10 亿信贷支持浙江小额贷款公司》，载《上海证券报》，2009 - 03 - 19。
② 典当业务品种主要有民品"老三样"（金银饰品、钻石珠宝和手表、相机）和"新三样"（房产、机动车、有价证券）。此外，闲置设备、积压产品、多余原材料以及价值较小的抵押品都可典当。

融资款达到 272.4 亿元，同比增长 25.4%①；北京市典当企业独立法人达 165
家，较 2008 年 115 家增长 43.5%，分支机构 42 个，全市典当门店超过 200
个，全年实现典当 8.9 万笔，典当总额 42.5 亿元②；湖北典当行 2009 年营业
收入 1.9 亿元，较 2008 年增加了 0.5 亿元，同比增长 33.98%③，其中武汉市
投入运营的典当公司 49 家，较上年 35 家增长 40%④。值得注意的是，各地新
增典当行不仅数量有所增长，其扩张范围也从过去普遍"扎堆"大城市逐步
向中小城市甚至是乡镇绵延，如云南省丽江市在 2009 年也开设了典当行。

　　值得注意的是，典当行服务中小企业的特点尤为突出，在典当行的客户群
中，中小企业占了绝大比例。以上海和武汉为例，截至 2009 年 12 月末，上海
典当行业放贷资金 70% 流向小企业，融资客户中，小企业客户比重达到 75%，
受益小企业超过 100 万家⑤；武汉市 49 家典当公司中专为中小企业服务的典当
公司 30 家，占比 61.2%；2009 年 1~8 月武汉市典当行中小企业典当额 18.6
万元，占典当总额的 97.9%⑥。

3.4.2　竞争激烈激发创新动力

　　随着典当企业数量快速增长，典当行业的竞争日趋激烈。部分地区的典当
行业甚至出现"盈利、勉强生存、亏损"三分天下的局面，而这激烈的竞争
激发了典当公司在完善经营模式、提升有针对性的产品创新、加强技术设备更
新等方面的动力。

　　在经营模式创新上，部分典当行趋向于"连锁店制"发展。如上海华联
典当行在借鉴美国典当行业连锁经营模式的成功经验后，结合自身特点，目前
正全力打造具有中国特色的典当连锁经营网络，公司已拥有 10 家典当门店及
与之相配套的多家特种寄售门店。依靠连锁经营可获得低成本的竞争优势，达
到客户融资快捷的要求，同时，连锁经营可形成特定的品牌形象，提高公司的
社会知名度，扩大品牌效应，提升企业价值。

　　在典当业务创新上，部分典当行在自身的营业范围基础上，针对客户的不
同需要打造一系列目标客户群不同的特色业务。如国内某家知名的典当行，推

　　①　《金融中心也需"草根金融"》，人民网，2010 – 03 – 04；《新一批典当企业正在产生中》，载
《中国商报》，2009 – 11 – 09。
　　②　《典当业 09 年增幅度创新高》，载《中国商报》，2010 – 03 – 19。
　　③　《湖北典当行 2009 年度业绩稳步增长》，中国典当联盟网，2010 – 04 – 30。
　　④　《典当行业应坚持为中小企业服务的正确方向》，中国典当联盟网，2010 – 03 – 30。
　　⑤　《典当行 7 成资金流向小企业》，载《上海青年报》，2009 – 12 – 27。
　　⑥　《典当行业应坚持为中小企业服务的正确方向》，中国典当联盟网，2010 – 03 – 30。

出了"房产竞拍融资宝"、"出境旅游融资宝"、"留学融资宝"、"金银币融资宝"、"小企业融资宝"、"健康安泰融资宝"、"艺术人生融资宝"、"创业融资宝"等八项融资产品。为不同客户的特殊需求提供专业化和快捷服务的同时，赢得了市场份额，增强自身的市场竞争力。

3.4.3　蓬勃发展亟须立法支持

与典当业蓬勃发展的局面形成鲜明反差的是，典当业法律制度建设相对滞后，制约了典当业的健康发展。目前已实施的《典当管理办法》与实践脱节，部分重要管理规范对当前的业务发展带来障碍。例如，"融资难"一直困扰着典当公司的发展，按照《典当管理办法》对典当资金来源的规定，除自有资金外典当行的唯一融资渠道仅为向商业银行借款，其他任何渠道都是违法的。但当前典当行取得银行贷款困难、自有资金有限，严重限制了典当业务的发展和扩张。因此，尽快制定和出台一部专门的《典当法》，为典当行的健康规范发展提供制度保障已是大势所趋。

3.5　融资租赁公司：障碍尚存

融资租赁是以物为载体的融资，适于解决中小企业缺少融资抵押物的难题，融资方式更为灵活，在中小企业金融服务中有广泛的应用前景，是促进中小企业设备的更新换代和技术进步的可行途径。

3.5.1　行业规模显著增长

2007年3月，中国银监会颁布实施了修订后的《金融租赁公司管理办法》，明确了金融租赁公司新的准入标准和监管标准，允许符合资质要求的商业银行和其他机构设立或参股金融租赁公司。两年多来，金融租赁公司试点工作成效显著，呈现出良好的增长势头。从数量增长看，截至2009年底，中国银监会批准设立的金融租赁公司正常开展业务的有12家，商务部和国家税务总局联合批准设立的内资试点融资租赁公司37家，商务部批准成立的外商投资的融资租赁公司已超过110家。从业务发展看，2009年我国融资租赁业务总额已突破2800亿元人民币，远远超过2008年1550亿元的规模，增长80.6%[1]，其中中国银监会批准设立的12家金融租赁公司租赁资产余额总计达

---

① 《2009中国融资租赁年会在北京顺利召开》，恒信金融租赁有限公司主页—新闻，2009 - 12 - 09。

到1507.3亿元，全年实现营业收入77.79亿元，利润总额22.36亿元，分别比2008年增长了120%、80%、61%①，在实现资产规模翻番增长的基础上，保持了租赁资产质量的稳定。商务部和国家税务总局核准的37家融资租赁业务试点企业已累计签订融资租赁合同金额约200亿元，业务涉及航空、煤炭、电信等众多领域②。

3.5.2 中小企业融资租赁尚待开发

与发达国家中小企业在融资租赁全部承租企业中的占比③相比，目前，我国中小企业融资租赁在全部承租企业中占比仍较小，融资租赁行业的业务中心依然侧重央企、大型国有企业、垄断企业、银行追着贷款的企业，尚未对中小企业的投融资发挥重要作用。例如，国内首批5家银行系租赁公司中除民生租赁提到"面向中小客户、民营经济"外，其他4家不约而同地把航空、船舶、电力电信等大型设备制造业定位为其目标市场。这使得我国利用融资租赁方式融资的中小企业较少，而且已经利用融资租赁业务的中小企业中，该方式占融资总量的比例较少。

国内中小企业融资租赁业务没有得到充分发展的原因，除中小企业对融资租赁缺乏了解，限制了该种方式的应用外，重要的是国内融资租赁业务发展的环境还需要进一步完善。

3.5.3 行业发展障碍犹存

2009年7月，中国人民银行融资租赁登记公示系统正式运行，这为融资租赁业的发展提供了金融基础设施。但是，融资租赁业的发展仍面临诸多障碍。一方面，多头监管的现状阻碍了融资租赁行业建立稳定的监管环境，商务部、国家税务总局、中国银监会之间的监管协调合作需要不断加强；此外，成立融资租赁公司的最低注册资本金过高④，在一定程度上制约了社会资本进入

---

① 《2009年国内金融租赁公司资产规模翻番》，中国银行业协会主页—金融租赁专业委员会—委员会动态，2010-01-28。
② 《融资租赁化解中小企业融资难题》，51资金项目网，2010-01-07。
③ 据中国外商投资企业协会租赁业委员会数据显示，美国中小企业占全部承租企业的80%，日本达50%~60%。
④ 中国银监会规定，金融租赁公司最低注册资本为1亿元或等值自由兑换货币。商务部规定，外商投资融资租赁公司注册资本不低于1000万美元。根据商务部等部门发布的关于内资租赁企业从事融资租赁试点的规定，融资租赁试点企业应满足如下条件：2001年8月31日（含）前设立的内资租赁企业最低注册资本金应达到4000万元，2001年9月1日至2003年12月31日期间设立的内资租赁企业最低注册资本金应达到1.7亿元。

融资租赁行业的步伐，使得融资租赁公司的数量远不能满足市场需求，特别是未能在中小企业金融服务中发挥应有的作用。另一方面，中小企业融资租赁尚缺乏较好的政策环境。中小企业的财税补贴政策、地区政策、优惠税率或税收减免政策尚未惠及融资租赁行业，技术改造、技术更新及促进设备更新税收政策仍不适用于采用融资租赁方式获取的设备。在当前较高的融资租赁公司税负①背景下，针对中小企业融资租赁的财税政策支持显得尤为重要。

立法是一切规范的基础，完善融资租赁法律是解决上述问题、改善融资租赁业务经营环境的根本。目前，我国正在进行《中华人民共和国融资租赁法》的立法工作，消除多头监管的弊端、构建统一的监管法律制度是该法的重要内容之一；同时，融资租赁公司的市场准入条件较高，尤其是面向中小企业服务的融资租赁公司的特许问题，也有望在立法中得到解决。我们也期待国家尽快将融资租赁行业作为一个重要扶持的产业来发展，更好地利用融资租赁业务为中小企业提供融资支持，促进中小企业金融服务的发展。

3.6　创业投资机构：总量回调与结构变化同现

2009 年，在金融危机的持续影响下，我国的创投市场未能延续 2008 年的增长，出现整体回调。在国外主要经济体复苏缓慢，而我国经济和资本市场利好频出的背景下，人民币基金异军突起，募资和投资首次双双超过外币基金，进一步推动了我国创投的本土化进程。随着我国经济回稳势头的巩固以及产业结构升级带来大量的投资机会，在经历 2009 年短期回调后的创投业，尤其是本土创投，将在中小企业金融服务市场继续大展身手。②

3.6.1　募资投资双双回落

金融危机对实体经济的冲击在 2009 年逐步显现，世界经济艰难前行。在全球经济不景气和资本市场低迷的负面影响下，无论是创投机构的投资人（国外通常称为有限合伙人 LP，包括大型养老基金、保险基金、捐赠基金等），还是创投机构自身，都倾向于采取更为谨慎的投资策略，这导致以往占创投市场主流的外币基金的募资和投资均大幅收缩，带动 2009 年创业投资市场整体回

---

① 根据我国有关规定，具有融资租赁资格的公司无论开展经营性租赁，还是融资性租赁，需承担约 5.7% 的税负，而不具有融资租赁业务资质的内资租赁公司，开展融资租赁业务需要交纳 17% 的增值税。

② 本节数据来自清科研究中心。

落，未能延续 2008 年的繁荣景象。

清科研究中心数据显示，2009 年中国创业投资市场资金的募集、投放和退出较 2008 年均有所回调。资金募集方面，2009 年中外创投机构新募集基金共 94 只，较 2008 年减少了 19%；新增可投资于中国大陆的资金额为 58.56 亿美元，较 2008 年减少 20%。资金投资方面，投资案例数和投资总金额较 2008 年均大幅减少。2009 年共发生 477 笔投资交易，其中 425 笔已披露金额的投资总量共计 27.01 亿美元。其中，投资案例数量较 2008 年的 607 起减少了 21.4%，已披露投资金额也较 2008 年全年的投资金额下降了 15.1 亿美元，降幅达 35.9%，这也是创业投资自 2002 年来的首次下挫。

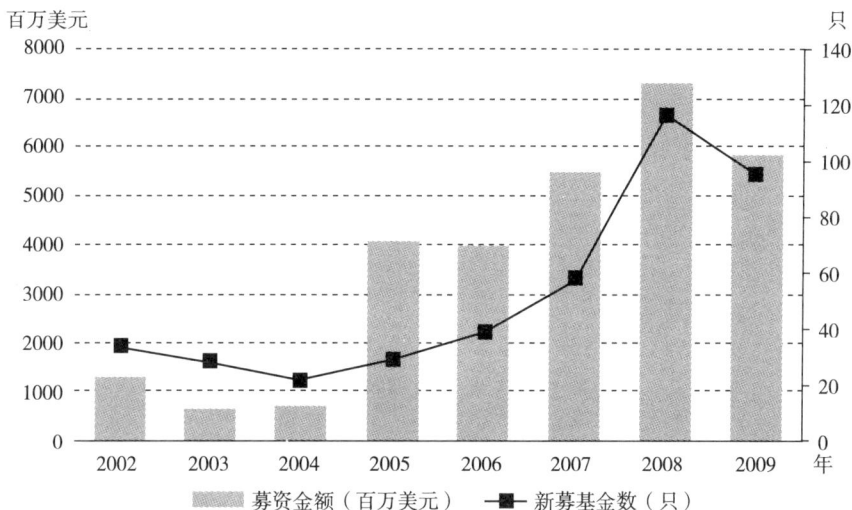

数据来源：清科研究中心。

图 3 - 2　2002—2009 年创业投资机构募集情况

3.6.2　本土创投逆市增长

在创投整体回调中，受国内经济企稳向好、创投环境日益改善，创业板尘埃落定以及境内资本市场退出渠道重启等众多积极因素的推动，本土创投的募资和投资双双逆市增长。人民币基金在资金募集市场表现活跃。从新募基金数量来看，2009 年新募集的 94 只基金中，人民币基金共有 84 只，募资金额为 35.67 亿美元，分别占新募资金只数和资金总额的 89.4% 和 60.9%，分别比 2008 年增长了 13.5 个和 28.9 个百分点。人民币募资金额首次大幅超过美元基金，成为创投市场募集资金的主力军。

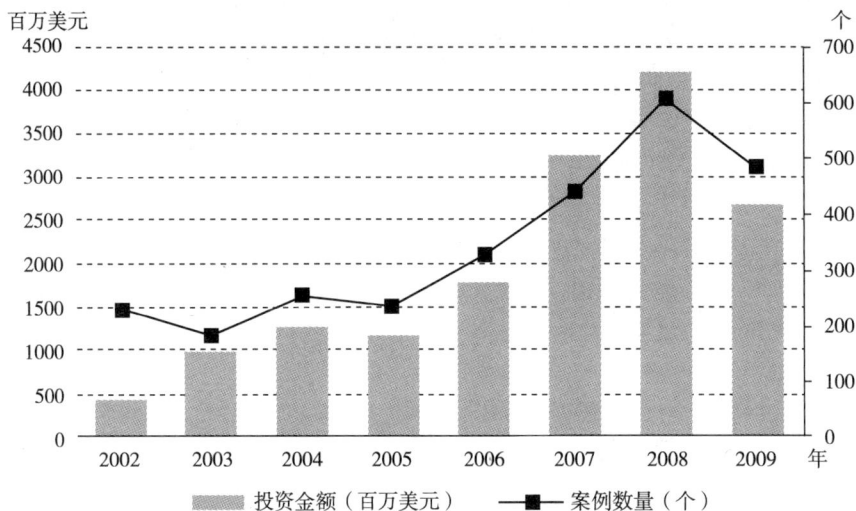

数据来源：清科研究中心。

图3－3　2002—2009年中国创业投资市场投资总量

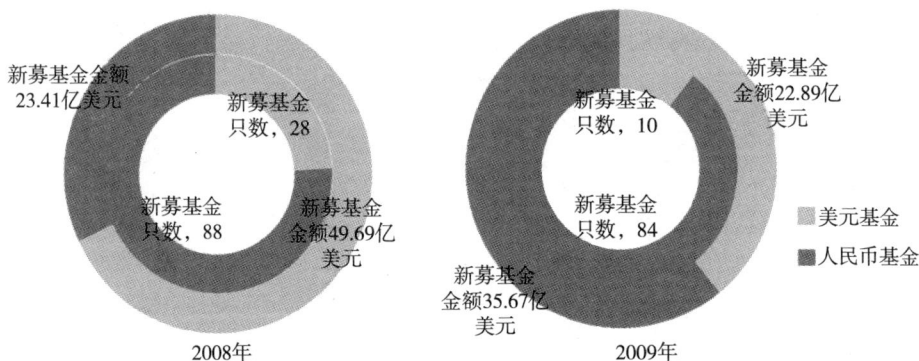

数据来源：清科研究中心。

图3－4　2008—2009年美元基金和人民币基金募集情况

　　从投资案例数量来看，全年共有297起人民币投资案例，披露的投资金额达13.69亿美元，分别占投资案例总数和投资总额的62.3%和50.7%，分别比2008年高出18个和17.6个百分点，人民币投资案例数和投资金额的绝对值和占比首次同时超过外币投资，开始占据创投市场的半壁江山。

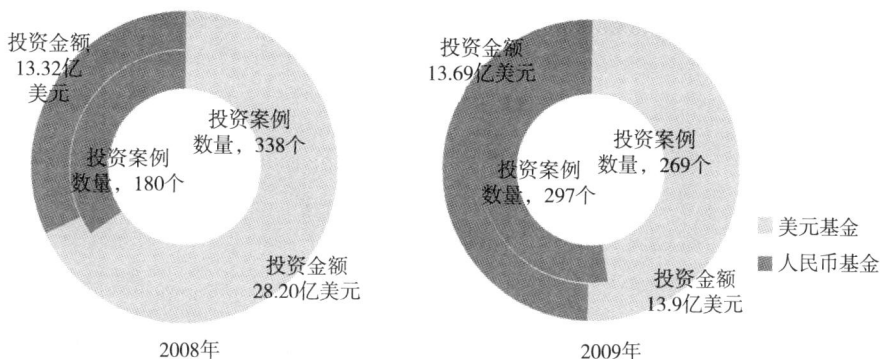

投资金额
13.32亿美元

投资案例
数量，338个

投资案例
数量，180个

投资金额
28.20亿美元

2008年

投资金额
13.69亿美元

投资案例
数量，269个

投资案例
数量，297个

投资金额
13.9亿美元

2009年

■ 美元基金
■ 人民币基金

数据来源：清科研究中心。

图3-5 2008—2009年美元基金和人民币基金投放情况

3.6.3 投资结构出现变化

受中国政府4万亿元经济刺激计划的影响，传统行业因发展相对稳定、政策环境良好等特点逐步显现出投资优势。2009年传统行业投资在中国创投市场中较为抢眼，呈现出与广义IT行业投资平分秋色之势。与此同时，清洁技术行业①因具备高成长性和政策环境优势而受到创投市场的追捧。

从投资金额来看，2009年，投资于传统行业的创业投资金额为9.18亿美元，占投资总额的34%，从而超过广义IT行业跃居首位。从投资案例数来看，2009年广义IT行业仍以180个投资案例数居于首位，占37.7%，传统行业以123个投资案例数居第二，占比25.8%。清洁技术投资案例数为53个，投资金额为3.56亿美元，占比分别为11.1%和13.2%，占比大幅上升，超过服务业位于第三。

从投资阶段看，2009年中国创投市场发展期投资案例数量和投资金额出现上升，扩张期和获利期投资出现下降②。发展期投资案例数量上升而获利期投资大幅下降，反映出创业投资市场的理性回归——兼具适宜风险和合理投资期的发展期企业重新获得市场的青睐。

---

① 清洁技术行业是指应用清洁技术显著降低成本、提高性能、大幅度减少或消除生态负面影响，高效使用自然资源的行业。清洁技术行业的核心内容是能源环保及相关产业，主要涉及能源生产、能源储存、能源效率、运输、供水及污水处理、空气环境、新材料、先进制造业、现代农业、循环再利用以及废物处理等领域。

② ChinaVenture 2009年中国创业投资市场统计分析报告。

3.6.4 创投环境持续改善

1. 退出渠道进一步拓宽。2009 年上半年，受金融危机持续恶化的影响，海外资本市场持续低迷，国内 A 股市场新股发行停滞，创投机构 IPO 退出渠道收窄；但下半年海外资本市场的回暖重启海外上市退出渠道；同时，在宏观经济回稳、创业板开闸、新股发行改革工作取得进展等积极因素的共同作用下，国内资本市场上市退出渠道也重新被打开。

特别是创业板的正式推出进一步完善丰富了我国资本市场的层次，为创投机构提供了更为便捷的资金退出渠道，改变了我国创投退出渠道单一、资金回收期长的局面。据统计，创业板前两批 36 家上市企业中，有 25 家企业背后有创投或私募股权基金的支持，而在创业板前两批上市企业的高市盈率带动下，创投机构获得了较高的投资回报，随着创业板的稳定发展，创业板市场将逐步成为我国创投退出的主渠道。

2. 政策环境进一步改善。2009 年，商务部出台了《商务部关于外商投资创业投资企业、创业投资管理企业审批事项的通知》，科技部也出台了《科学技术部关于外商投资创业投资企业、创业投资管理企业审批有关事项的通知》，对外商投资创业投资管理企业的审批权限和条件做了进一步简化。资本总额 1 亿美元以下的（含 1 亿美元）外商投资创业投资企业、外商投资创业投资管理企业的设立及变更由省级商务主管部门和国家级经济技术开发区负责审核、管理。同时对审批时限作出了明确规定，要求审批机关在收到全部上报材料之日起 30 天内作出批准或不批准的书面决定。

而《国家税务总局关于实施创业投资企业所得税优惠问题的通知》（国税发〔2009〕87 号）则明确了创业投资企业股权投资税收优惠政策，使新《企业所得税法》框架下的创投税收优惠政策开始广泛实施。创业投资企业采取股权投资方式投资于未上市中小高新技术企业 2 年以上（含 2 年），符合条件的，可按其对中小高新技术企业投资额的 70% 抵扣该创业投资企业的应纳税所得额。虽然政策尚未惠及合伙制的创投机构，但对大多数本土公司制的创投机构无疑是一大利好。

3.7 信托公司：中小企业信托蓬勃发展

3.7.1 集合信托限制放松，信托业发展面临新机遇

2009 年第一季度，监管部门相继下发了《关于修改〈信托公司集合资金

信托计划管理办法〉的决定》（银监会令，2009 年第 1 号）、《信托公司证券投资信托业务操作指引》（银监发〔2009〕11 号）和《关于当前调整部分信贷监管政策促进经济稳健发展的通知》（银监发〔2009〕3 号）等文件，对合格机构投资者的数量、信托贷款比例等方面给予了放宽；此外，《关于支持信托公司创新发展有关问题的通知（征求意见稿)》、《关于加强信托公司异地信托业务监管的通知（征求意见稿)》等文件也在征求行业意见。

在良好的政策环境下，2009 年我国信托业把握机遇，发展迅猛。根据华创证券的统计，2009 年信托资产[①]规模较 2008 年增长了 30.68%，达到 18974.08 亿元，较 2007 年资产规模翻了一番。

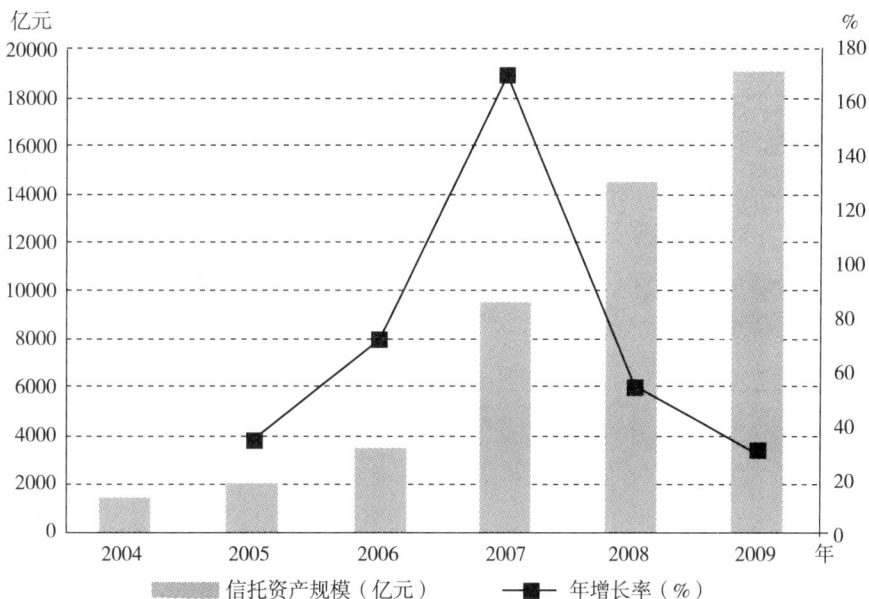

数据来源：华创证券《2009 信托业分析报告》。

图 3 - 6 2004—2009 年中国信托资产规模变动情况

3.7.2 集合信托数量激增，平均规模和预期收益率双降

2009 年中国信托业集合信托发行数量增长迅猛，根据用益信托工作室发布的数据，全年 53 家信托机构共发行集合信托产品 1173 个，较 2008 年的 684

---

① 信托资产是指根据信托文件的要求，由受托人受托管理运用、处分信托财产而形成的各项资产，包括银行存款、短期投资、应收账款、长期股权投资、客户贷款、固定资产、无形资产等。因此，信托产品的发行是形成信托资产的主要渠道。

个增长 71.49%；发行规模总计 1313.55 亿元人民币，较 2008 年增长
49.55%；平均发行规模为 1.12 亿元人民币，较 2008 年的 1.23 亿元人民币下
降 8.94%。其中，发行并成立的集合信托产品 1119 个，同比增长 64.08%，
发行成功率达 95.4%，成立规模总计 1223.54 亿元人民币，同比增长
51.51%；平均融资规模 1.09 亿元人民币，较 2008 年的 1.13 亿元人民币下降
5.54%。

2009 年，由于经济刺激政策以及宽松货币政策的实施，市场流动性充裕，
集合信托的月度平均预期年收益率从 2008 年 1 月 10.09% 的高点回落至 2009
年 5 月 6.43% 的低点。尽管在 2009 年下半年，受通胀预期及经济刺激计划退
出预期的影响，集合信托预期收益率有所回升，但总体而言，2009 年集合信
托产品预期收益率较 2008 年有所回落，略高于同期贷款基准利率。在信托期
限方面，2009 年集合信托产品的平均年限基本保持在 2 年左右。

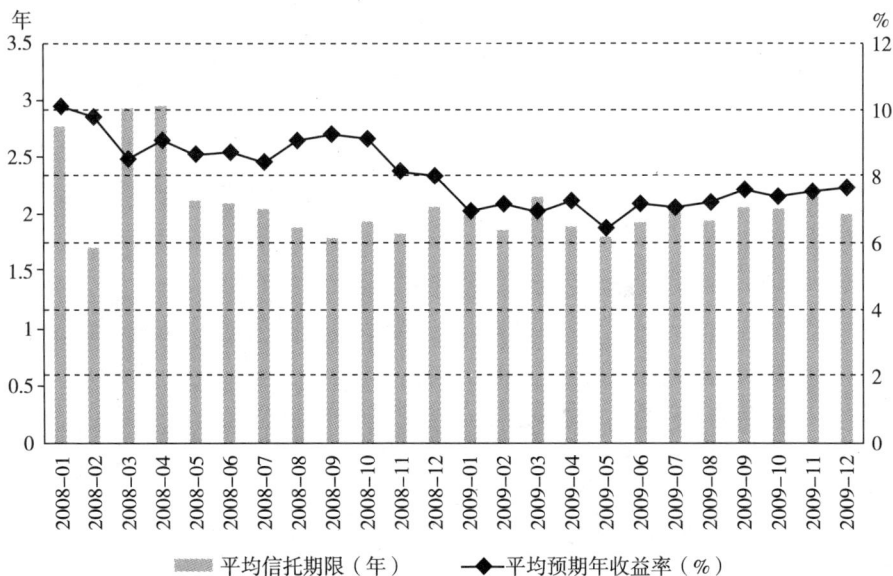

数据来源：用益信托工作室。

图 3-7　2008—2009 年各月发行集合信托平均期限及收益率变动情况

3.7.3　中小企业信托计划发展迅猛，但仍有待完善

2008 年首个中小企业信托计划——"平湖秋月"集合资金信托计划成功
发行，而且运行良好，信托计划项下贷款支持的中小企业还得到了银行、创投

机构的跟进支持，良好的经济社会效应引起广泛关注，带动 2009 年中小企业信托计划发展迅猛。

统计数据显示，2009 年全国共有 12 家信托公司发行了 23 个中小企业投融资集合信托计划，总体融资规模达到 15.8 亿元①，单个信托计划的融资规模从300 万元至 3 亿元不等，资金运用涵盖贷款、权益投资、组合运用等多种方式，打通了社会资金支持中小企业发展的途径，为中小企业拓宽融资渠道提供了可操作的经验。与 2008 年相比，涉足中小企业融资的信托公司显著增加，从最初的兴泰信托、中投信托等少数几家扩大到 12 家，而且单个信托计划融资规模显著增长。此外，2009 年发行的中小企业集合信托计划中，期限为 2年以上的多达 12 款，与普遍 1 年及 1 年以下的中小企业贷款期限相比，能够为中小企业提供更加稳定的资金来源，提高了企业资金统筹能力，降低了周转风险。

表 3 - 10　　　　　2009 年部分中小企业集合信托计划一览

信托计划	成立时间	信托公司	规模（万元）	预期收益率（%）	期限（年）	类型
"滨湖春晓"二期（Ⅰ）中小企业发展集合资金信托计划	2009 - 06 - 08	兴泰信托	5000	5.80	2	债权型
"滨湖春晓"二期（Ⅱ）中小企业发展集合资金信托计划	2009 - 08 - 06	兴泰信托	5000	5.80	2	债权型
"滨湖春晓"二期（Ⅲ）中小企业发展集合资金信托计划	2009 - 11 - 25	兴泰信托	5000	5.80	2	债权型
"滨湖春晓"中小企业发展信托	2009 - 01 - 21	兴泰信托	10000	5.50	2	债权型
包河区中小企业发展信托	2009 - 04 - 23	兴泰信托	6000	5.80	2	债权型
杭州市文化创意产业小企业债权投资之宝石流霞信托	2009 - 02 - 03	中投信托	6000	6.18	1	债权型
江干区中小企业债权投资之"日出钱江"信托	2009 - 09 - 18	中投信托	5000	—	1	债权型
宁波市中小企业贷款集合资金信托计划	2009 - 07 - 29	昆仑信托	5000	—	1	债权型
山西省中小企业发展基金（二期）集合资金信托计划	2009 - 07 - 13	山西信托	300	5	1	债权型

① 《信托融资：为中小企业插上腾飞翅膀》，载《金融时报》，2010 - 03 - 22。

续表

信托计划	成立时间	信托公司	规模（万元）	预期收益率（％）	期限（年）	类型
山西省中小企业发展基金（三期）集合资金信托计划	2009 - 07 - 20	山西信托	2000	5	1	债权型
山西省中小企业发展基金（一期）集合资金信托计划	2009 - 04 - 24	山西信托	1500	5	1	债权型
山西省中小企业发展基金（四期）集合资金信托计划	2009 - 12 - 24	山西信托	3000	5.58	2	债权型
山西省中小企业发展基金（五期）集合资金信托计划	2009 - 11 - 11	山西信托	1500	5.58	2	债权型
山西省中小企业发展基金（六期）集合资金信托计划	2009 - 11 - 19	山西信托	1200	5	1	债权型
山西省中小企业发展基金（七期）集合资金信托计划	2009 - 11 - 19	山西信托	800	5	1	债权型
绍兴市小企业债权投资信托	2009 - 09 - 22	中投信托	5000	5.20	1	债权型
信逸一号中小企业发展信托	2009 - 06 - 23	中信信托	30000	8	3	债权型
中小企业融资通一期信托	2009 - 06 - 18	新时代信托	7500	7	2	混合型
江苏中小企业投融资集合资金信托计划（一期）	2009 - 12 - 31	江苏省国际信托	10000	7.5	1.5	债权型
"创智天地1号"集合信托计划	2009 - 10 - 30	上海国际信托	5000	7.7	2	债权型

资料来源：根据公开信息整理。

　　中小企业集合信托是对通过信托产品解决中小企业融资难问题的可贵尝试，同时，我们也应看到，中小企业信托仍有进一步完善的空间。

　　首先，市场化程度有待进一步提高。如前述，目前大部分中小企业信托计划依托地方政府"增信"和"让利"尽可能地降低中小企业贷款的成本[①]，这也导致目前市面的中小企业集合信托计划预期收益普遍较低，大部分在5%到5.8%之间，与同期贷款基准利率基本持平。这种模式虽然是政府、企业、投资者多赢的一种创新，但由于过度依赖政府，在一定程度上降低了这类创新的

---

　　① 财政专项资金直接参与信托计划，并将产生的信托收益让利于借款企业及投资者。

市场化程度和易复制性。作为一种最为灵活的金融业态，信托业可以进一步在开发更为市场化的高风险与高收益相平衡的中小企业集合信托方面作出尝试，以实现更快速的发展。

其次，信托计划类型仍需丰富。从总体上看，2009年成立的中小企业信托计划类型单一，多以为企业提供短期债务融资为主，直接投资于中小企业的权益型信托较少。通过信托的方式为中小企业提供多样化的金融服务，尤其是为高成长性的中小企业募集长期发展资金是信托业服务中小企业的一个创新方向。

值得注意的是，新时代信托的"中小企业融资通一期信托"既具有良好的市场化特征，也在投资方式上不拘泥于债券投资，呈现出类似PE性质的特征，是中小企业集合信托业务方面的可贵尝试。该信托的信托资金以债权或股权等形式投资于受托人选定并设立的中小企业包，因此，相对纯债权型信托计划该信托预期收益率较高，为7%。市场化程度方面，该信托由包头市银通担保有限责任公司、内蒙古元盛投资担保集团股份有限公司、深圳市嘉豪盛实业有限公司提供连带责任担保，基本不依赖政府信用。同时，为了降低信托公司的道德风险，该信托计划还采用了结构化设计，即将受益人分为优先受益人和次级受益人，优先受益人具有优先参与分配信托财产的权利，次级受益人次于优先受益人分配信托财产，次级受益信托资金作为安全铺垫，保障优先受益信托资金安全。其中，优先受益人为中华人民共和国境内合格投资者，而次级受益人为新时代信托投资股份有限公司，从而激励信托公司妥善运用信托资金，增强委托人和受益人的利益一致性。

3.8　中小企业信用担保机构：政策恩威并济

3.8.1　担保机构数量与规模持续增长

从中小企业融资实践来看，缺少合格的抵押品始终是制约中小企业融资的关键因素，因而中小企业信用担保机构在中小企业融资过程中扮演重要角色。在国务院以及国家发改委等有关部委的推动下，地方政府积极响应，我国信用担保体系进一步完善，担保机构保持持续发展。截至2009年底，全国设立各类中小企业信用担保机构4800余家，较2008年的4247家[①]增长约13%；共筹

---

① 2008年中小企业信用担保机构数据来自中小企业信用担保机构负责人联席会议发布的《2008年度全国担保行业发展报告》。

集担保资金 2500 多亿元，较 2008 年的 2334 亿元增长约 7%；累计为 115 万户
（次）企业提供担保总额 2.6 万亿元人民币，较 2008 年的 90.7 万户（次）和
1.75 万亿元分别增长约 27% 和 49%①。

　　虽然担保机构数量与规模保持了增长，但 2009 年我国中小企业信用担保
机构筹资增速放缓，由 2008 年的 31.56% 骤减至 7%。中小企业信用担保机构
数量的增速从 2008 年的 13.89% 略降至 13%。综合 2005 年以来中小企业信用
担保机构的增速变动情况来看，我国中小企业信用担保机构已经进入平稳增长
阶段。

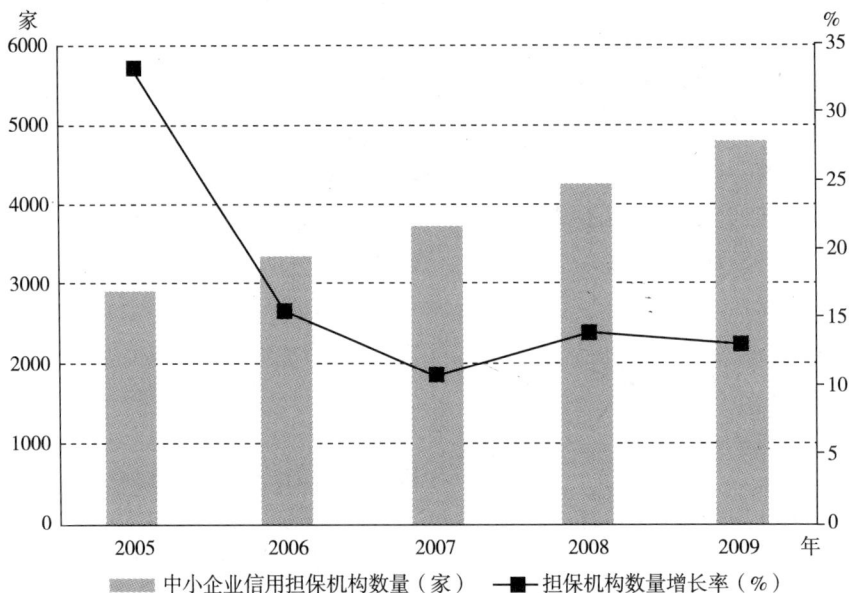

数据来源：《全国担保行业发展报告》及工业和信息化部报告。

图 3－8　2005—2009 年中小企业信用担保机构数量及增长率

　　另一方面，2009 年我国中小企业信用担保机构累计担保户数和提供担保
总额的增长仍保持在高位。其中，中小企业信用担保机构提供担保总额的增长
率甚至从 2008 年的 29.63% 上升至 2009 年的 49%，这一定程度上反映了在帮
助中小企业摆脱金融危机的负面影响逐步走向复苏的过程中，中小企业信用担
保机构为中小企业解决融资难问题提供了有力的支持。

---

　　①　根据工业和信息化部部长李毅中于 2009 年 12 月 24 日向十一届全国人大常委会第十二次会议
的报告整理得到。

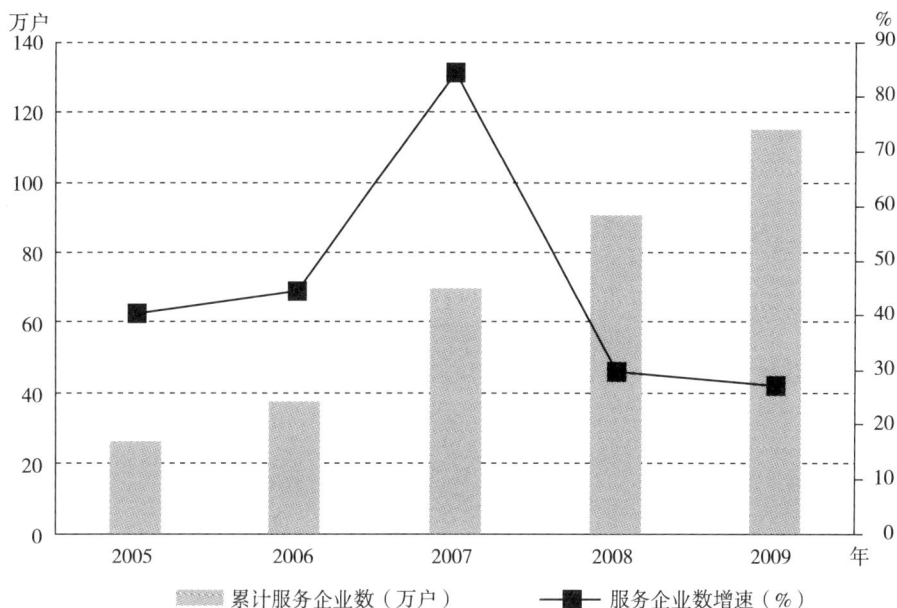

数据来源：《全国担保行业发展报告》及工业和信息化部报告。

图 3 – 9　2005—2009 年中小企业信用担保机构服务企业规模情况

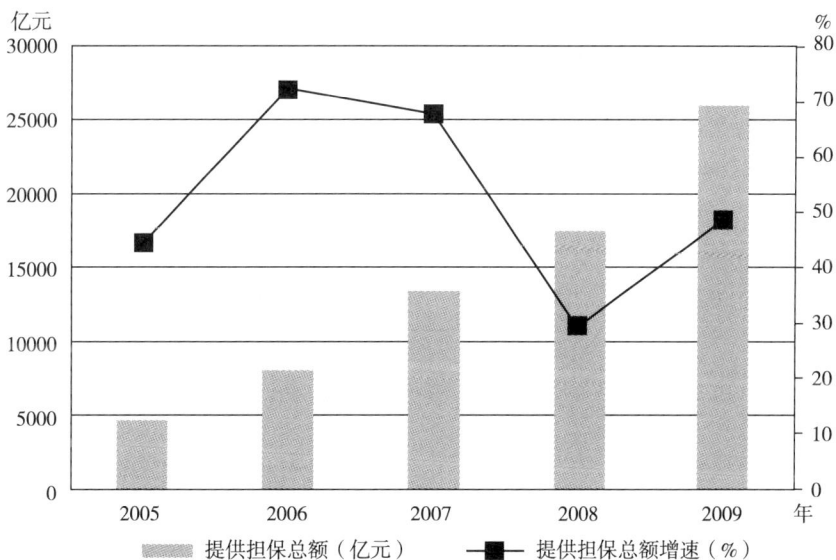

数据来源：《全国担保行业发展报告》及工业和信息化部报告。

图 3 – 10　2005—2009 年中小企业信用担保机构担保规模情况

3.8.2　财税扶持措施进一步落实

为了更好地应对国际金融危机，支持和引导中小企业信用担保机构为中小企业提供贷款担保和融资服务，缓解中小企业融资难问题，帮助中小企业摆脱困境，2009 年，扶持中小企业担保机构的财税政策频频出台，对中小企业信用担保体系的建设与完善起到了实实在在的作用。

2009 年中央财政共安排中小企业担保资金 40 亿元，比上年增长 1.2 倍。其中，针对中小外贸企业受金融危机冲击严重的情况，还特别出台政策支持担保机构扩大中小外贸企业融资担保业务，缓解中小外贸企业融资难问题。财政部、商务部联合出台《中小外贸企业融资担保专项资金管理暂行办法》（财企〔2009〕160 号），按保费的一定比例资助担保机构开展中小外贸企业融资担保业务、对担保费率低于银行同期贷款基准利率 50% 的中小外贸企业融资担保业务给予奖励、资助信用担保欠发达地区地方政府出资设立担保机构，开展中小外贸企业融资担保业务。

在政策引导下，各地财政部门也加大对中小企业信用担保的扶持力度，并因地制宜地探索实施了准备金补助、业绩奖励、风险补偿等多种扶持方式。例如，2009 年山东省财政拨款 1.46 亿元用以健全中小企业贷款担保风险补偿机制，对全省 109 家中小企业信用担保机构的贷款担保业务进行风险补偿，约有 1.22 万户中小企业受益。江西省财政厅也在 2009 年度通过无偿资助的方式对中小企业信用担保机构为中小企业提供的单笔贷款担保额在 800 万元以下、担保期限在 1 年以上（含 1 年）的贷款担保业务按照不超过担保总额的 1% 给予资助，资助金额总计达 6160 万元人民币。河南省为了支持中小商贸企业发展，在借鉴江苏[①]等省份经验的基础上，对 2009 年 1 月 1 日以后符合条件的中小企业信用担保机构提供准备金补助。其具体办法为"对符合条件的信用担保机构为中小商贸企业提供的单笔贷款在 800 万元以下、未获得其他中央财政补贴的担保业务，给予不超过贷款担保额 1% 的补助。信用担保机构受到补助资金，只能用于弥补代偿损失或补充风险准备金。"

在中小企业信用担保机构税收优惠方面，2009 年，工业和信息化部联合国家税务总局发布了《关于中小企业信用担保机构免征营业税有关问题的通知》（工信部联企业〔2009〕114 号），为继续做好中小企业信用担保机构免征营业税工作作出了规定，对实收资本超过 2000 万元且主要从事为中小企业提

---

① 江苏省于 2007 年就颁布了《江苏省中小企业信用担保机构专项补助资金使用管理办法》（苏财企〔2007〕138 号），并开始具体落实对中小企业信用担保机构的风险金补助发放工作。

供担保服务的企（事）业法人实行免营业税优惠。同时，为了使免税优惠更有针对性，该办法强调受惠信用担保机构服务中小企业的特性，如规定享受免税优惠的信用担保机构必须"不以营利为目的，担保业务收费不高于同期贷款利率的50%"、"为工业、农业、商贸中小企业提供的累计担保贷款额占其两年累计担保业务总额的80%以上，单笔800万元以下的累计担保贷款额占其累计担保业务总额的50%以上"等。

此外，财政部和国家税务总局联合发布了《关于中小企业信用担保机构有关准备金税前扣除问题的通知》（财税〔2009〕62号），规定中小企业信用担保机构可按照不超过当年年末担保责任余额1%的比例计提担保赔偿准备，按照不超过当年担保费收入50%的比例计提未到期责任准备，且允许这些准备在企业所得税税前扣除。对中小企业信用担保机构实际发生的代偿损失，该通知规定在依次冲减已在税前扣除的担保赔偿准备和在税后利润中提取的一般风险准备后，不足冲减部分可据实在企业所得税税前扣除。该政策的出台不仅为中小企业信用担保机构提供了所得税优惠，而且有效促进了中小企业信用担保机构通过计提准备提升抵御风险的能力。

3.8.3 加强监管奠定行业规范发展基础

为了促进中小企业信用担保机构规范有序发展，国务院办公厅《进一步明确融资性担保业务监管职责的通知》（国办发〔2009〕7号）建立融资性担保业务监管部际联席会议。根据通知要求，2010年，中国银监会、国家发改委、工业和信息化部、财政部、商务部、中国人民银行和国家工商总局等7部委共同制定并公布了《融资性担保公司管理暂行办法》，对融资性担保公司的设立、变更、解散以及其他权利义务进行了规定。该暂行办法将设立融资性担保公司的注册资本要求限定为不低于500万元人民币。融资性担保公司可以从事再担保和办理债券发行担保业务，该办法还将从事再担保业务和办理债券发行担保业务的融资性担保公司的注册资本门槛提升至1亿元，且连续经营两年以上，以降低担保最终追偿的风险。此外，办法还对融资性担保公司的业务范围、担保集中度、自营投资范围、关联担保以及准备金的提取进行了规范，以提升融资性担保机构抵御风险的能力。其中，对融资性担保公司投资范围和额度的限制使其避免私募化倾向，从而更专注于中小企业融资性担保领域。

根据要求，各地监管部门要在全面调查研究，摸清经营管理状况和风险底数的基础上，开展全行业的规范整顿工作，推进融资性担保机构的改革创新和重组改造，督促其按照审慎经营理念逐步建立健全法人治理、经营规则、内部控制和风险管理机制，走上依法规范经营和良性发展的轨道。这将对改变担保行业良莠不齐的现状，提高社会特别是银行业金融机构等债权人对融资性担保行业的认可度起到积极的作用，有利于更好地支持和促进广大中小企业的发展。

3.8.4　再担保机构发展进行时

在 2008 年东北和北京两家中小企业信用再担保机构试点的带动下，北京、广东、安徽、江苏、福建等十余省市 2009 年纷纷出资设立省级再担保公司或由省级政策性担保公司承担再担保业务，经济基础较好的省份和地市已基本建立了具有政府背景的再担保公司。以山东省为例，2009 年，山东省为加大支持中小企业信用担保体系建设力度，全年共筹集落实资金 2.73 亿元，是 2008 年的 15 倍①。其中，除 1 亿元用于进一步完善山东省中小企业信用担保体系外，更重要的是在现有的山东省企业信用担保集团有限公司的基础上，采取省、市共同出资的方式，支持组建了注册资本 10 亿元的山东省再担保集团，为全省范围内各类中小企业信用担保机构提供增信和分险功能服务。

2008 年首批设立的北京和东北中小企业信用再担保公司试点运作良好。根据北京中小企业信用再担保公司披露的数据，截至 2009 年底，北京中小企业信用再担保公司全年共与 17 家全市各类担保机构签订了总计金额 326.9 亿元的再担保授信合同。通过对 7 家合作担保机构抽样统计，2009 年新增担保总额 166 亿元，比 2008 年增长了 78.6%，平均担保放大倍数从 2008 年的 4.2 倍增加到 2009 年的 7.4 倍。特别是中关村担保公司在与再担保公司实现全面合作后，2009 年新增担保总额 75 亿元，当年担保放大倍数超过 16 倍，充分体现了再担保的公共财政政策放大效能。由于地域条件和经济基础存在较大差距，相较于北京中小企业信用再担保公司而言，东北中小企业信用再担保公司发展略缓，对担保机构的增信分险功能尚未充分发挥。

从我国信用再担保机构的实践情况来看，中小企业信用再担保机构主要以政府出资设立的政策性担保公司为主。各省财政通过出资组建再担保公司的方式增大对中小企业信用担保体系的支持力度。但是，以政府为主导的中小企业信用再担保制度存在政府对再担保企业日常经营的过度干涉以及政府资金支持不稳定等问题。而且，由于参加再担保企业数量少、规模小，担保机构自身的风险无法得到有效分散和转移。在实践中，江苏等地区借鉴强制再保险制度，要求全省所有的政策性担保公司必须加入再担保体系，其他省市则实施"软强

---

① 《2009 年山东筹集 2.73 亿元支持中小企业信用担保体系》，中华人民共和国中央人民政府网站—地方政务。

制"措施，规定只有加入再担保体系，才能享受政府对担保业的扶持政策。这些政策引起了一些担保资金放大倍数低、风险控制能力强且没有扩大担保资金放大倍数和分险需求的担保公司的不满。同时，由于中小企业再担保公司多处于初创阶段，业务经验较为匮乏，尚未通过使用差异性的再担保费率来满足不同担保机构的需要。

综上，各地中小企业再担保公司的发展仍处于摸索阶段，加之再担保公司盈利模式不明，运作模式也尚未定型，因此全国性再担保机构在短期内仍难以面世。

3.9　股票市场：市场层次趋于优化

2009 年，随着创业板市场的推出、中小板的扩容和股权交易 OTC 市场的逐步完善，中国股票市场的结构趋于优化，市场分层效应更为明显，从而为中小企业提供了多维度、宽口径的股权融资渠道。

3.9.1　创业板正式闪亮登场，风光与期望并存

经过 10 年的酝酿，2009 年 10 月 30 日，首批通过发审委审核的特锐德、神州泰岳等 28 家企业正式登陆创业板，标志着中国创业板市场的正式推出，这为中小企业的发展带来了机遇。截至 2009 年 12 月 31 日，共有特锐德、神州泰岳等 36 家企业登陆创业板，募集资金总额达 204.09 亿元。

创业板市场的推出拓宽了中小企业直接融资的渠道，而且，相对境外上市，创业板上市成本较低，在 2009 年发行的创业板股票中，特锐德（300001）的发行费用率仅为 2.55%，远低于国内企业在美国纳斯达克市场上市约 12% 的筹资成本率。考虑到上市后的维护费用以及境外上市的法律风险和文化冲突，国内创业板为中小企业直接融资提供了成本和风险更低的新渠道。

表 3-11　　　　　　　　　2009 年创业板新股发行费用率情况

代码	名称	首发上市日期	首发价格（元）	首发数量（股）	募集金额（亿元）	发行费用率（%）
300001. SZ	特锐德	2009 - 10 - 30	23.8	33600000	8.00	2.55
300002. SZ	神州泰岳	2009 - 10 - 30	58	31600000	18.33	7.06
300003. SZ	乐普医疗	2009 - 10 - 30	29	41000000	11.89	4.15
300004. SZ	南风股份	2009 - 10 - 30	22.89	24000000	5.49	4.31
300005. SZ	探路者	2009 - 10 - 30	19.8	17000000	3.37	4.46

续表

代码	名称	首发上市日期	首发价格（元）	首发数量（股）	募集金额（亿元）	发行费用率（%）
300006. SZ	莱美药业	2009 – 10 – 30	16.5	23000000	3.80	7.89.
300007. SZ	汉威电子	2009 – 10 – 30	27	15000000	4.05	7.74
300008. SZ	上海佳豪	2009 – 10 – 30	27.8	12600000	3.50	7.83
300009. SZ	安科生物	2009 – 10 – 30	17	21000000	3.57	10.06
300010. SZ	立思辰	2009 – 10 – 30	18	26500000	4.77	6.56
300011. SZ	鼎汉技术	2009 – 10 – 30	37	13000000	4.81	2.80
300012. SZ	华测检测	2009 – 10 – 30	25.78	21000000	5.41	5.91
300013. SZ	新宁物流	2009 – 10 – 30	15.6	15000000	2.34	10.94
300014. SZ	亿纬锂能	2009 – 10 – 30	18	22000000	3.96	5.57
300015. SZ	爱尔眼科	2009 – 10 – 30	28	33500000	9.38	5.97
300016. SZ	北陆药业	2009 – 10 – 30	17.86	17000000	3.04	10.45
300017. SZ	网宿科技	2009 – 10 – 30	24	23000000	5.52	7.13
300018. SZ	中元华电	2009 – 10 – 30	32.18	16350000	5.26	7.03
300019. SZ	硅宝科技	2009 – 10 – 30	23	13000000	2.99	5.96
300020. SZ	银江股份	2009 – 10 – 30	20	20000000	4.00	9.45
300021. SZ	大禹节水	2009 – 10 – 30	14	18000000	2.52	10.58
300022. SZ	吉峰农机	2009 – 10 – 30	17.75	22400000	3.98	4.33
300023. SZ	宝德股份	2009 – 10 – 30	19.6	15000000	2.94	9.86
300024. SZ	机器人	2009 – 10 – 30	39.8	15500000	6.17	6.65
300025. SZ	华星创业	2009 – 10 – 30	19.66	10000000	1.97	9.86
300026. SZ	红日药业	2009 – 10 – 30	60	12590000	7.55	4.59
300027. SZ	华谊兄弟	2009 – 10 – 30	28.58	42000000	12.00	4.34
300028. SZ	金亚科技	2009 – 10 – 30	11.3	37000000	4.18	6.28
300029. SZ	天龙光电	2009 – 12 – 25	18.18	50000000	9.09	3.40
300030. SZ	阳普医疗	2009 – 12 – 25	25	18600000	4.65	5.50
300031. SZ	宝通带业	2009 – 12 – 25	38	12500000	4.75	9.02
300032. SZ	金龙机电	2009 – 12 – 25	19	35700000	6.78	6.08
300033. SZ	同花顺	2009 – 12 – 25	52.8	16800000	8.87	5.02
300034. SZ	钢研高纳	2009 – 12 – 25	19.53	30000000	5.86	6.10
300035. SZ	中科电气	2009 – 12 – 25	36	15500000	5.58	8.27
300036. SZ	超图软件	2009 – 12 – 25	19.6	19000000	3.72	8.01

数据来源：Wind 资讯。

　　除了直接为中小企业提供直接融资外，推出创业板更重要的意义在于为创投机构提供了更为便捷的资金退出渠道，改变了我国风险投资资金回收期长、退出渠道单一的局面，激发了创业投资和私募股权基金投资中小企业的热情。据统计，创业板前两批 36 家上市企业中共有 25 家企业背后有创业投资或私募股权基金的支持，而在创业板前两批上市企业的高市盈率带动下，投资机构获得了较高的投资回报，随着创业板的稳定发展，创业板市场将逐步成为创投退出的主渠道。

　　此外，尽管创业板的市场规模相对数千万元的中小企业融资需求仍是杯水车薪，但由于其具有显著公开市场效应和财富示范效应，可以发挥以点带面的作用，鼓舞更多的创业和创新活动，并带动创业投资、民间资本以及商业银行等传统金融机构加大对中小企业的支持。

　　在看到创业板带来的机遇同时，我们也要看到，要真正发挥创业板在中小企业金融服务中的重要作用，创业板仍需要在发展中进一步完善。

　　首先是同质化问题。虽然从上市条件看，创业板的上市条件较主板/中小板明显较低。如持续盈利时间缩短为 2 年甚至 1 年；对收入和现金流情况要求更低；放宽了对无形资产在总资产中的比例限制，缩短了主营业务和主要管理人员的未发生变动的年限（详见表 3 - 12）。但是，在上市核准制下，2009 年获批的创业板上市企业在各项指标上均远远超过创业板上市的最低标准。36 家创业板企业的平均净资产为 1.44 亿元，远远高于 2000 万元净资产的最低要求。创业板企业与中小板企业的同质性不容忽视，否则，真正的市场层次难以形成，扶持中小企业的功能也会大打折扣。

表 3 - 12　　　　　　主板/中小板及创业板市场公司上市条件对比

财务指标及项目		主板及中小板	创业板（满足条件其一）	
			条件 1	条件 2
盈利情况	盈利时间	最近 3 年净利润均为正数	最近 2 年连续盈利	最近 1 年净利润为正数
	净利润	最近 3 年净利润累计不低于 3000 万元	最近 2 年净利润累计不少于 1000 万元且持续增长	最近 1 年净利润不低于 500 万元
	最近一期期末未弥补亏损	无未弥补亏损	无未弥补亏损	无未弥补亏损
收入及现金流情况	经营活动现金流量净额	最近 3 年经营活动产生的现金流净额累计不低于 5000 万元	—	—
	营业收入	或者最近 3 年营业收入累计不低于 3 亿元	—	最近 1 年营业收入不低于 5000 万元；最近 2 年营业收入增长率均不小于 30%

续表

财务指标及项目		主板及中小板	创业板（满足条件其一）	
			条件 1	条件 2
资产及股本情况	发行前净资产	—	不低于 2000 万元	
	股本总额	发行前股本总额不低于 3000 万元，发行后股本总额不少于 5000 万元	发行后股本总额不低于 3000 万元	
	无形资产	最近一期期末无形资产（扣除土地使用权、水面养殖权和采矿权后）占净资产比率不高于 20%	—	
主营业务和董事、高级管理人员及实际控制人变化情况		最近 3 年内没有发生重大变化，实际控制人没有发生变更	最近 2 年内没有发生重大变化，实际控制人没有发生变更	
营业记录		依法设立且持续经营 3 年以上的股份有限公司。有限责任公司按原账面净资产值折股整体变更为股份有限公司的，持续经营时间可以从有限责任公司成立之日起计算		

资料来源：根据公开资料整理。

其次，创业板发行制度应有所区别和创新。从创业板发行规则来看，我国创业板发行审核制度仍为核准制，由中国证监会负责。尽管创业板设立了独立的发行审核委员会，较为注重征求专家的意见，但是核准制降低了中小企业IPO 的发行效率，由于监管当局倾向于核准规模较大、财务状况较好的企业，在一定程度上抑制了市场自身的价值发现和风险定价作用的发挥。因此，创业板对中小企业的审核在理念上、程序上应更逐步趋向市场化，并努力向发行备案制演进，以提高创业板发行效率以及更加充分地发挥市场的配置功能。

此外，如何加强市场监管以避免过度炒作仍亟待解决。由于创业板企业整体规模、融资额、发行量都较小，极易受市场游资的炒作。从创业板企业的发行情况来看，资金超募现象非常明显。如果上市公司因获得超募资金而匆忙上马新项目或盲目扩大现有项目规模，将增加公司的经营风险。同时，公司股价的波动过大，也不利于创业板企业再融资的顺利进行，削弱了创业板为中小企业提供持续性直接融资的功能。因此，在大力发展创业板上市公司的同时，加强创业板市场监管对创业板的长远健康发展尤为关键。

3.9.2 中小板企业扩容继续放缓，渐显中型企业定位

2009年上半年，受股市震荡盘整影响，A股IPO通道收窄，中小板新股IPO一度停滞，直至2009年7月重启。截至2009年12月31日，全年深圳中小企业板共有54家中小企业发行上市，较2008年减少23.94%；融资金额累计423.64亿元人民币，较2008年的301亿元人民币增长40.74%。这在一定程度上反映了创业板对规模较小的中小企业分流明显。截至2009年末，共有328家中小企业在深圳中小企业板上市，共融资1397.02亿元人民币，平均融资规模约为4.26亿元人民币，较2008年末的3亿元平均融资规模大幅提高。由此可见，中小板已经成为主要服务中型企业的板块。

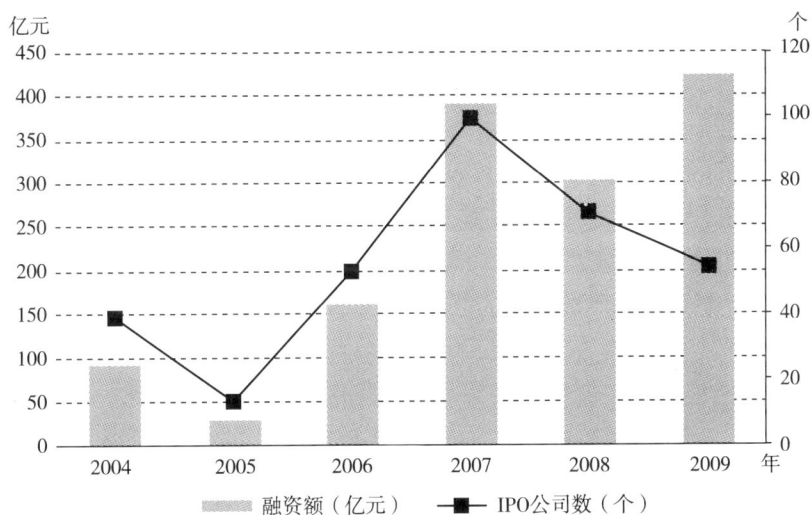

数据来源：Wind 资讯。

图 3 – 11　2004—2009 年中小板 IPO 融资金额及企业数

3.9.3 OTC 市场日趋规范，但总体发展较缓

作为我国OTC市场的重要组成部分，中关村科技园区非上市股份有限公司股份报价转让系统（简称"新三板"）在2009年发展更为规范。2009年7月6日由中国证监会颁布施行了修订后的《证券公司代办股份转让系统中关村科技园区非上市股份有限公司股份报价转让试点办法（暂行）》。该办法对试点制度的调整主要着眼于提高效率、改进服务、增强市场活力与吸引力，对试行投资者适当性制度、公司挂牌条件、转让结算制度、信息披露制度以及股份

限售安排等5方面内容进行了修订，使该OTC市场试点更趋于完善，并为向全国其他开发区推广提供借鉴。

2009年，共有20家中关村科技园区非上市公司进入代办股份转让系统进行报价转让，较2008年增加3家，报价系统累计挂牌公司达到61家。20家挂牌公司总股本47658万股，其中最大的双杰电气6518万股，最小的国学时代520万股。20家挂牌公司行业分布广泛，涵盖了软件、生物医药、互联网、新材料、新能源、文化传媒等新兴行业。这表明，报价系统服务范围广阔，制度设计适应科技型中小企业需求，能够为不同规模、不同成长阶段、不同行业的企业提供资本市场服务。

值得注意的是，随着创业板的推出，OTC市场的优秀公司在2009年实现了"转板升级"。2009年报价系统有2家挂牌公司IPO申请获得中国证监会核准，实现转板上市。其中，久其软件进入深交所中小板市场上市，北陆药业进入新开设的创业板市场上市。统计显示，挂牌公司中有22家公司已符合创业板上市财务要求，其中5家公司申请IPO并在创业板上市的材料已获中国证监会受理，"新三板"作为科技型中小企业孵化器与蓄水池的功能日益显现。

此外，天津股权交易所（简称天交所）自2008年末开办以来，在2009年发展势头良好，但私募股权基金挂牌进程较为迟缓。截至2009年12月31日，共有22家企业在天交所挂牌，注册投资人5014个，但挂牌基金只有1只，挂牌企业及基金总市值约为29亿元，平均市盈率为7.2倍。在市场融资模式方面，天交所通过创新，初步建立了以商业信用为基础，"小额、多次、快速、低成本"的股权私募融资模式，每次为企业实现股权融资1000万～3000万元，一年内可多次私募发行、每次私募发行在3～4个月内完成，企业融资成本仅为上市融资成本的1/3～1/5。天津股权交易的尝试为建立中小企业和私募股权投资基金OTC市场作出了宝贵的尝试。但是，尽管各地股权交易所为中小企业股权转让提供了一定便利，但是由于辐射范围小、信息披露制度尚不完善，因此大部分OTC市场发展较慢，挂牌企业也较少，对活跃中小企业股权的场外交易贡献有限。

3.10 债券市场：先天不足的艰难创新

《国务院关于进一步促进中小企业发展的若干意见》（国发〔2009〕36号）明确表示，要"稳步扩大中小企业集合债券和短期融资券的发行规模"。在这一文件精神的指引下，2009年，债券市场迎来中小企业集合债券破冰、中债信用增进投资股份有限公司成立以及中小企业集合票据正式发行等利好。与此同时，中小企业短期融资券试点陷入停顿，这也引发我们思考，在我国现阶段结构不完善、投资群体相对单一的债券市场，如何才能通过有效的创新为中小企业提供可持续的直接融资渠道，或者说，债券市场自身应该如何尽快发展完善以满足中小企业进行直接的债券融资需求。

3.10.1　中小企业集合票据正式发行

中小非金融企业集合票据是中国人民银行、银行间市场交易商协会为破解中小企业融资困境、拓宽中小企业直接融资渠道而创新的集合票据。在经过 1 年的试点后，2009 年 11 月，《银行间债券市场中小非金融企业集合票据业务指引》出台，对中小非金融企业集合票据的运作进行规范。首批中小非金融企业集合票据于 2009 年 11 月 23 日正式发行。该类票据是由 2 个以上、10 个以下具有法人资格的企业，在银行间债券市场以统一产品设计、统一券种冠名、统一信用增进、统一发行注册方式共同发行的，约定在一定期限内还本付息的债务融资工具。首批中小非金融企业集合票据包括北京市顺义区中小企业集合票据、山东省诸城市中小企业集合票据和山东省寿光市"三农"中小企业集合票据产品，发行总金额达 12.65 亿元人民币，共 23 家中小企业参与发行。此次中小企业集合票据发行顺利，获得了平均 1.5 倍的认购率。

表 3－13　　　　　　　　2009 年中小企业集合票据发行情况

名称	北京顺义中小企业集合票据	山东诸城中小企业集合票据	山东寿光"三农"中小企业集合票据
发行日期	2009－11－23	2009－11－23	2009－11－23
融资金额（亿元）	2.65	5	5
票面利率	4.08%	1 年定存利率 + 220BP/375BP	5.10%
期限（年）	1	3	2
担保企业	北京首创投资担保有限责任公司	中债信用增进投资股份有限公司	寿光市金财公有资产经营有限公司
信用评级	A－1	优先级 AAA/高收益级 AA－	AA－
集合企业数（家）	7	8	8
承销商	北京银行	中信证券	中国农业银行

资料来源：中国债券登记结算公司、中国债券信息网。

总的来看，中小企业集合票据在产品结构、信用增进及投资者保护机制方面进行了创新，而且扩大了银行间市场债务融资工具的主体范围，促进了中小企业债券融资市场的完善。然而，除了期限长短的差异，中小企业集合票据和中小企业集合债之间仍存在较强的同质性，同样面临着中小企业债发行周期较长、过度依赖担保和政府推动的问题，难以满足广大中小企业对资金"又短又快"的要求，也不易在全国范围内大规模推广。

3.10.2　中小企业集合债发行破冰

2009 年，中小企业集合债发行打破了 2008 年的沉寂，年内，大连中小企业集合债（简称"09 连中小"）在银行间债券市场和深圳证券交易所正式发行，这是截至目前第三只成功发行的中小企业集合债。

表 3－14　现有中小企业集合债券发行情况（截至 2009 年 12 月 31 日）

名称	07 深中小债	07 中关村债	09 连中小
发行代码	078073	078089	111054
发行时间	2007 － 11 － 29	2007 － 12 － 25	2009 － 05 － 21
交易场所	银行间债券市场	银行间债券市场	深圳证券交易所
发行金额（亿元）	10	3.05	5.15
期限（年）	5	3	3 + 3
票面利率	5.70%	6.68%	6.53%
信用评级	AAA	AAA	AA
付息频率	每年 1 次	每半年 1 次	每年 1 次
担保企业	国家开发银行	北京中关村科技担保有限公司	大连港集团
参与发行企业数	20	4	8

与中小企业短期融资券的冷淡市场反应相比，此次中小企业集合债认购十分踊跃。这与其较高的信用等级有直接的关系。与"07 深中小债"和"07 中关村债"不同，"09 连中小"采取了商业担保为主、政府和银行信用支持为辅的一揽子方案。根据债券发行公告，大连港集团有限公司为"09 连中小"提供全额无条件不可撤销连带责任担保，大连市财政全额出资的企业信用担保公司和联合创业担保有限公司作为二级担保方，上海浦东发展银行大连分行对发行人的日常生产经营给予信贷支持，从而使"09 连中小"获得了 AA 级信用评级。

"09 连中小"受到追捧的另一个重要原因在于该集合债在流动性较强的深圳证券交易所挂牌交易。从交易情况来看，"09 连中小"交易活跃，截至 2009 年 12 月 31 日，日均交易量 4070 手，价格波动明显。

数据来源：Wind 资讯。

图 3 – 12　2009 年"09 连中小"历史行情

值得注意的是，尽管"09 连中小"打破了 2007 年末中国银监会出台《关于有效防范企业债担保风险的意见》后中小企业集合债的担保困境，但是其对地方政府仍十分依赖①，为了降低担保费率和中小企业的融资成本，大连市政府还给予发债企业 2% 的财政贴息。如果没有政府的支持，无论是企业的筛选协调、担保企业的选择还是融资成本的降低都将难以实现，中小企业债的发行也将难以为继。

另一方面，由于集合债涉及企业数量众多，在通过国家发改委财金司审批的同时，还需要报中国人民银行和中国证监会备案以便在交易所挂牌交易，使得中小企业发行准备时间过长，无法满足中小企业资金需求频繁、迅速的需求，这也导致其难以成为解决中小企业融资问题的主要渠道②。

尽管目前中小企业集合债存在一些固有缺陷，但受政策的大力推动以及在各地政府对中小企业集合债的高涨热情配合下，2010 年中小企业集合债的发展仍值得期待。

---

①　为了顺利发行"09 连中小"，大连市政府专门成立领导协调小组，市长亲自担任组长，市经委、金融办以及中小企业局的领导作为组员，负责各方的协调工作。

②　工信部于 2009 年 3 月发布的《关于开展中小企业集合债券发行工作情况调研的通知》（工信厅企业函〔2009〕170 号）表明有关部门已经注意并开始着手解决中小企业集合债所面临的问题。

3. 10. 3　全国首家债券信用增级公司成立

为了解决低信用级别发行体特别是中小企业融资困境的市场需求，建立银行间债券市场风险分担机制，中债信用增进投资股份有限公司（以下简称"中债增"）于 2009 年 9 月 21 日在北京成立，注册资本 60 亿元人民币，成为我国首家专业债券信用增进机构。

中债增是由中国石油天然气集团公司、国网资产管理有限公司、中国中化股份有限公司、北京国有资本经营管理中心、首钢总公司、北京万行中兴实业投资有限公司、中国银行间市场交易商协会七方共同出资发起设立，注册资本为 60 亿元人民币。中债增主要为优质中小企业和部分低信用级别的大型企业发行直接债务融资工具提供信用增进，提升直接债务融资工具发行主体的债项信用等级，扩大中小企业和大型低信用等级企业融资渠道，降低融资成本。

从中债增担保的山东诸城中小企业集合票据的信用评级和利率水平来看，中债增显然实现了这一目标——在引入内部分层增信结构和代偿资金前置到位机制的基础上，中债增担保的山东诸城中小企业集合债产品信用评级高于另两只集合票据，其利率水平也低于寿光"三农"中小企业集合票据，考虑到其期限较长，该利率水平确实大大降低了中小企业的融资成本。

3. 10. 4　中小企业短期融资券试点停顿

中小企业短期融资券规模小、信用评级低、利率水平低以及市场的流动性受到限制等特性导致中小企业短期融资券在 2008 年发行时便遭受市场冷遇。与大型国有企业的短期融资券不同，中小企业融资券在缺乏担保的条件下具有较大的风险，而银行间市场的参与者，诸如银行、保险机构、信用社等又多为对投资风险控制要求较高的投资者。由于中小企业短期融资券的制度设计未能有明显突破，中小企业短期融资券规模小、信用评级低、利率水平低的特点在银行间市场这样一个追求稳定的市场环境中很难有大的发展空间，因此，2009 年未能有新的中小企业短期融资券发行。

3. 10. 5　中小企业贷款证券化停滞

2008 年 10 月浙商银行获准发行以中小企业贷款为基础资产池的资产支持证券"浙元 2008 - 1·中小企业贷款证券化信托"，首开中小企业贷款证券化先河。2009 年 9 月末，债券资产池内最后一笔贷款到期，2009 年末"浙元一期"顺利全额偿付。然而随着 2008 年下半年美国次贷危机的加剧，非优质信贷资产证券化给金融体系带来的风险令监管层更加审慎，2009 年没有新的中小企业贷款证券化产品发行。

然而需要指出的是，中小企业贷款资产证券化既能够发挥商业银行在中小企业信息搜集和处理方面的优势，又能够发挥金融市场在风险分散和资源优化配置上的优势，对于增强中小银行对中小企业的信贷支持力度具有十分重要的意义。通过中小企业贷款资产证券化，商业银行可以提高资产的流动性，释放资本，扩大资金来源，提高放贷能力，满足更多中小企业的贷款需求①，为银行中小企业金融服务可持续发展提供了新的解决方案。因此，在客观认识资产证券化问题、加强风险管理基础上，中小企业贷款资产证券化仍应该是值得鼓励和推动的创新。

---

① 仅浙元 2008 − 1 就支持了 38 家企业，超过三只中小企业集合债券所支持的企业数量总和。

4   中小企业金融服务发展趋势展望

　　国际金融危机使我国经济发展方式的深层次问题越发突显，转变经济发展方式成为社会各界的普遍共识，而且变得前所未有的紧迫。2009 年末召开的中央经济工作会议为 2010 年的经济工作定下了基调，工作重点由 2009 年的"保增长、促发展"转为"调结构、防通胀"，要求在经济发展方式转变上取得实质性进展。这传达出最高管理层对转变经济发展方式的决心。作为占企业总数 99%、贡献 60% GDP、最为市场化的中小企业群体，在转变经济发展方式中起着至关重要的作用，进一步促进中小企业发展，成为调整优化经济结构的重点之一。

　　2010 年政府工作报告将"加快转变经济发展方式，调整优化经济结构"作为 2010 年主要任务之一，其中用较大的篇幅强调要进一步促进中小企业发展。"一是建立和完善中小企业服务体系。抓紧修订中小企业划分标准，加快中小企业公共服务平台、信息服务网络和小企业创业基地建设，进一步减少、简化行政审批，坚决清理和取消不合理收费。二是继续落实财政对中小企业支持政策。中央财政扶持中小企业发展专项资金安排 106 亿元。对部分小型微利企业实行所得税优惠政策。中央财政预算内技术改造专项投资要覆盖中小企业，地方政府也要加大投入。三是加强对中小企业的金融支持。完善小企业信贷考核体系。鼓励建立小企业贷款风险补偿基金。中小企业贷款税前全额拨备损失准备金。发展多层次中小企业信用担保体系，落实好对符合条件的中小企业信用担保机构免征营业税、准备金提取和代偿损失在税前扣除的政策。拓宽中小企业融资渠道，切实解决中小企业特别是小企业融资难问题。"这是历年政府工作报告中对促进中小企业发展的工作要求篇幅最多、内容最为系统翔实的一次。

　　因此，可以确定的是，尽管经济刺激计划逐步淡出，宏观调控政策的宽松度也将在高通胀预期下适度收缩，但在中小企业方面，2008 年、2009 年推出的关于促进中小企业发展的政策将得以延续并进一步地落实和深化，其中包括促进中小企业金融服务的各项政策。宏观经济逐步回稳向好为中小企业摆脱经营困境、恢复市场活力创造了条件，而鼓励民间投资健康发展的政策将为中小企业带来更多的市场机会。这些都为 2010 年中小企业金融服务的向好发展奠定了基础，中小企业金融服务市场规模的持续增长可以预期。

作为目前中小企业金融服务的最大提供方，商业银行在中小企业金融服务市场的活跃度将进一步提高。对于商业银行而言，调整银行信贷结构以促进经济结构的调整成为商业银行面临的主要任务。其中，中小企业金融服务资本消耗低、议价能力高的特点使其成为商业银行调结构不可或缺的部分。可以说，在经济刺激计划带来的信贷"抢"规模的时期画上句号后，中小企业金融服务将成为商业银行真正的发力点。而且，由于大型商业银行高调进入，城市商业银行异地扩张，这一市场的竞争将会变得硝烟弥漫。这也对商业银行中小企业金融服务战略规划提出了挑战，"专业化"和"差异化竞争"将成为2010年商业银行中小企业金融服务的关键词。我们期待着2009年出现的好苗头能在未来继续生根发芽，茁壮成长。

随着民间投资政策的放宽，小额贷款公司、典当行等门槛相对较低的小型金融服务机构有望迎来新一轮的增长，从而在小型和微小型企业金融服务市场更有所作为。与此同时，这些近年来新兴机构的规范发展问题将得到更多的关注。作为最具灵活性的金融机构，信托公司通过信托创新为中小企业提供金融服务的表现在2009年可圈可点，尽管仍有较大的改善空间，信托公司在中小企业金融服务中发挥更大的作用值得期待。在调结构的大背景下，2010年，融资租赁公司服务中小企业有望打破沉寂。发挥融资租赁公司的潜力，满足中小企业在产业升级中设备更新和技术改造的融资需求将备受重视。随着经济回稳，创业投资机构在经历2009年的短暂回调后，将恢复增长势头。本土创投在募资和投资数量上将继续胜出外资创投，但这并不代表本土创投全面超越外资创投成为市场主流，我们将更可能看到本土创投和外资创投同台竞技和相互融合的景象。由于创投重点支持新兴行业中具有自主创新能力的高成长性中小企业，创投市场的活跃将特别有益于这类中小企业的融资和发展。中小企业信用担保机构在监管新政下，将面临一轮行业洗牌，逐步走上良性发展的轨道。然而，担保规模的有效增长还有赖于各级政府能拿出多少真金白银撬动民间资本进入。

股票市场方面，在创业板尘埃落定后，OTC市场的发展将引起更多的关注。就融资规模而言，OTC市场的健康快速发展对扩大中小企业直接融资渠道更具现实意义。创业板在目前的机制下能走多远具有不确定性，市场更希望看到的是创业板市场化机制的进一步完善，避免重蹈中小板的覆辙，从而为最具发展前景的中小企业群提供良好的融资渠道和展示舞台。债券市场方面，受政策的推动和政府的支持，中小企业债券类产品的创新仍会延续，但是，在债券市场自身的发展未取得突破之前，这类创新仍将只限于规模较小的试点，从试点走向大规模推广的可能性很小。

　　无论怎样，可以预知的是，在调结构的大背景下，那些以科技型中小企业为代表的具有自主创新能力、高成长性的中小企业将成为各类服务机构竞相争夺的对象。而产业结构调整带来的行业整合和升级需求也为中小企业金融服务创新提出了新的要求。在竞争日趋激烈的同时，各类机构之间开展互补合作创新，共同做大中小企业金融服务市场，分散市场风险有望成为趋势。

5 完善中小企业金融服务的政策建议

5.1 尽快完善中小企业①金融服务统计口径与信息披露制度

科学合理的中小企业金融服务统计与信息披露是真实反映中小企业金融服务发展状况的基础，也是中小企业金融服务发展政策制定的重要依据。以上市商业银行中小企业金融服务信息披露为例，14 家上市商业银行 2009 年年报中，除建设银行、浦发银行、招商银行明确注明中小企业的界定标准是依据"四部委"口径，以及中信银行注明中小企业贷款按人民银行和中国银监会联合下发的《关于建立境内大中小型企业贷款专项统计制度的通知》口径外，其他银行未作说明。在披露内容上，尽管与 2008 年相比，主要上市银行加强了对中小企业或小企业贷款余额的披露，但对客户数量的信息披露不足。除中国银行、浦发银行和中信银行分别对中小企业和小企业的信息进行公开披露外，其他银行只公布两者之一。中小企业口径的差异和中小企业金融服务信息披露内容不规范大大削弱了中小企业金融服务统计数据的完整性和可比性，难以为管理层制定针对性的政策提供准确的依据，也不利于形成对金融机构中小企业金融服务的外部监督机制。随着中小企业金融服务市场的快速发展，规范和完善中小企业金融服务统计口径与信息披露已刻不容缓②。

一是要制定统一的中小企业划分标准。在客观分析目前企业规模划分标准优缺点的基础上，参考借鉴国外在企业规模划分方面的有益经验，制定一套统一的、易操作的中小企业划分标准，作为中小企业金融服务（包括但不限于贷款、投资、结算服务等）统计的基础口径。

二是要建立金融机构中小企业金融服务信息披露制度，可采用强制披露与自愿披露相结合方式。鉴于目前中小企业贷款是中小企业金融服务最主要的形

---

① 为便于描述，本节中的中小企业包括中型企业、小型企业和微型企业。

② 2010 年温家宝总理在政府工作报告中提出了抓紧修订中小企业划型标准的要求，工业和信息化部与国家统计局开始牵头进行中小企业划型标准的修订工作。

式，建议实施"2＋2＋2"强制披露，即强制披露2类企业（中小企业和小企业）、2个方面（贷款余额和贷款户数）、2种信息（绝对值和占比），以此形成全部金融机构中小企业总规模的统计基础，为管理层制定相关政策提供科学依据，并建立金融机构服务中小企业的外部监督机制①。除了强制披露以外，鼓励金融机构根据其客户群的特点选择性地披露其他口径的中小企业贷款信息，比如特定规模区间的小型企业或微型企业的贷款信息，特定贷款额度区间的中小企业贷款信息，促进不同特点的商业银行在不同类型的中小企业客户群服务上开展差异化竞争。

5.2　完善中小企业金融服务激励机制

5.2.1　完善差异化的监管激励

随着中小企业金融服务特点逐渐被业界所认识，对其实施差异化监管的呼声也越来越高。中国银监会2010年小企业金融服务工作重点也将针对小企业金融服务的尽职免责、风险容忍等问题制定差异化管理新规，构建对小企业金融服务的差异化监管体系，为金融机构中小企业金融服务创造更大的自主经营空间。在此方面，我们有以下建议：

1. 建立中小企业金融服务评级制度，纳入商业银行监管评级体系。借鉴美国《社区再投资法案》的实施经验②，建议建立中小企业金融服务评级制度，并将其纳入商业银行监管评级体系，引导和鼓励金融机构及其分支机构为机构所在地的中小企业提供金融服务。考虑到大中小银行的不同资源特点，中小企业金融服务评级可采取以直接金融服务为主、间接中小企业金融服务为辅

---

① 在美国，根据《社区再投资法案》，主要金融机构必须统计并按年报告它们发放小企业和小农场贷款以及发放社区发展贷款的情况。监管部门将每个机构报告的数据汇总，纳入"社区再投资法案报告"，每个报告机构的资料以及汇总的每个大城市和每个县的资料，都向社会公开，从而形成了良好的外部监督机制。

② 在美国，基于储蓄机构有责任服务于社区的理念，为了鼓励储蓄机构满足它们社区的贷款和发展需求，特别是中低收入社区或个人、小企业和小农场的需求，20世纪70年代出台实施《社区再投资法案》，力求为商业银行等储蓄机构提供激励机制以使其满足社区贷款需求。根据该法案建立了社区再投资评级体系，重点是储蓄机构向中低收入人群、中低收入地区、小企业和小农场发放贷款的记录，其中，通过向小生意人或小企业提供融资以促进经济发展是社区再投资评级中非常重要的一项内容。监管部门公开发布储蓄机构实施该法案情况的书面评级报告以促进外部监督；在审批储蓄机构扩大业务范围申请时要考虑其社区再投资评级情况。因此，有意成立金融控股公司或从事其他扩展型金融业务的储蓄银行必须确保它们自身以及分支机构在《社区再投资法案》评级中达到合格的标准。

的主辅结合方式进行。直接金融服务是指为中小企业提供直接的贷款支持；间接金融服务包括向小型金融机构提供资金援助等活动，比如大中型银行以低成本向当地小银行、村镇银行、小额贷款公司、典当行等小型金融机构提供资金支持可视为间接参与中小企业金融服务。监管部门每年公开发布商业银行中小企业金融服务评级结果，该评级结果纳入商业银行监管评级，商业银行申请设立分支机构、开办新业务时需满足最低的评级要求，在同等条件下，该项评级结果优秀的商业银行将在审批时予以优先考虑。鼓励商业银行加强中小企业金融服务，切实促进各地区中小企业金融服务满足率、覆盖率和服务满意率的提升。

2. 完善中小企业金融服务监管标准

（1）根据中小企业贷款的特点，制定合理的中小企业不良贷款监管指标。在监管评级中，将不良贷款指标细化为大型企业不良贷款和中小企业不良贷款两项指标，分别进行评估。鼓励商业银行根据其中小企业客户特征，基于科学的风险定价机制设立合理的风险容忍度①，推进小企业授信尽职免责制度的落实，完善中小企业金融服务的考核与激励机制。

（2）完善商业银行资本充足率计算方法，引入《巴塞尔新资本协议》按照零售业务计量小企业贷款经济资本占用的规定，鼓励商业银行在实施客户细分的基础上，对一定规模以下的小企业贷款按照零售业务进行贷款风险分类和经济资本计量，合理调整小企业业务经济资本占用标准，鼓励商业银行增加在小型和微型企业金融服务上的资源配置。

3. 引导商业银行进行更为多样化的中小企业服务专业化创新。2008 年以来，监管部门大力推进小企业金融服务专营机构的建设，以此要求和引导商业银行提高中小企业金融服务专业化水平，取得了良好的效果。随着中小企业金融服务市场化价值的显现以及外部环境的改善，建议监管部门在完善专营机构建设的同时，鼓励商业银行采用包括但不仅限于专营机构的方式，进行更为多样化的专业化创新，促进不同特点的商业银行在中小企业市场形成差异化竞争。尤其是在我国官方征信体系建设加快以及民间商业信用数据积累的背景下，应鼓励有实力的大型银行将零售金融的技术手段引入小企业金融服务，基于征信数据开发有别于传统关系型信贷的小企业信贷技术，并借助其网络优势批量化发展小企业信贷，有效做大小企业信贷规模。

---

① 14 家上市商业银行年报中，仅有浦发银行一家银行明确披露设立了 3% 的小企业贷款风险容忍度。

5.2.2 完善差异化的财税激励

2009 年，鼓励中小企业发展的财税政策的力度空前，但就中小企业金融服务的财税激励而言，仍有完善空间。

1. 降低中小企业贷款业务的营业税。尽管降低营业税的呼声由来已久，但由于中小企业贷款统计口径不一，针对中小企业贷款的税收优惠缺乏操作基础。在完善统计口径的前提下，根据成本测算，建议针对特定规模的中小企业贷款给予营业税优惠的政策支持，有效降低商业银行服务中小企业的成本，激发商业银行服务中小企业的积极性。

2. 尽快推广完善小企业贷款风险补偿基金，完善小企业贷款风险分担机制。国务院 2009 年出台的《关于进一步促进中小企业发展的若干意见》中提出："鼓励建立小企业贷款风险补偿基金，对金融机构发放小企业贷款按增量给予适度补助"，这对改善中小企业融资作用重大。但目前仍有很多地方尚未建立小企业贷款风险补偿机制，建议各级财政尽快落实这项政策，通过风险补偿基金完善中小企业贷款风险分担机制，有效激励金融机构增加小企业信贷投放。此外，尽管一些地方已经初步建立了中小企业信用担保机构的风险补偿机制，但由于缺乏配套的约束机制，较易产生道德风险，因此仍有待进一步完善。

3. 全面评估临时性政策的可延续性，适当延长政策时限。2008 年以来，为应对危机，出台了一系列促进中小企业金融服务的政策，其中一些政策属于临时性政策，有 2～3 年的时限。2010 年是这类政策将陆续到其时限，由于中小企业的问题并非一个短期问题，建议全面评估这些临时性政策的可延续性，在条件允许的前提下，适当延长政策时限以巩固成果。比如，适当延长中小企业贷款税前全额拨备损失准备金的政策的时限。《财政部、国家税务总局关于金融企业涉农贷款和中小企业贷款损失准备金税前扣除政策的通知》（财税〔2009〕99 号），对年销售额和资产总额均不超过 2 亿元的企业的贷款按一定比例提取的贷款损失准备金准予税前扣除。目前该政策执行时间到 2010 年年底截止，鉴于经济全面复苏回稳仍需要一个过程，建议将政策时间适当延长。

4. 尽快协调落实中小企业不良贷款呆账自主核销政策。2009 年，财政部出台了《关于中小企业和涉农不良贷款呆账核销有关问题的通知》（财金〔2009〕12 号），放宽了中小企业不良贷款呆账认定条件，对单笔 500 万元以下（含 500 万元）的，经追索 1 年以上，确实无法收回的中小企业贷款，可按照账销案存的原则自主核销。国家税务总局出台的《企业资产损失税前扣除管理办法》（国税发〔2009〕88 号）第三十四条关于符合坏账损失条件的债权投资认定依据中也规定，对于余额在 500 万元以下（含 500 万元）的抵押（质押）贷款，经追索 1 年以上，仍无法收回的金额，应提交损失原因证明材料、追索记录等。但是在实际操作中，500 万元以下的中小企业贷款呆账核销程序仍然繁琐，自主核销政策仍未很好地落实，需要相关部门进一步协调，切实降低中小企业贷款呆账核销成本，提高核销效率。

5. 对中小商业银行中小企业贷款的历史呆账制定特殊的核销政策。国家税务总局出台的《企业资产损失税前扣除管理办法》第三条规定："企业发生的上述资产损失，应在按税收规定实际确认或者实际发生的当年申报扣除，不得提前或延后扣除。因各类原因导致资产损失未能在发生当年准确计算并按期扣除的，经税务机关批准后，可追补确认在损失发生的年度税前扣除，并相应调整该资产损失发生年度的应纳所得税额。调整后计算的多缴税额，应按照有关规定予以退税，或者抵顶企业当期应纳税款。"由于中小商业银行大多由城市信用社转制而来，背负着沉重的中小企业贷款历史呆账，因为历史原因，这些呆账未能在发生当年申报扣除，受制于客观条件，很多都无法完整获取税务部门要求提供的呆账认定证据，导致一直挂账至今。这些事实的中小企业贷款呆账在中小商业银行不良贷款中比例很大，从而压缩了中小商业银行承担新增中小贷款呆坏账的空间，因此，建议针对中小商业银行中小企业贷款的历史呆账制定特殊的核销政策，使中小商业银行能最大程度地放下历史包袱，轻装前进。

6. 对小型和微型企业金融服务给予差异化的激励政策。鉴于小型和微型企业金融服务的发展对扩大金融服务覆盖面、改善民生的重要作用，建议在完善中小企业金融服务统计口径的基础上，针对一定规模以下的小型和微型企业金融服务，在营业税优惠、税前拨备损失准备金、不良贷款核销、风险补偿等方面给予更大力度、更长期限的政策支持，提高财税政策扶持中小企业发展的灵活性和导向性。

5.3　大力发展中小金融机构①

国际经验表明，中小金融机构是多层次金融体系的重要基础，没有大量富有竞争力的中小金融机构，就很难形成一个和谐、公平、有效的金融体系。我国幅员辽阔，各地区的经济发展水平、信用环境、文化习俗的差异性广泛存

---

① 本节中的中小金融机构泛指中小商业银行、村镇银行、小额贷款公司、典当企业、融资租赁公司等金融机构或提供金融服务的准金融机构。

在，而中小金融机构主要在机构所在地开展业务，借助人缘和地缘优势有效解决中小企业金融服务中的信息不对称问题，对缓解中小企业融资难可以起到积极的作用。但是，长期以来，我国中小金融机构的发展还比较落后，2009 年《国务院关于促进中小企业发展情况的报告》也明确指出"为中小企业服务的中小银行发展滞后"是中小企业发展存在的主要问题之一。因此，从战略高度重视并切实推动包括中小商业银行在内的中小金融机构的发展，应成为完善中小企业金融服务工作的重要内容。

5.3.1　改善中小金融机构的发展环境

相对于大型金融机构，中小金融机构长期处于市场弱势地位，要大力发展中小金融机构，必须切实改善中小金融机构的发展环境，去除中小金融机构发展面临的政策障碍。

1. 尽快出台民间资本投资各类中小金融机构的具体规定和鼓励政策，引导民间资本投资中小金融机构，加快中小企业金融机构的数量和规模的有效增长。

2. 取消现行政策中对中小商业银行的歧视性规定①。现行政策对中小商业银行承办住房公积金贷款、开设社会保险基金账户、吸收保险公司资本保证金存款等方面都存在歧视性的规定（具体规定见附件 2），使中小商业银行业务发展受到限制。随着金融改革的深化，中小商业银行普遍在资本实力、业务水平和风险管理能力等方面都得到了很大的提升，因此，建议尽快取消现行政策中不利于中小商业银行发展的歧视性规定，创造公平有效、充分竞争的市场环境，促进中小商业银行持续健康地发展。

3. 尽快明确小额贷款公司的性质，在加强监管的前提下，适当放宽小额贷款公司的融资渠道限制，提高融资比例，比照金融机构给予融资利率优惠。放宽对小额贷款公司改制为村镇银行的"主发起人"限制，调动社会资本投资小额贷款公司的积极性。加快典当行业立法进程，规范典当行业发展；适当拓宽典当资金来源，更好地服务中小企业和社会。适当降低融资租赁公司的设立门槛，引导社会资本投资融资租赁公司；减轻融资租赁公司税赋负担，促进融资租赁公司的发展。

4. 适当扩大中小企业金融服务的差异化财税激励政策的覆盖范围，对小额贷款公司、村镇银行、典当行和融资租赁公司开展的中小企业金融服务，给予财税政策的激励。

---

① 资料来源：全国政协委员闫冰竹 2010 年政协提案。

5.3.2　对中小金融机构实施差异化监管

　　鉴于中小金融机构的规模和在整个金融体系中的占比，以及对金融市场和经济的影响程度，建议借鉴国际金融业"严大扶小"的监管理念，对中小金融机构实施与大型金融机构不同的差异化监管，为中小金融机构创造更加宽松的经营环境。

　　1. 对于中小商业银行，实施部分监管报告豁免，降低中小商业银行的监管成本；继续实施差异化的资本充足率和存贷比监管政策，适度降低对中小商业银行的资本充足率和存贷比要求；继续实施差异化的存款准备金率政策，适度降低对中小商业银行的存款准备金率要求。

　　2. 对于小额贷款公司、典当行、融资租赁公司等开展金融业务的准金融机构，根据其不同于一般工商企业的业务特点，并综合考虑这些机构资源的有限性，制定适度的监管制度，实施相对灵活、宽松的非审慎监管，既做到规范发展，又不制约其发展活力。

5.3.3　扩大中小金融机构资金来源

　　与大型金融机构相比，以城市商业银行为代表的储蓄类中小金融机构在网点数量、市场声誉方面都明显处于劣势，加上目前存在的一些歧视性规定，都使得储蓄类中小金融机构存款来源相对有限①。即便是放宽了存贷比的上限，很多城市商业银行的存贷比仍面临"天花板"。由于缺乏充足的存款来源，这些城市商业银行面对旺盛的中小企业贷款申请却心有余而力不足，无法满足当地中小企业的融资需求。鉴于中小金融机构在小企业和微型企业金融服务领域的特有作用，建议扩大并丰富其资金来源，使更多的资金通过中小金融机构投向中小企业，支持中小企业的经营发展。

　　1. 鼓励符合条件的城市商业银行在银行间债券市场发行"定向用途"的金融债。按城市商业银行上年年末中小企业贷款余额的一定比例给予其发行金融债的额度，发债募集金额定向用于中小企业贷款投放②。

---

　　①　在经济刺激计划下，由于资源差异导致存贷款非均衡分布的局面进一步加剧，中小金融机构与大型金融机构的竞争差距有扩大的趋势。

　　②　截至2009年底，城市商业银行中小企业贷款余额达1.38万亿元。如果按中小企业贷款余额的10%给予城市商业银行发债额度，即可新增1380亿元中小企业贷款资金，考虑到城市商业银行在小企业和微型企业金融服务领域的特有作用，按户均100万元的水平保守估算，可以惠及13.8万户中小企业，可显著扩大中小企业融资覆盖率。

2. 重新启动中小企业贷款资产证券化①，盘活中小商业银行的存量贷款，分散中小商业银行信用风险，节约表内资金用于满足中小企业新的贷款需求。

3. 鼓励大型商业银行或政策性银行通过市场化招标的方式，为运营良好的村镇银行和小额贷款公司提供批发贷款。由国家财政对专项用于中小企业的批发贷款予以贴息支持，以提高大型商业银行或政策性银行的积极性，降低中小金融机构的融资成本。

4. 由财政出资设立小企业基金，为一定资产规模以下的中小商业银行提供融资，并将融资成本与中小商业银行发放小企业贷款余额和不良率挂钩，在为中小商业银行提供增量资金来源的同时，激励中小商业银行增大对小企业的信贷支持力度②。

5.4　持续完善金融基础设施建设

建议尽快出台《征信管理条例》，为征信业的规范发展奠定法律基础，为建立金融业统一征信平台、跨部门协调机制、征信信息的披露与保护等提供法律依据。加快金融业统一征信平台建设，扩大非银行信息采集和服务范围，整合人民银行、工商、税务、海关、商务、质检、公安、法院、财政等部门以及金融机构、公共服务机构掌握的信用数据资料，推进部门之间信用记录信息的互联与共享。适当引入市场机制加快推进征信产品的开发，扩大征信系统的应用。

特别要进一步加强中小企业信用信息服务，多渠道征集信息，完善中小企业信用档案。在小额贷款公司介入征信系统试点的基础上，扩大征信系统的接入机构范围，将小额贷款公司、中小企业担保机构等纳入征信系统接入范围。提高中小企业信用信息的可得性，充分发挥征信信息在中小企业金融服务中的作用，降低中小企业金融服务因信息不对称导致的风险。

此外，建议加快建立全国统一的动产融资物权登记平台，推动动产抵押融资的发展。目前动产抵押实行分别登记制，即根据动产的性质，分别由民用航

---

① 2008 年 10 月，浙商银行获批发行以中小企业贷款为基础资产池的资产支持证券"浙元一期（浙元 2008 - 1）"，金融危机后再无中小企业贷款证券化产品发行。

② 美国总统奥巴马于 2010 年 2 月 2 日号召国会通过一项规模为 300 亿美元的小企业贷款计划，鼓励社区银行向中小企业提供贷款以促进小企业的发展。计划规定，拥有少于 100 亿美元资产的中小银行能够从该小企业贷款基金中借入不超过其资产总额 5% 的资金用于发放中小企业贷款，且贷款利率会随中小银行对小企业贷款余额的增加而降低，以鼓励中小银行增加小企业贷款。如果中小银行对小企业贷款余额增幅超过 10%，就可以将从基金的贷款利息降至 1%。

空主管部门、公安机关交通管理部门、林木主管部门、工商行政管理部门、公证部门等十多个部门负责登记。不同的登记机关采用不同的登记系统和登记程序，登记信息查询难，不仅使登记的公示效力大打折扣，而且容易造成重复抵押登记，给动产抵押权人带来风险。因此，在目前应收账款质押登记公示系统和融资租赁登记公示系统的建设基础上，建议加快建立全国统一的动产融资物权登记平台，将与各类动产融资有关的权利登记公示置于同一信息平台，实现动产抵押登记信息在全国范围内的互联和共享，有效保护交易各方的利益，切实推动动产抵押融资的发展及其在中小企业金融服务中的应用。

附件1

2009 年出台的中小企业 发展相关政策

2009 年中央经济工作会议

会议提出了 2010 年经济工作的主要任务之一：提高宏观调控水平，保持经济平稳较快发展。要处理好保持经济平稳较快发展、调整经济结构、管理通胀预期的关系，巩固和增强经济回升向好势头。要继续实施积极的财政政策和适度宽松的货币政策，把握好政策实施的力度、节奏、重点。要突出财政政策实施重点，加大对民生领域和社会事业支持保障力度，增加对"三农"、科技、教育、卫生、文化、社会保障、保障性住房、节能环保等方面和中小企业、居民消费、欠发达地区支持力度，支持重点领域改革。要保持投资适度增长，重点用于完成在建项目，严格控制新上项目。要加强税收征管和非税收入管理，继续从严控制一般性支出。货币政策要保持连续性和稳定性，增强针对性和灵活性。要密切跟踪国内外经济形势变化，把握好货币信贷增长速度，加大信贷政策对经济社会薄弱环节、就业、战略性新兴产业、产业转移等方面的支持，有效缓解小企业融资难问题，保证重点建设项目贷款需要，严格控制对高耗能、高排放行业和产能过剩行业的贷款，着力提高信贷质量和效益。要积极扩大直接融资，引导和规范资本市场健康发展。

2010 年经济工作的主要任务之四：深化经济体制改革，增强经济发展动力和活力。要坚持社会主义市场经济的改革方向，坚定信心、锐意改革，统筹兼顾、综合配套，加强调查研究和战略规划，不失时机地推进重要领域和关键环节改革。一是进一步推动政府职能转变，建设服务型政府。要深化行政审批制度改革，减少和规范行政审批；深化资源价格和财税体制改革，完善财政转移支付制度，扎实推进综合配套改革试验。二是进一步深化金融体制改革，增强金融对经济服务功能。要加强金融监管机制建设，改善境外投资外汇管理和服务，继续推进跨境贸易人民币结算试点。三是进一步优化所有制结构，完善市场竞争机制。要推进国有经济战略性调整，深化国有企业改革，推进垄断性行业体制改革。要增强非公有制经济和小企业参与市场竞争、增加就业、发展经济的活力和竞争力，放宽市场准入，保护民间投资合法权益。

国务院关于进一步促进中小企业发展的若干意见

国发〔2009〕36 号

各省、自治区、直辖市人民政府，国务院各部委、各直属机构：

中小企业是我国国民经济和社会发展的重要力量，促进中小企业发展，是保持国民经济平稳较快发展的重要基础，是关系民生和社会稳定的重大战略任务。受国际金融危机冲击，去年下半年以来，我国中小企业生产经营困难。中央及时出台相关政策措施，加大财税、信贷等扶持力度，改善中小企业经营环境，中小企业生产经营出现了积极变化，但发展形势依然严峻。主要表现在：融资难、担保难问题依然突出，部分扶持政策尚未落实到位，企业负担重，市场需求不足，产能过剩，经济效益大幅下降，亏损加大等。必须采取更加积极有效的政策措施，帮助中小企业克服困难，转变发展方式，实现又好又快发展。现就进一步促进中小企业发展提出以下意见：

一、进一步营造有利于中小企业发展的良好环境

（一）完善中小企业政策法律体系。落实扶持中小企业发展的政策措施，清理不利于中小企业发展的法律法规和规章制度。深化垄断行业改革，扩大市场准入范围，降低准入门槛，进一步营造公开、公平的市场环境。加快制定融资性担保管理办法，修订《贷款通则》，修订中小企业划型标准，明确对小型企业的扶持政策。

（二）完善政府采购支持中小企业的有关制度。制定政府采购扶持中小企业发展的具体办法，提高采购中小企业货物、工程和服务的比例。进一步提高政府采购信息发布透明度，完善政府公共服务外包制度，为中小企业创造更多的参与机会。

（三）加强对中小企业的权益保护。组织开展对中小企业相关法律和政策特别是金融、财税政策贯彻落实情况的监督检查，发挥新闻舆论和社会监督的作用，加强政策效果评价。坚持依法行政，保护中小企业及其职工的合法权益。

（四）构建和谐劳动关系。采取切实有效措施，加大对劳动密集型中小企业的支持，鼓励中小企业不裁员、少裁员，稳定和增加就业岗位。对中小企业吸纳困难人员就业、签订劳动合同并缴纳社会保险费的，在相应期限内给予基本养老保险补贴、基本医疗保险补贴、失业保险补贴。对受金融危机影响较大

的困难中小企业，将阶段性缓缴社会保险费或降低费率政策执行期延长至2010年底，并按规定给予一定期限的社会保险补贴或岗位补贴、在岗培训补贴等。中小企业可与职工就工资、工时、劳动定额进行协商，符合条件的，可向当地人力资源社会保障部门申请实行综合计算工时和不定时工作制。

二、切实缓解中小企业融资困难

（五）全面落实支持小企业发展的金融政策。完善小企业信贷考核体系，提高小企业贷款呆账核销效率，建立完善信贷人员尽职免责机制。鼓励建立小企业贷款风险补偿基金，对金融机构发放小企业贷款按增量给予适度补助，对小企业不良贷款损失给予适度风险补偿。

（六）加强和改善对中小企业的金融服务。国有商业银行和股份制银行都要建立小企业金融服务专营机构，完善中小企业授信业务制度，逐步提高中小企业中长期贷款的规模和比重。提高贷款审批效率，创新金融产品和服务方式。完善财产抵押制度和贷款抵押物认定办法，采取动产、应收账款、仓单、股权和知识产权质押等方式，缓解中小企业贷款抵质押不足的矛盾。对商业银行开展中小企业信贷业务实行差异化的监管政策。建立和完善中小企业金融服务体系。加快研究鼓励民间资本参与发起设立村镇银行、贷款公司等股份制金融机构的办法；积极支持民间资本以投资入股的方式，参与农村信用社改制为农村商业（合作）银行、城市信用社改制为城市商业银行以及城市商业银行的增资扩股。支持、规范发展小额贷款公司，鼓励有条件的小额贷款公司转为村镇银行。

（七）进一步拓宽中小企业融资渠道。加快创业板市场建设，完善中小企业上市育成机制，扩大中小企业上市规模，增加直接融资。完善创业投资和融资租赁政策，大力发展创业投资和融资租赁企业。鼓励有关部门和地方政府设立创业投资引导基金，引导社会资金设立主要支持中小企业的创业投资企业，积极发展股权投资基金。发挥融资租赁、典当、信托等融资方式在中小企业融资中的作用。稳步扩大中小企业集合债券和短期融资券的发行规模，积极培育和规范发展产权交易市场，为中小企业产权和股权交易提供服务。

（八）完善中小企业信用担保体系。设立包括中央、地方财政出资和企业联合组建的多层次中小企业融资担保基金和担保机构。各级财政要加大支持力度，综合运用资本注入、风险补偿和奖励补助等多种方式，提高担保机构对中小企业的融资担保能力。落实好对符合条件的中小企业信用担保机构免征营业税、准备金提取和代偿损失税前扣除的政策。国土资源、住房城乡建设、金融、工商等部门要为中小企业和担保机构开展抵押物和出质的登记、确权、转让等提供优质服务。加强对融资性担保机构的监管，引导其规范发展。鼓励保险机构积极开发为中小企业服务的保险产品。

（九）发挥信用信息服务在中小企业融资中的作用。推进中小企业信用制度建设，建立和完善中小企业信用信息征集机制和评价体系，提高中小企业的融资信用等级。完善个人和企业征信系统，为中小企业融资提供方便快速的查询服务。构建守信受益、失信惩戒的信用约束机制，增强中小企业信用意识。

三、加大对中小企业的财税扶持力度

（十）加大财政资金支持力度。逐步扩大中央财政预算扶持中小企业发展的专项资金规模，重点支持中小企业技术创新、结构调整、节能减排、开拓市场、扩大就业，以及改善对中小企业的公共服务。加快设立国家中小企业发展基金，发挥财政资金的引导作用，带动社会资金支持中小企业发展。地方财政也要加大对中小企业的支持力度。

（十一）落实和完善税收优惠政策。国家运用税收政策促进中小企业发展，具体政策由财政部、税务总局会同有关部门研究制定。为有效应对国际金融危机，扶持中小企业发展，自 2010 年 1 月 1 日至 2010 年 12 月 31 日，对年应纳税所得额低于 3 万元（含 3 万元）的小型微利企业，其所得减按 50% 计入应纳税所得额，按 20% 的税率缴纳企业所得税。中小企业投资国家鼓励类项目，除《国内投资项目不予免税的进口商品目录》所列商品外，所需的进口自用设备以及按照合同随设备进口的技术及配套件、备件，免征进口关税。中小企业缴纳城镇土地使用税确有困难的，可按有关规定向省级财税部门或省级人民政府提出减免税申请。中小企业因有特殊困难不能按期纳税的，可依法申请在三个月内延期缴纳。

（十二）进一步减轻中小企业社会负担。凡未按规定权限和程序批准的行政事业性收费项目和政府性基金项目，均一律取消。全面清理整顿涉及中小企业的收费，重点是行政许可和强制准入的中介服务收费、具有垄断性的经营服务收费，能免则免，能减则减，能缓则缓。严格执行收费项目公示制度，公开前置性审批项目、程序和收费标准，严禁地方和部门越权设立行政事业性收费项目，不得擅自将行政事业性收费转为经营服务性收费。进一步规范执收行为，全面实行中小企业缴费登记卡制度，设立各级政府中小企业负担举报电话。健全各级政府中小企业负担监督制度，严肃查处乱收费、乱罚款及各种摊派行为。任何部门和单位不得通过强制中小企业购买产品、接受指定服务等手段牟利。严格执行税收征收管理法律法规，不得违规向中小企业提前征税或者摊派税款。

四、加快中小企业技术进步和结构调整

（十三）支持中小企业提高技术创新能力和产品质量。支持中小企业加大研发投入，开发先进适用的技术、工艺和设备，研制适销对路的新产品，提高产品质量。加强产学研联合和资源整合，加强知识产权保护，重点在轻工、纺织、电子等行业推进品牌建设，引导和支持中小企业创建自主品牌。支持中华老字号等传统优势中小企业申请商标注册，保护商标专用权，鼓励挖掘、保护、改造民间特色传统工艺，提升特色产业。

（十四）支持中小企业加快技术改造。按照重点产业调整和振兴规划要求，支持中小企业采用新技术、新工艺、新设备、新材料进行技术改造。中央预算内技术改造专项投资中，要安排中小企业技术改造资金，地方政府也要安排中小企业技术改造专项资金。中小企业的固定资产由于技术进步原因需加速折旧的，可按规定缩短折旧年限或者采取加速折旧的方法。

（十五）推进中小企业节能减排和清洁生产。促进重点节能减排技术和高效节能环保产品、设备在中小企业的推广应用。按照发展循环经济的要求，鼓励中小企业间资源循环利用。鼓励专业服务机构为中小企业提供合同能源管理、节能设备租赁等服务。充分发挥市场机制作用，综合运用金融、环保、土地、产业政策等手段，依法淘汰中小企业中的落后技术、工艺、设备和产品，防止落后产能异地转移。严格控制过剩产能和"两高一资"行业盲目发展。对纳入环境保护、节能节水企业所得税优惠目录的投资项目，按规定给予企业所得税优惠。

（十六）提高企业协作配套水平。鼓励中小企业与大型企业开展多种形式的经济技术合作，建立稳定的供应、生产、销售等协作关系。鼓励大型企业通过专业分工、服务外包、订单生产等方式，加强与中小企业的协作配套，积极向中小企业提供技术、人才、设备、资金支持，及时支付货款和服务费用。

（十七）引导中小企业集聚发展。按照布局合理、特色鲜明、用地集约、生态环保的原则，支持培育一批重点示范产业集群。加强产业集群环境建设，改善产业集聚条件，完善服务功能，壮大龙头骨干企业，延长产业链，提高专业化协作水平。鼓励东部地区先进的中小企业通过收购、兼并、重组、联营等多种形式，加强与中西部地区中小企业的合作，实现产业有序转移。

（十八）加快发展生产性服务业。鼓励支持中小企业在科技研发、工业设计、技术咨询、信息服务、现代物流等生产性服务业领域发展。积极促进中小企业在软件开发、服务外包、网络动漫、广告创意、电子商务等新兴领域拓展，扩大就业渠道，培育新的经济增长点。

五、支持中小企业开拓市场

（十九）支持引导中小企业积极开拓国内市场。支持符合条件的中小企业参与家电、农机、汽车摩托车下乡和家电、汽车"以旧换新"等业务。中小企业专项资金、技术改造资金等要重点支持销售渠道稳定、市场占有率高的中小企业。采取财政补助、降低展费标准等方式，支持中小企业参加各类展览展销活动。支持建立各类中小企业产品技术展示中心，办好中国国际中小企业博览会等展览展销活动。鼓励电信、网络运营企业以及新闻媒体积极发布市场信息，帮助中小企业宣传产品，开拓市场。

（二十）支持中小企业开拓国际市场。进一步落实出口退税等支持政策，研究完善稳定外需、促进外贸发展的相关政策措施，稳定和开拓国际市场。充分发挥中小企业国际市场开拓资金和出口信用保险的作用，加大优惠出口信贷对中小企业的支持力度。鼓励支持有条件的中小企业到境外开展并购等投资业务，收购技术和品牌，带动产品和服务出口。

（二十一）支持中小企业提高自身市场开拓能力。引导中小企业加强市场分析预测，把握市场机遇，增强质量、品牌和营销意识，改善售后服务，提高市场竞争力。提升和改造商贸流通业，推广连锁经营、特许经营等现代经营方式和新型业态，帮助和鼓励中小企业采用电子商务，降低市场开拓成本。支持餐饮、旅游、休闲、家政、物业、社区服务等行业拓展服务领域，创新服务方式，促进扩大消费。

六、努力改进对中小企业的服务

（二十二）加快推进中小企业服务体系建设。加强统筹规划，完善服务网络和服务设施，积极培育各级中小企业综合服务机构。通过资格认定、业务委托、奖励等方式，发挥工商联以及行业协会（商会）和综合服务机构的作用，引导和带动专业服务机构的发展。建立和完善财政补助机制，支持服务机构开展信息、培训、技术、创业、质量检验、企业管理等服务。

（二十三）加快中小企业公共服务基础设施建设。通过引导社会投资、财政资金支持等多种方式，重点支持在轻工、纺织、电子信息等领域建设一批产品研发、检验检测、技术推广等公共服务平台。支持小企业创业基地建设，改善创业和发展环境。鼓励高等院校、科研院所、企业技术中心开放科技资源，开展共性关键技术研究，提高服务中小企业的水平。完善中小企业信息服务网络，加快发展政策解读、技术推广、人才交流、业务培训和市场营销等重点信息服务。

（二十四）完善政府对中小企业的服务。深化行政审批制度改革，全面清理并进一步减少、合并行政审批事项，实现审批内容、标准和程序的公开化、规范化。投资、工商、税务、质检、环保等部门要简化程序、缩短时限、提高效率，为中小企业设立、生产经营等提供便捷服务。地方各级政府在制定和实施土地利用总体规划和年度计划时，要统筹考虑中小企业投资项目用地需求，合理安排用地指标。

七、提高中小企业经营管理水平

（二十五）引导和支持中小企业加强管理。支持培育中小企业管理咨询机构，开展管理咨询活动。引导中小企业加强基础管理，强化营销和风险管理，完善治理结构，推进管理创新，提高经营管理水平。督促中小企业苦练内功、降本增效，严格遵守安全、环保、质量、卫生、劳动保障等法律法规，诚实守信经营，履行社会责任。

（二十六）大力开展对中小企业各类人员的培训。实施中小企业银河培训工程，加大财政支持力度，充分发挥行业协会（商会）、中小企业培训机构的作用，广泛采用网络技术等手段，开展政策法规、企业管理、市场营销、专业技能、客户服务等各类培训。高度重视对企业经营管理者的培训，在3年内选择100万家成长型中小企业，对其经营管理者实施全面培训。

（二十七）加快推进中小企业信息化。继续实施中小企业信息化推进工程，加快推进重点区域中小企业信息化试点，引导中小企业利用信息技术提高研发、管理、制造和服务水平，提高市场营销和售后服务能力。鼓励信息技术企业开发和搭建行业应用平台，为中小企业信息化提供软硬件工具、项目外包、工业设计等社会化服务。

八、加强对中小企业工作的领导

（二十八）加强指导协调。成立国务院促进中小企业发展工作领导小组，加强对中小企业工作的统筹规划、组织领导和政策协调，领导小组办公室设在工业和信息化部。各地可根据工作需要，建立相应的组织机构和工作机制。

（二十九）建立中小企业统计监测制度。统计部门要建立和完善对中小企业的分类统计、监测、分析和发布制度，加强对规模以下企业的统计分析工作。有关部门要及时向社会公开发布发展规划、产业政策、行业动态等信息，逐步建立中小企业市场监测、风险防范和预警机制。

促进中小企业健康发展既是一项长期战略任务，也是当前保增长、扩内需、调结构、促发展、惠民生的紧迫任务。各地区、各有关部门要进一步提高认识，统一思想，结合实际，尽快制定贯彻本意见的具体办法，并切实抓好落实。

国务院

二〇〇九年九月十九日

国务院办公厅关于成立国务院促进
中小企业发展工作领导小组的通知

国办发〔2009〕67 号

各省、自治区、直辖市人民政府，国务院各部委、各直属机构：

为加强对促进中小企业发展工作的组织领导和政策协调，国务院决定成立国务院促进中小企业发展工作领导小组（以下简称领导小组）。领导小组组成人员名单如下：

组　　长：张德江　国务院副总理

副组长：李毅中　工业和信息化部部长

　　　　谢旭人　财政部部长

　　　　肖亚庆　国务院副秘书长

成　　员：朱宏任　工业和信息化部总工程师

　　　　刘铁男　发展改革委副主任

　　　　杜占元　科技部副部长

　　　　丁学东　财政部副部长

　　　　张小建　人力资源社会保障部副部长

　　　　高鸿宾　农业部副部长

　　　　钟　山　商务部副部长

　　　　刘士余　人民银行副行长

　　　　解学智　税务总局副局长

　　　　钟攸平　工商总局副局长

　　　　王　勇　质检总局局长

　　　　许宪春　统计局副局长

　　　　王兆星　银监会副主席

　　　　姚　刚　证监会副主席

　　　　李吉平　开发银行副行长

　　　　孙安民　全国工商联副主席

领导小组办公室设在工业和信息化部，承担领导小组的日常工作，负责研究提出促进中小企业发展的政策建议，督促落实领导小组议定事项，承办领导小组交办的其他事项。工业和信息化部中小企业司司长王黎明任办公室主任，财政部企业司司长贾谌任办公室副主任。

领导小组成员因工作变动等需要调整的，由所在单位向领导小组办公室提出，报领导小组组长批准。

国务院办公厅

二〇〇九年十二月二十八日

国务院办公厅关于进一步明确融资性
担保业务监管职责的通知

国办发〔2009〕7号

各省、自治区、直辖市人民政府，国务院各部委、各直属机构：

为加强对融资性担保业务的监督管理，促进融资性担保业务健康发展，防范化解融资担保风险，国务院决定，建立融资性担保业务监管部际联席会议，同时明确地方相应的监管职责。现就有关事项通知如下：

一、国务院建立融资性担保业务监管部际联席会议（以下简称联席会议）。联席会议负责研究制订促进融资性担保业务发展的政策措施，拟订融资性担保业务监督管理制度，协调相关部门共同解决融资性担保业务监管中的重大问题，指导地方人民政府对融资性担保业务进行监管和风险处置，办理国务院交办的其他事项。

联席会议由银监会牵头，发展改革委、工业和信息化部、财政部、人民银行、工商总局、法制办等部门参加。联席会议办公室设在银监会，承担联席会议日常工作。有关部门要认真履行职责，相互配合，加强与地方人民政府的沟通，共同做好这项工作。

二、各省、自治区、直辖市人民政府结合本地实际制定促进本地区融资性担保业务健康发展、缓解中小企业贷款难担保难的政策措施，负责制定本地区融资性担保机构风险防范和处置的具体办法并组织实施，负责协调处置融资性担保机构发生的风险，负责做好融资性担保机构重组和市场退出工作，督促融资性担保业务监管部门严格履行职责、依法加强监管，引导融资性担保机构探索建立符合国家产业政策和市场规律的商业模式，并完善运行机制和风险控制体系。

省、自治区、直辖市人民政府按照"谁审批设立、谁负责监管"的要求，确定相应的部门根据国家有关规定和政策，负责本地区融资性担保机构的设立审批、关闭和日常监管。按照属地管理原则，对已设立的跨省区或规模较大的融资性担保机构,由地方负责监管和风险处置工作。

三、联席会议要抓紧完善有关制度和政策。尽快对融资性担保机构的设立条件、业务规范、监管规则和法律责任做出规定,报国务院批准后施行。抓紧研究制订促进融资性担保业务健康发展、缓解中小企业贷款难担保难的政策措施。研究建立融资性担保行业自律组织。

四、地方监管部门要切实负起监管责任。严格依照规定的设立条件审批融资性担保机构,对未经审批擅自开展融资性担保业务的,要坚决予以取缔。加强对融资性担保机构的日常监管,对可能产生的风险实行定期排查和实时监控,对从事违法违规活动的融资性担保机构要依法予以处罚,情节严重的,责令其停止相关业务,直至取消其从事融资性担保业务资格。同时,要引导融资性担保机构建立风险预警和应急机制,切实防范融资性担保风险。

国务院办公厅
二〇〇九年二月三日

发展改革委关于 2009 年深化经济体制
改革工作的意见(摘录)

五、着力优化产业结构与所有制结构,推动服务业和非公有制经济发展

继续推进国有企业公司制股份制改革,健全公司治理结构,完善现代企业制度;继续推进国有资本结构优化和战略性调整;完善国有资产监督管理体制和制度(国资委、财政部负责)。完善鼓励支持和引导个体私营等非公有制经济发展的政策措施(工业和信息化部牵头)。抓紧完善中小企业贷款担保基金和贷款担保机构等多层次担保体系,建立健全中小企业信用担保风险补偿机制;推进中小企业信用制度和信用担保机构评级制度建设(银监会、工业和信息化部、人民银行、财政部负责)。继续发展中小企业板市场,稳步发展中小企业集合债券,继续开展中小企业短期融资券试点(证监会、发展改革委、人民银行负责)。完善服务业发展规划体系,加快建立促进现代服务业发展的体制机制和政策体系,推动服务业发展和产业结构优化(发展改革委牵头)。进一步放宽服务业市场准入,鼓励非公有制企业参与国有服务企业改革(发展改革委、工业和信息化部、国资委负责)。深化政府机关和事业单位后勤服务社会化改革(中央编办、财政部、国管局负责)。鼓励社会力量兴办民办非企业单位,培育多元化的服务业市场主体(发展改革委、民政部负责)。

十、深化金融体制改革,构建现代金融体系

深化国有控股商业银行改革；继续推进政策性银行改革（人民银行牵头）。推进金融资产管理公司改革（财政部牵头）。稳步发展各种所有制中小金融企业和新型农村金融机构；推进农村信贷担保机构发展（银监会牵头）。扩大农村有效担保范围，发展农村多种形式担保的信贷产品（人民银行、银监会负责）。出台放贷人条例，积极引导民间融资健康发展（人民银行、法制办负责）。建立健全存款保险制度（人民银行、银监会负责）。推进利率市场化改革，完善人民币汇率形成机制（人民银行牵头）。加强资本市场基础性制度建设，建立健全有利于资本市场稳定发展和投资者权益保护的法规体系；适时推出创业板，推进场外市场建设，完善资本市场功能（证监会牵头）。完善债券市场化发行机制、市场约束与风险分担机制，逐步建立集中统一的债券市场监管规则和标准（证监会、发展改革委、财政部、人民银行负责）。深化保险业改革，积极发挥保险保障和融资功能（保监会牵头）。加快股权投资基金制度建设，尽快出台股权投资基金管理办法（发展改革委牵头）。建立健全金融监管协调机制和国际合作机制（人民银行、金融监管机构负责）。

财政部、国家税务总局关于中小企业信用担保机构有关准备金税前扣除问题的通知

财税〔2009〕62 号

各省、自治区、直辖市、计划单列市财政厅（局）、国家税务局、地方税务局，新疆生产建设兵团财务局：

根据《中华人民共和国企业所得税法》和《中华人民共和国企业所得税法实施条例》的有关规定，现就中小企业信用担保机构有关税前扣除政策问题通知如下：

一、中小企业信用担保机构可按照不超过当年年末担保责任余额 1% 的比例计提担保赔偿准备，允许在企业所得税税前扣除。

二、中小企业信用担保机构可按照不超过当年担保费收入 50% 的比例计提未到期责任准备，允许在企业所得税税前扣除，同时将上年度计提的未到期责任准备余额转为当期收入。

三、中小企业信用担保机构实际发生的代偿损失，应依次冲减已在税前扣除的担保赔偿准备和在税后利润中提取的一般风险准备，不足冲减部分据实在企业所得税税前扣除。

四、本通知所称中小企业信用担保机构是指以中小企业为服务对象的信用担保机构。

五、本通知自 2008 年 1 月 1 日起至 2010 年 12 月 31 日止执行。

财政部
国家税务总局
二〇〇九年五月十九日

财政部、国家税务总局关于小型微利企业
有关企业所得税政策的通知

财税〔2009〕133 号

各省、自治区、直辖市、计划单列市财政厅（局）、国家税务局、地方税务局，新疆生产建设兵团财务局：

为有效应对国际金融危机，扶持中小企业发展，经国务院批准，现就小型微利企业所得税政策通知如下：

一、自 2010 年 1 月 1 日至 2010 年 12 月 31 日，对年应纳税所得额低于 3 万元（含 3 万元）的小型微利企业，其所得减按 50% 计入应纳税所得额，按 20% 的税率缴纳企业所得税。

二、本通知所称小型微利企业，是指符合《中华人民共和国企业所得税法》及其实施条例以及相关税收政策规定的小型微利企业。

请遵照执行。

财政部
国家税务总局
二〇〇九年十二月二日

财政部、国家税务总局关于金融企业涉农贷款和
中小企业贷款损失准备金税前扣除政策的通知

财税〔2009〕99 号

各省、自治区、直辖市、计划单列市财政厅（局）、国家税务局、地方税务局，新疆生产建设兵团财务局：

根据《国务院办公厅关于当前金融促进经济发展的若干意见》（国办发〔2008〕126 号）有关规定，现就金融企业涉农贷款和中小企业贷款损失准备

金税前扣除政策，通知如下：

一、金融企业根据《贷款风险分类指导原则》（银发〔2001〕416 号），对其涉农贷款和中小企业贷款进行风险分类后，按照以下比例计提的贷款损失专项准备金，准予在计算应纳税所得额时扣除：

（一）关注类贷款，计提比例为 2%；

（二）次级类贷款，计提比例为 25%；

（三）可疑类贷款，计提比例为 50%；

（四）损失类贷款，计提比例为 100%。

二、本通知所称涉农贷款，是指《涉农贷款专项统计制度》（银发〔2007〕246 号）统计的以下贷款：

（一）农户贷款；

（二）农村企业及各类组织贷款。

本条所称农户贷款，是指金融企业发放给农户的所有贷款。农户贷款的判定应以贷款发放时的承贷主体是否属于农户为准。农户，是指长期（一年以上）居住在乡镇（不包括城关镇）行政管理区域内的住户，还包括长期居住在城关镇所辖行政村范围内的住户和户口不在本地而在本地居住一年以上的住户，国有农场的职工和农村个体工商户。位于乡镇（不包括城关镇）行政管理区域内和在城关镇所辖行政村范围内的国有经济的机关、团体、学校、企事业单位的集体户；有本地户口，但举家外出谋生一年以上的住户，无论是否保留承包耕地均不属于农户。农户以户为统计单位，既可以从事农业生产经营，也可以从事非农业生产经营。

本条所称农村企业及各类组织贷款，是指金融企业发放给注册地位于农村区域的企业及各类组织的所有贷款。农村区域，是指除地级及以上城市的城市行政区及其市辖建制镇之外的区域。

三、本通知所称中小企业贷款，是指金融企业对年销售额和资产总额均不超过 2 亿元的企业的贷款。

四、金融企业发生的符合条件的涉农贷款和中小企业贷款损失，应先冲减已在税前扣除的贷款损失准备金，不足冲减部分可据实在计算应纳税所得额时扣除。

五、本通知自 2008 年 1 月 1 日起至 2010 年 12 月 31 日止执行。

财政部
国家税务总局
二〇〇九年八月二十一日

国家税务总局关于实施创业投资企业
所得税优惠问题的通知

国税发〔2009〕87 号

各省、自治区、直辖市和计划单列市国家税务局、地方税务局：

为落实创业投资企业所得税优惠政策，促进创业投资企业的发展，根据《中华人民共和国企业所得税法》及其实施条例等有关规定，现就创业投资企业所得税优惠的有关问题通知如下：

一、创业投资企业是指依照《创业投资企业管理暂行办法》（国家发展和改革委员会等 10 部委令 2005 年第 39 号，以下简称《暂行办法》）和《外商投资创业投资企业管理规定》（商务部等 5 部委令 2003 年第 2 号）在中华人民共和国境内设立的专门从事创业投资活动的企业或其他经济组织。

二、创业投资企业采取股权投资方式投资于未上市的中小高新技术企业 2 年（24 个月）以上，凡符合以下条件的，可以按照其对中小高新技术企业投资额的 70%，在股权持有满 2 年的当年抵扣该创业投资企业的应纳税所得额；当年不足抵扣的，可以在以后纳税年度结转抵扣。

（一）经营范围符合《暂行办法》规定，且工商登记为"创业投资有限责任公司"、"创业投资股份有限公司"等专业性法人创业投资企业。

（二）按照《暂行办法》规定的条件和程序完成备案，经备案管理部门年度检查核实，投资运作符合《暂行办法》的有关规定。

（三）创业投资企业投资的中小高新技术企业，除应按照科技部、财政部、国家税务总局《关于印发〈高新技术企业认定管理办法〉的通知》（国科发火〔2008〕172 号）和《关于印发〈高新技术企业认定管理工作指引〉的通知》（国科发火〔2008〕362 号）的规定，通过高新技术企业认定以外，还应符合职工人数不超过 500 人，年销售（营业）额不超过 2 亿元，资产总额不超过 2 亿元的条件。

2007 年底前按原有规定取得高新技术企业资格的中小高新技术企业，且在 2008 年继续符合新的高新技术企业标准的，向其投资满 24 个月的计算，可自创业投资企业实际向其投资的时间起计算。

（四）财政部、国家税务总局规定的其他条件。

三、中小企业接受创业投资之后，经认定符合高新技术企业标准的，应自其被认定为高新技术企业的年度起，计算创业投资企业的投资期限。该期限内中小企业接受创业投资后，企业规模超过中小企业标准，但仍符合高新技术企业标准的，不影响创业投资企业享受有关税收优惠。

四、创业投资企业申请享受投资抵扣应纳税所得额，应在其报送申请投资抵扣应纳税所得额年度纳税申报表以前，向主管税务机关报送以下资料备案：

（一）经备案管理部门核实后出具的年检合格通知书（副本）；

（二）关于创业投资企业投资运作情况的说明；

（三）中小高新技术企业投资合同或章程的复印件、实际所投资金验资报告等相关材料；

（四）中小高新技术企业基本情况（包括企业职工人数、年销售（营业）额、资产总额等）说明；

（五）由省、自治区、直辖市和计划单列市高新技术企业认定管理机构出具的中小高新技术企业有效的高新技术企业证书（复印件）。

五、本通知自 2008 年 1 月 1 日起执行。

国家税务总局

二〇〇九年四月三十日

财政部、商务部关于印发《中小外贸企业融资担保专项资金管理暂行办法》的通知

财企〔2009〕160 号

各省、自治区、直辖市、计划单列市、新疆生产建设兵团财政厅（局）、商务主管部门：

为贯彻落实国务院关于进一步稳定外需的政策措施，支持担保机构扩大中小外贸企业融资担保业务，缓解中小外贸企业融资难问题，我们制定了《中小外贸企业融资担保专项资金管理暂行办法》，现印发给你们，请遵照执行。

中小外贸企业融资担保专项资金管理暂行办法

第一章　总则

第一条　为支持担保机构扩大中小外贸企业融资担保业务，缓解中小外贸企业融资难问题，中央财政安排中小外贸企业融资担保专项资金（以下简称专

项资金)。为规范专项资金管理,提高资金使用效率,根据《中华人民共和国预算法》及其实施细则有关规定,制定本办法。

第二条 本办法所称中小外贸企业是指上年度或本年度有出口实绩的中小企业。

第三条 专项资金的管理和使用应当遵循公开透明、定向使用、科学管理、加强监督的原则,确保资金的使用效率。

第二章 支持对象及方式

第四条 专项资金用于鼓励担保机构开展中小外贸企业融资担保业务。

第五条 申请专项资金的担保机构,必须同时具备以下资格条件:

(一)依法设立,具有独立法人资格。

(二)财务管理制度健全,按规定提取、管理和使用各项准备金。

(三)会计信用、纳税信用和银行信用良好。

第六条 专项资金采取三种支持方式:

(一)鼓励担保机构为中小外贸企业提供融资担保服务,对担保机构开展的中小外贸企业融资担保业务,按照不超过担保额的2%给予资助。

(二)鼓励担保机构提供低费率担保服务,在不提高其他费用标准的前提下,对担保费率低于银行同期贷款基准利率50%的中小外贸企业融资担保业务给予奖励,奖励比例不超过银行同期贷款基准利率50%与实际担保费率之差。

(三)支持信用担保欠发达地区地方政府出资设立担保机构,开展中小外贸企业融资担保业务,可按照不超过地方政府出资额的30%给予资助。用于注资支持设立担保机构的资助额最高不超过中央下达当地专项资金的30%。

第三章 资金审核及拨付

第七条 财政部会同商务部按照因素法,综合考虑各地区外贸出口、中小外贸企业数量、担保业务开展等情况,将专项资金分配给各省、自治区、直辖市、计划单列市及新疆生产建设兵团财政部门(以下简称省级财政部门),一次性下达资金预算指标并拨付资金。

第八条 各省级财政和商务主管部门根据财政部下达的预算资金及有关工作要求,研究制定符合本地实际的资金使用方案和具体操作办法,并在本办法下发后1个月内报财政部和商务部备案。

第九条 省级商务主管部门会同省级财政部门按照属地原则按季组织专项资金的项目申报和审核,提出资金使用计划。

省级财政部门负责专项资金预算安排，审定省级商务主管部门提出的资金使用计划，按季办理专项资金划拨手续，在每季度结束后1个月内拨付到担保机构。拨款文件同时抄报财政部和商务部。

第十条　采取本办法第六条第（一）款、第（二）款支持方式的，担保机构收到的专项资金用于弥补代偿损失；采取本办法第六条第（三）款支持方式的，专项资金作为国家资本金投入担保机构。

第四章　监督管理

第十一条　财政部、商务部对专项资金管理和使用情况进行不定期抽查。地方财政和商务主管部门应当加强对本地专项资金管理和使用等情况的监督检查。

第十二条　省级财政和商务主管部门应就每季度专项资金使用情况、政策实施效果、存在问题等形成书面材料，于每季度结束后一个半月内上报财政部和商务部。

第十三条　专项资金专款专用，任何单位或者个人不得滞留、截留、挤占、挪用专项资金，对以虚报、冒领等手段骗取和滞留、截留、挤占、挪用专项资金的，一经查实，财政部将收回已安排的专项资金，并按照《财政违法行为处罚处分条例》（国务院令第427号）的相关规定进行处理。

第五章　附则

第十四条　本办法自印发之日起施行。

第十五条　本办法由财政部会同商务部负责解释。

财政部

商务部

二○○九年八月七日

工业和信息化部、国家税务总局关于中小企业
信用担保机构免征营业税有关问题的通知

工信部联企业〔2009〕114号

各省、自治区、直辖市及计划单列市、新疆生产建设兵团经贸委（经委）、中小企业管理部门（厅、局、办）、地方税务局：

按照《国务院办公厅关于加强中小企业信用担保体系建设意见的通知》（国办发〔2006〕90 号）和《国务院办公厅关于当前金融促进经济发展的若干意见》（国办发〔2008〕126 号）有关精神，为了更好应对国际金融危机，支持和引导中小企业信用担保机构为中小企业特别是小企业提供贷款担保和融资服务，努力缓解中小企业贷款难融资难问题，帮助中小企业摆脱困境。现就继续做好中小企业信用担保机构免征营业税工作有关问题通知如下：

一、信用担保机构免税条件

（一）经政府授权部门（中小企业管理部门）同意，依法登记注册为企（事）业法人，且主要从事为中小企业提供担保服务的机构。实收资本超过2000 万元。

（二）不以营利为主要目的，担保业务收费不高于同期贷款利率的 50%。

（三）有两年以上的可持续发展经历，资金主要用于担保业务，具备健全的内部管理制度和为中小企业提供担保的能力，经营业绩突出，对受保项目具有完善的事前评估、事中监控、事后追偿与处置机制。

（四）为工业、农业、商贸中小企业提供的累计担保贷款额占其两年累计担保业务总额的 80% 以上，单笔 800 万元以下的累计担保贷款额占其累计担保业务总额的 50% 以上。

（五）对单个受保企业提供的担保余额不超过担保机构实收资本总额的10%，且平均单笔担保责任金额最多不超过 3000 万元人民币。

（六）担保资金与担保贷款放大比例不低于 3 倍，且代偿额占担保资金比例不超过 2%。

（七）接受所在地政府中小企业管理部门的监管，按要求向中小企业管理部门报送担保业务情况和财务会计报表。

享受三年营业税减免政策期限已满的担保机构，仍符合上述条件的，可继续申请。

二、免税程序

符合条件的中小企业信用担保机构可自愿申请，经省级中小企业管理部门和省级地方税务部门审核推荐后，由工业和信息化部和国家税务总局审核批准并下发免税名单，名单内的担保机构持有关文件到主管税务机关申请办理免税手续，各地税务机关按照工业和信息化部和国家税务总局下发的名单审核批准并办理免税手续后，担保机构可享受营业税免税政策。

三、免税政策期限

担保机构从事中小企业信用担保或再担保业务取得的收入（不含信用评级、咨询、培训等收入）三年内免征营业税，免税时间自担保机构向主管税务机关办理免税手续之日起计算。

　　四、各省、自治区、直辖市及计划单列市中小企业管理部门和地方税务局根据本通知要求，自本通知下达之日起，按照公开公正和"成熟一批，上报一批"的原则，认真做好本地区中小企业信用担保机构受理、审核和推荐工作，工业和信息化部和国家税务总局将根据工作安排，下达符合条件的担保机构免税名单。

　　五、各省、自治区、直辖市和计划单列市中小企业管理部门、地方税务局要根据实际情况，对前期信用担保机构营业税减免工作落实情况及实施效果开展监督检查，对享受营业税减免政策的中小企业信用担保机构实行动态监管。对违反规定，不符合减免条件的担保机构，一经发现要如实上报工业和信息化部和国家税务总局，取消其继续享受免税的资格。

　　六、请各省、自治区、直辖市和计划单列市中小企业管理部门会同地方税务局要严格按规定认真做好审核推荐有关工作，将下列材料以书面形式一式二份（包括电子版）报工业和信息化部中小企业司和国家税务总局货物和劳务税司。

　　（一）按年度提供前期中小企业信用担保机构营业税减免工作的成效、存在问题及建议。

　　（二）经专家审核，并经公示的符合免税条件的中小企业信用担保机构名单。

　　（三）符合免税条件的《中小企业信用担保机构登记表》（见附表），经审计的最近1年完整财务年度的财务报告（包括资产负债表，利润表，现金流量表，担保余额变动表，以及报表中相关数据的附注和说明），营业执照和公司章程复印件，最近1年完整年度经协作银行加盖公章确认的担保业务明细表（提交的明细表指标中应含有：协作银行名称、担保企业名称、担保金额、担保费收入、担保机构与受保企业合同号、贷款银行与受保企业贷款合同号、担保责任发生日期、担保责任解除日期）。

　　（四）已取得免税资格，但经审查不符合免税条件的中小企业信用担保机构取消名单及理由。

工业和信息化部、国家税务总局

二〇〇九年三月三十日

中国人民银行公告〔2009〕第 1 号

为进一步推动银行间债券市场健康发展，保护投资者利益，现就债券交易流通审核政策调整有关事项公告如下：

一、取消对在银行间债券市场交易流通的债券发行规模不低于 5 亿元的限制条件，废止《全国银行间债券市场债券交易流通审核规则》（中国人民银行公告〔2004〕第 19 号发布）第四条第（四）项、中国人民银行公告〔2005〕第 15 号第二条及中国人民银行公告〔2005〕第 30 号第一条第（四）项的规定。

二、全国银行间同业拆借中心和中央国债登记结算有限责任公司应按照本公告和中国人民银行的相关规定，做好债券交易流通相关工作。

三、本公告自发布之日起施行。

中国人民银行
二〇〇九年一月七日

中国人民银行、中国银行业
监督管理委员会公告〔2009〕第 14 号

为规范金融租赁公司和汽车金融公司发行金融债券行为，保护投资者的合法权益，根据《中华人民共和国中国人民银行法》、《中华人民共和国银行业监督管理法》、《全国银行间债券市场金融债券发行管理办法》、《金融租赁公司管理办法》和《汽车金融公司管理办法》等法律法规和相关规定，现就金融租赁公司和汽车金融公司发行金融债券的有关事宜公告如下：

一、本公告所称金融租赁公司是指经中国银行业监督管理委员会批准设立，以经营融资租赁业务为主的非银行金融机构。

二、本公告所称汽车金融公司是指经中国银行业监督管理委员会批准设立，为中国境内的汽车购买者及销售者提供金融服务的非银行金融机构。

三、中国人民银行和中国银行业监督管理委员会依法对金融租赁公司和汽车金融公司金融债券的发行进行监督管理。中国人民银行对金融租赁公司和汽车金融公司在银行间债券市场发行和交易金融债券进行监督管理；中国银行业监督管理委员会对金融租赁公司和汽车金融公司发行金融债券的资格进行审查。

四、金融租赁公司和汽车金融公司发行金融债券，应具备以下条件：

（一）具有良好的公司治理结构和完善的内部控制体系；

（二）具有从事金融债券发行和管理的合格专业人员；

（三）金融租赁公司注册资本金不低于5亿元人民币或等值的自由兑换货币，汽车金融公司注册资本金不低于8亿元人民币或等值的自由兑换货币；

（四）资产质量良好，最近1年不良资产率低于行业平均水平，资产损失准备计提充足；

（五）无到期不能支付债务；

（六）净资产不低于行业平均水平；

（七）经营状况良好，最近3年连续盈利，最近1年利润率不低于行业平均水平，且有稳定的盈利预期；

（八）最近3年平均可分配利润足以支付所发行金融债券1年的利息；

（九）风险监管指标达到监管要求；

（十）最近3年没有重大违法、违规行为；

（十一）中国人民银行和中国银行业监督管理委员会要求的其他条件。

对于商业银行设立的金融租赁公司，资质良好但成立不满3年的，应由具有担保能力的担保人提供担保。

五、金融租赁公司和汽车金融公司发行金融债券后，资本充足率均应不低于8%。

六、中国银行业监督管理委员会直接监管的金融租赁公司发行金融债券，向中国银行业监督管理委员会提交申请，由中国银行业监督管理委员会受理、审查并决定。各地银监局监管的金融租赁公司发行金融债券，向所在地银监局提交申请，银监局受理、初审后，报中国银行业监督管理委员会审查并决定。

七、汽车金融公司发行金融债券，应向其所在地银监局提交申请，由银监局受理、初审后，报中国银行业监督管理委员会审查批准。

八、金融租赁公司和汽车金融公司发行金融债券，应向中国银行业监督管理委员会报送以下文件：

（一）金融债券发行申请报告；

（二）发行人公司章程或章程性文件规定的权力机构的书面同意文件；

（三）发行人近3年经审计的财务报告及审计报告；

（四）募集说明书；

（五）发行公告或发行章程；

（六）承销协议；

（七）发行人关于本期偿债计划及保障措施的专项报告；

（八）信用评级机构出具的金融债券信用评级报告和有关持续跟踪评级安排的说明；

（九）发行人律师出具的法律意见书；

（十）中国银行业监督管理委员会要求的其他文件。

采用担保方式发行金融债券的，还应提供担保协议及担保人资信情况说明。

九、中国银行业监督管理委员会应当自受理金融租赁公司和汽车金融公司发行金融债券申请之日起3个月内，对金融租赁公司和汽车金融公司发行金融债券进行资格审查，并做出批准或不批准的书面决定，同时抄送中国人民银行。

十、金融租赁公司和汽车金融公司发行金融债券申请获得中国银行业监督管理委员会批准后，应向中国人民银行报送以下文件：

（一）第八条（一）至（九）项要求的文件；

（二）监管机构同意金融债券发行的文件；

（三）中国人民银行要求的其他文件。

十一、中国人民银行核准金融租赁公司和汽车金融公司金融债券发行申请的期限，适用《中国人民银行行政许可实施办法》的有关规定。

十二、金融租赁公司和汽车金融公司的发债资金用途必须符合国家产业政策和相关政策规定，不得从事与自身主业无关的风险性投资。

十三、本公告未尽事宜按《全国银行间债券市场金融债券发行管理办法》和中国银行业监督管理委员会的有关规定执行。

中国人民银行

中国银行业监督管理委员会

二〇〇九年八月十八日

中国人民银行、中国银监会、中国证监会、中国保监会关于进一步做好金融服务支持重点产业调整振兴和抑制部分行业产能过剩的指导意见

银发〔2009〕386号

中国人民银行上海总部，各分行、营业管理部、省会（首府）城市中心支行、副省级城市中心支行；各省（自治区、直辖市）银监局、证监局、保监局；

各政策性银行、国有商业银行、股份制商业银行，中国邮政储蓄银行：

当前，我国经济正处在企稳回升和结构调整的关键时期。金融业要深入学习和实践科学发展观，按照中央经济工作会议的决策部署，继续贯彻实施适度宽松货币政策，保证重点产业调整振兴合理的资金需求，着力扩大内需、优化信贷结构，推动经济发展方式转变和经济结构调整，淘汰落后产能，提高经济发展质量和效益，保持国民经济平稳可持续发展。根据国务院关于汽车、钢铁、电子信息、物流、纺织、装备制造、有色金属、轻工、石化、船舶等重点产业（以下简称重点产业）调整振兴规划的总体要求和《国务院批转发展改革委等部门关于抑制部分行业产能过剩和重复建设引导产业健康发展若干意见的通知》（国发〔2009〕38 号）的精神，现就进一步做好金融服务，支持重点产业调整振兴和抑制部分行业产能过剩提出如下指导意见：

一、严格执行国家宏观调控政策，着力调整和优化信贷结构

（一）人民银行各分支机构要密切跟踪宏观经济走势，按照国家产业政策和金融宏观调控的要求，紧密结合辖区实际，积极加强信贷政策宏观指导，更多运用市场化手段鼓励和引导金融机构不断调整和优化信贷结构，把握好信贷投放的方向、力度和节奏，合理配置信贷资源。信贷政策指导要增强针对性、前瞻性和有效性。同时，对已经出台的信贷政策要加强导向效果评估，有效疏通政策传导渠道，提高政策导向效果。

（二）银监会各派出机构要根据国家产业政策和宏观调控要求，加强监管引导和风险提示，督促银行业金融机构完善信贷管理制度，加强信贷风险和投向管理，在有效防范信贷风险的基础上，发挥信贷引导和促进产业结构调整的作用。

（三）各银行业金融机构要积极配合国家产业政策和金融调控要求，信贷投放要体现"区别对待，有保有压"的原则，资产负债综合管理要更好地服务于促进经济科学发展。对于符合重点产业调整振兴规划要求、符合市场准入条件、符合银行信贷原则的企业和项目，要及时高效保证信贷资金供给。对于不符合产业政策、市场准入条件、技术标准、项目资本金缺位的项目，不得提供授信支持。对属于产能过剩的产业项目，要从严审查和审批贷款。

（四）对产业链中辐射拉动作用强的骨干重点产业企业，鼓励银行业金融机构采取银团贷款模式加大信贷支持。对符合条件的有竞争力的重点产业中小企业，鼓励中小银行业金融机构与国有大型银行差异化竞争，合理确定贷款的期限、利率和偿还方式。对基本面好、产品有市场、信用记录较好但暂时出现经营困难的企业的信贷需求，要按规定积极给予必要的信贷支持。

（五）对地区主导性重点产业的核心企业和关联中小企业，要综合考虑产

业集群的周期性风险、组织协作网络、融资担保关系等，在科学把握贷款期限、规模和利率的同时，着力改进金融服务方式，不断提高对新兴产业集群金融支持的深度和广度。

二、加快推进金融产品和服务方式创新，努力改进和加强对重点产业和新兴产业的金融服务

（六）围绕落实重点产业调整振兴规划和市场需求，有针对性地创新金融产品和服务方式。鼓励有条件的金融机构适当增设产品研发中心，加强金融创新产品研发。鼓励银行业金融机构在国家现行法律允许、财产权益归属清晰、风险有效管理控制的前提下，因地制宜，灵活多样创新信用模式和扩大贷款抵押担保物范围，积极探索建立有效的信用风险分散转移机制。

（七）对轻工、纺织、装备制造等重点产业，可探索开展核定货值质押融资、买方付息票据贴现等业务。推动采取在建船舶、"海域使用权"抵押融资模式，对信誉良好的船东和船舶企业要及时开具付款和还款保函。发展适合物流企业融资、结算特点的物流保理和联网结算等业务，加快现代物流业发展。

（八）鼓励有条件的地方设立专项担保基金，促进成长型的中小电子信息企业以知识产权质押融资。探索发展创投企业、金融机构、中介机构组成的科技金融服务平台，对授信、担保、保险等业务开展集成创新，有效满足重点产业中科技型企业的融资需求。规范发展供应链融资、应收账款质押、存货质押、组合担保贷款等，满足重点产业和新兴行业中自主创新型中小企业"短、频、急、小"的资金需求。

（九）积极改进和完善对重点产业和新兴产业的金融服务方式，着力提高金融服务的质量和效率。对重点产业和新兴产业中发展势头良好的重点骨干企业给予积极支持。

（十）鼓励各银行业金融机构创新金融产品，支持重点产业企业创新、引进和吸收成长性好、成套性强、产业关联度高的关键技术和重大设备，推动国内企业自主创新和重大技术装备国产化。鼓励各银行业金融机构开办船舶出口买方信贷和保函等业务，为船舶出口、船舶出口企业技改研发提供多元化的金融支持。

（十一）合理发展消费信贷，积极稳妥推动消费金融公司试点工作。完善汽车消费信贷制度和业务流程，实现资信调查、信贷办理、车辆抵押、贷款担保、违约处置的汽车消费信贷全过程法制化、规范化。支持和促进符合条件的国内骨干汽车生产企业和新能源汽车生产企业建立汽车金融公司。积极开展汽车融资性租赁、购车储蓄等业务，促进汽车消费信贷模式的多元化。

（十二）对国家产业政策鼓励发展的新能源、节能环保、新材料、新医药、生物育种、信息网络、新能源汽车等战略性新兴产业，要积极研发适销对

路的金融创新产品，优化信贷管理制度和业务流程，加大配套金融服务和支持，促进和推动战略性新兴产业的技术集成、产业集群、要素集约，支持培育新的经济增长点。

三、充分发挥资本市场的融资功能，多方面拓宽重点产业调整和振兴的融资渠道

（十三）进一步推动多层次、多元化直接融资体系建设。创新适合重点产业企业发展需要的债券产品，积极引导和支持重点产业中符合条件的企业发行公司债券、企业债券、短期融资券、中期票据等。支持汽车金融公司发行金融债券。建立和完善多元化、社会化的风险投资机制，支持和推动重点产业集群发展。依托产业基地、企业孵化器、孵化园区等产业集聚区扩大中小企业集合债发行规模。进一步完善新股发行体制，为符合条件的重点产业企业上市融资创造条件。积极推动创业板市场规范健康发展，支持重点产业和新兴产业中小企业拓宽融资新渠道。

（十四）积极引导民间资本参与重点产业调整和振兴。加快发展私募股权基金、风险投资等，鼓励有条件的境内上市公司实施境外并购，进一步发挥并购重组优化资源配置、促进产业结构调整和升级的基础作用。规范发展股权质押贷款。鼓励信托公司发挥功能优势，开展符合国家重点产业调整、振兴政策的金融产品和服务创新。扩大发行金融债券的财务公司范围，支持重点产业企业集团发展。引导商业银行进入金融租赁业，提高行业整体实力，充分发挥融资租赁对重点产业调整和振兴的积极作用。

（十五）充分发挥保险对重点产业调整振兴的风险保障作用。支持保险企业积极开发与重点产业特点相适应的个性化、差异化的保险产品。创新中小企业保险产品和承保模式，促进中小企业生产经营稳定。积极推进科技保险发展，探索建立使用国产首台首套装备的保险风险补偿机制。稳步发展住房、汽车等消费信贷保险，加强保险企业与银行的合作，促进消费增长。推动国内贸易信用保险发展，支持国内信用销售。

（十六）推动中国出口信用保险公司等保险企业积极配合国家产业和外经贸政策，通过提供中长期及短期出口信用保险、资信调查、发布行业及重大风险预警信息、商账追收等服务方式，在费率、限额、理赔等方面给予支持，帮助重点产业出口企业化解出口收汇等各类风险，支持企业扩大出口和开拓国际市场，促进对外贸易和投资。

四、推进企业兼并重组，支持重点产业实施"走出去"战略

（十七）加强和改进境内外并购金融服务。鼓励银行业金融机构在完善制度、风险可控的前提下开展境内外并购贷款，支持企业兼并重组。鼓励地方政

府通过财政贴息、风险奖补、设立并购基金等方式，引导和支持金融机构积极参与企业并购重组业务。对重点产业企业在境外投资国家建设急需的能源、矿产等战略资源，开展境外资源勘探和开发，以及向境外转移过剩的生产能力和成熟技术，金融机构要做好信贷支持和外汇收支等配套金融服务。

（十八）积极支持有条件的企业利用资本市场开展兼并重组。进一步推进资本市场并购重组市场化改革，探索完善市场化定价机制，提高并购重组效率。不断丰富并购方式，鼓励上市公司以股权、现金和多种金融工具组合作为并购重组支付方式。健全、完善股权投资退出机制，规范引导证券经营机构为上市公司并购重组提供中介服务，并提供融资支持。进一步修订完善上市公司并购重组规章及相关配套文件，简化行政许可程序，为上市公司并购重组提供支持和便利。进一步提高并购重组活动透明度，有效防范和打击内幕交易和市场操纵行为，为并购重组创造良好的市场环境。

（十九）完善境外直接投资外汇管理，改善跨国公司外汇资金集中管理，便利重点产业符合条件的企业参与国际竞争与合作。吸收更多非银行金融机构进入银行间外汇市场，进一步丰富和发展外汇市场产品，为重点产业企业规避汇率风险提供更多市场工具。支持重点产业企业建立境外营销网络，稳定高端产品出口份额。

（二十）加大境内企业开拓国际市场的金融支持。推动进出口收付汇核销制度改革，为重点产业中有竞争力的企业开展对外贸易提供进出口收付汇服务便利。进一步简化贸易信贷登记管理、程序和方式，便利重点产业企业出口和先进技术进口。鼓励金融机构灵活运用票据贴现、押汇贷款、对外担保等方式，缓解重点产业出口企业资金周转困难。进一步完善服务贸易外汇管理，支持物流等现代服务业的对外开放。灵活掌握出口收结汇联网政策，进一步提高船舶企业预收款结汇额度，为船舶出口外汇核销提供便利，保证造船企业正常资金需求。满足符合条件的电子信息企业引进先进技术和产品更新换代的外汇资金需求，通过进出口银行提供优惠利率进口信贷方式给予支持。

（二十一）积极探索扩大跨境贸易人民币结算试点。加紧推动跨境贸易人民币结算试点，完善相关配套措施，分散"走出去"企业的汇率风险，提高海外金融服务能力。进一步扩大跨境贸易人民币结算试点范围，增加试点企业数量。在全国范围内全面开展跨境贸易人民币结算，并在有效监管的基础上稳步推进跨境投融资的便利化。增加出口信贷资金投放，支持国内企业承揽国外重大工程，带动船舶、冶金设备、装备制造成套设备和施工机械出口。

五、加强信贷结构和信贷风险预警监测，有效抑制产能过剩和防范金融风险

（二十二）人民银行各分支机构和银监会各派出机构应加强沟通、协调和

联动，加强辖区内信贷结构和信贷风险预警监测，对不符合重点产业调整和振兴规划以及相关产业政策要求，未按规定程序审批或核准的项目，尤其是国家明令限期淘汰的产能落后、违法违规审批、未批先建、边批边建等项目，银行业金融机构不提供任何形式的信贷支持，并要采取妥善有效措施保护银行信贷资产安全。

（二十三）严格发债、资本市场融资审核程序。对不符合重点产业调整振兴规划和国家已经明确为产能过剩的行业以及不符合市场准入条件的企业或项目，禁止通过新发企业债、短期融资券、中期票据、可转换债、股票或增资扩股等方式融资。

（二十四）各银行业金融机构要严把信贷关，在积极支持企业技术改造和淘汰落后产能的同时，禁止对国家已明确为严重产能过剩的产业中的企业和项目盲目发放贷款。进一步加大对节能减排和生态环保项目的金融支持，支持发展低碳经济。鼓励银行业金融机构开发多种形式的低碳金融创新产品，对符合国家节能减排和环保要求的企业和项目按照"绿色信贷"原则加大支持力度。探索建立和完善客户环保分类识别系统，支持发展循环经济，从严限制对高耗能、高污染和资源消耗型的企业和项目的融资支持。

（二十五）进一步加强防控信贷风险的制度和机制建设，发展和完善多层次信贷市场。鼓励银行业金融机构法人建立信贷结构和存贷期限错配情况按季监测报告制度，加强对重点产业金融服务状况的动态监测。进一步建立和完善有效的信息互通机制和联合预警机制，积极改进和完善银行业金融机构风险拨备管理和资本充足管理，有效控制贷款风险。

（二十六）严格执行国家规定的贷款标准和贷款条件，以及固定资产投资项目最低资本金制度。及时加强对地方政府融资平台信贷资金运作的风险监测、风险提示和风险防范，对于出资不实、治理架构、内部控制、风险管理、资金管理运用制度不健全的融资平台，要严格限制贷款，有效提高对各种贷款特别是中长期贷款和政府背景贷款的信贷风险评估和管理能力。

请人民银行各分支机构会同当地银监会、证监会及保监会的派出机构将本意见迅速转发至辖区内各中资金融机构，并做好政策贯彻实施工作。

中国人民银行
中国银行业监督管理委员会
中国证券监督管理委员会
中国保险监督管理委员会
二〇〇九年十二月二十二日

中国人民银行、中国银监会关于进一步加强信贷结构调整促进国民经济平稳较快发展的指导意见

银发〔2009〕92 号

中国人民银行上海总部，各分行、营业管理部、省会（首府）城市中心支行、副省级城市中心支行；各省、自治区、直辖市银监局；各政策性银行，国有商业银行，股份制商业银行，中国邮政储蓄银行：

为深入贯彻落实党中央、国务院关于进一步扩大内需、促进经济增长的十项措施和《国务院办公厅关于当前金融促进经济发展的若干意见》（国办发〔2008〕126 号）精神，认真执行适度宽松的货币政策，在保持货币信贷总量合理增长的基础上，进一步加强信贷结构调整，促进国民经济平稳较快发展，现提出如下意见：

一、保证符合条件的中央投资项目所需配套贷款及时落实到位

各金融机构在保持信贷总量合理均衡增长的基础上，要进一步优化信贷资金结构，统筹配置信贷资源，优先保证手续齐全、符合项目开工和建设条件的中央投资项目所需配套信贷资金及时落实到位。对中央投资计划内已经启动、正在建设中的项目，要保证必要的信贷配套资金及时安排和足额拨付；对符合中央新增投资投向、正在报批或需要继续完善新开工条件的项目，要加强与政府有关部门和项目单位的密切沟通协商，高效率、扎实做好信贷审查和信贷资金拨付的前期准备工作。鼓励和支持银行业金融机构通过银团贷款，合理分散信贷风险，为符合条件的大型中央政府投资项目提供有效信贷支持。鼓励地方政府通过增加地方财政贴息、完善信贷奖补机制、设立合规的政府投融资平台等多种方式，吸引和激励银行业金融机构加大对中央投资项目的信贷支持力度。支持有条件的地方政府组建投融资平台，发行企业债、中期票据等融资工具，拓宽中央政府投资项目的配套资金融资渠道。对钢铁、汽车、轻工、纺织、装备制造、电子信息、船舶、有色金属、石化、物流等国家重点产业调整振兴规划已明确支持方向的专项项目以及符合条件的技术改造项目，金融机构要根据产业规划的要求和项目需求特点，积极创新融资产品和服务方式，加大必要的融资支持力度，切实做好各项配套金融支持和服务工作。

二、进一步加大涉农信贷投放，引导更多资金投向农村

各金融机构都要积极支持农村改革发展，进一步研究采取得力措施，加大对符合信贷原则的涉农信贷资金投放力度，增加农村有效信贷供给。建立和完

善考核制度及奖励机制，鼓励县域内各金融机构法人和各金融机构的分支机构当年可贷资金的一定比例留在当地使用。进一步做好当前农业春耕备耕、抗旱春管和严重干旱地区人畜饮水、森林防火以及防控禽流感等重大疫情的融资支持和服务工作。对符合信贷条件的春耕备耕和发展农业生产所需的农机具、种子、化肥、农药、农用薄膜等农用生产资料的生产和经营贷款，要加快审批，及时投放。大力发展新型农村金融机构和农村微型金融，有效扩大农村小额贷款的覆盖面，提高资金使用效益。切实加快推进农村金融产品和服务方式创新，中部六省和东北三省要认真抓好试点方案实施工作。稳步推进农村融资性担保体系的建立和发展，有效完善农村信贷风险分担机制，扩大农村有效担保物范围。大力开发符合农村实际特点的"信贷＋保险"金融服务新产品。支持政策性金融加大对农业开发和农田水利等农村基础设施建设的中长期信贷支持。有条件的地方可以探索开办土地经营权抵押贷款。进一步完善农村扶贫贴息信贷管理机制。积极发展林权抵押贷款。在银行间债券市场扩大发行涉农企业短期融资券、小企业集合债券和涉农信贷资产支持证券等融资工具，拓宽涉农金融机构的资金来源和涉农企业的融资渠道。努力做好"家电下乡"、"汽车下乡"、"万村千乡市场"、"双百市场"、农机具购置补贴和农村信息化建设等配套金融服务工作，为农民扩大消费提供融资便利。推进金融机构与农民专业合作组织等农村中介机构的信用合作。对县域内当年涉农贷款投放超过规定比例的存款类金融机构法人，加大再贷款、再贴现支持，并实施优惠的存款准备金率。

三、多方面拓宽中小企业的融资渠道，对中小企业的金融服务要精细化

各金融机构对已经出台的支持中小企业发展的各项信贷政策措施，要抓细、抓实、抓好落实，积极探索建立、健全中小企业融资量化考核制度。进一步完善支持中小企业发展的"六项机制"。加快设立中小企业信贷专营服务机构。鼓励各金融机构自主创新中小企业金融服务模式和业务流程，提高中小企业贷款审批效率和服务质量。加快推进企业信用体系建设，加强企业信用自律管理。支持有条件的中小企业利用电子商务平台拓展新市场。支持地方政府建立中小企业贷款风险补偿基金，完善中小企业信贷风险分担机制。规范、引导和发挥好民间金融在支持中小企业发展中的积极作用。支持金融机构发放并购贷款，及时满足中小企业合理的并购融资需求。支持地方政府在加强信用环境和金融生态建设的基础上，通过资本注入、风险补偿等方式增加对信用担保机构的支持，推进设立多层次中小企业贷款担保基金和担保机构，激励和促进金融机构稳步提高中小企业贷款比重。鼓励银行业金融机构对基本面和信用记录较好、有竞争力、有市场、有订单但暂时出现经营或财务困难的中小企业加大

信贷及多元化融资支持，积极探索创新适合不同地域和不同发展阶段中小企业特点的融资产品和服务方式，利用授信开证、押汇、保理、融资租赁等多种融资手段，进一步拓宽中小企业的融资渠道，并做好对中小企业的金融信息咨询和代客理财服务。扩大中小企业短期融资券试点规模。在银行间市场加快推出高收益债券和中小企业集合债券。积极研究开发以中小企业贷款为标的资产的信用风险管理工具，有效分散中小企业信贷风险。加强中小企业金融统计和信息报送工作，探索建立适合中小企业特点的融资信息动态监测制度，及时掌握中小企业金融服务信息。

四、扎实做好就业、助学、灾后重建等改善民生类的信贷政策支持工作

认真落实《国务院关于做好当前经济形势下就业工作的通知》（国发〔2009〕4号），发挥小额担保贷款政策的积极作用，切实做好对零就业家庭、就业困难人员、高校毕业生、残疾人、返乡农民工等重点就业人群的小额担保贷款发放和金融支持帮扶工作。鼓励有条件的地方，积极创新信贷管理模式和服务方式，加大对具有比较优势的劳动密集型小企业的信贷支持，积极推动创业带动就业。加大对发展职业教育的融资支持，提高返乡农民工就业能力。进一步推进生源地信用助学贷款、国家助学贷款管理和商业性助学贷款业务，完善助学贷款风险分担机制，扩大助学贷款覆盖面，加强政策实施效果监测评估。积极探索建立助学贷款信用保险制度。做细、做实汶川地震灾后恢复重建的各项金融支持和服务工作。对符合条件的农户灾后自住房建设、灾区基础设施建设和灾区支柱产业加大有效信贷投放。积极研究采取措施，加大对灾区农村信用社等地方法人金融机构的扶持力度。探索建立灾后重建贷款的担保和信贷风险分担及补偿机制，支持各金融机构对符合条件的因灾不良贷款按规定予以核销，增强金融机构支持灾区重建的内在激励。

五、鼓励发展消费信贷，做大做好消费信贷市场

积极研究、制定和落实有利于扩大消费的信贷政策措施，有针对性地培育和巩固消费信贷增长点，集中推进汽车、住房、家电、教育、旅游等与民生密切相关的产业的信贷消费。系统总结近年来国内消费信贷政策的实践经验，及时消除制度障碍，研究和探索拉动市场消费、特别是拉动农村扩大消费的有效措施和办法。引导金融机构加大消费信贷产品创新力度，改进消费信贷业务管理方式。支持有条件的地方试点设立消费金融公司。鼓励加强银商合作，在有效防范风险的基础上，推广银行卡使用，提高刷卡效率，促进扩大银行卡消费。拓展和完善农民工银行卡特色服务功能，支持开发符合农村市场特点的银行卡产品。完善汽车融资管理制度，加强汽车经销商的贷款管理，扩大汽车消费潜在市场。鼓励和支持各商业银行与汽车金融公司开展多方面的业务合作，

支持符合条件的汽车金融公司发行金融债券，扩大汽车贷款证券化规模，拓宽汽车金融公司融资渠道。大力支持发展服务业、创意文化产业、旅游业等新型消费，鼓励发展服务外包产业和现代物流配送服务，积极开发潜在消费市场。加大对符合条件的大型流通企业集团和中小商贸企业融资支持力度，扩大信用销售。

六、落实好房地产信贷政策，支持房地产市场平稳健康发展

认真落实《国务院办公厅关于促进房地产市场健康发展的若干意见》（国办发〔2008〕131号），积极支持符合贷款条件的廉租住房、经济适用住房等保障性住房建设项目。进一步加大对中低价位、中小套型普通商品住房建设、特别是在建项目的信贷支持力度。做好对有实力、有信誉的房地产开发企业兼并重组有关企业或项目的融资支持和配套金融服务。支持资信条件较好的房地产企业发行企业债券和开展房地产投资信托基金试点，拓宽房地产企业融资渠道。加大对自住型和改善型住房消费的信贷支持力度，鼓励普通商品住房消费。各银行业金融机构要严格贯彻落实房地产信贷政策，努力改进和完善房地产金融服务，继续支持房地产行业平稳健康发展，并切实做好风险防范工作。人民银行各分支机构和各地银监局要密切跟踪把握辖区内房地产市场变化和房地产信贷政策落实情况，及时反映新情况、新问题。

七、加大对产业转移的融资支持，支持过剩产业有序转移

鼓励金融机构开展出口信贷业务，灵活运用票据贴现、押汇贷款、对外担保等方式，培育一批具有自主知识产权、自主品牌和高附加值的出口拳头产品，促进加工贸易转型升级和梯度转移。多方面拓宽融资渠道，加大对企业参与境外基础设施建设、农业综合开发、农产品加工基地和营销网络建设、外派劳务基地建设的支持力度。支持国内有实力的企业开展高新技术领域的跨国并购。适应国内产业升级和产业梯度转移的发展要求，稳步扩大总部融资模式施行范围，支持优势企业兼并重组。支持发展特色产业区域和优势产业集群。积极促进贸易投资便利化，加快进出口核销制度改革，支持外贸出口。进一步完善出口收汇网上核销和出口退税无纸化管理，适当提高企业预收货款结汇比例和延期付款年度发生额规模，简化企业申请比例结汇和临时额度的审批程序，提高审批效率，支持境内企业加大对境外的战略性投资。鼓励金融机构扩大人民币出口买方信贷业务。完善出口信用保险项下贸易融资、境外资金管理、国际保理等配套金融服务，改进和提升支持企业"走出去"融资和结算服务。加强跨境资金流动管理，做好对进出口与贸易收付汇的真实性及一致性的审核工作。加大对企业进口先进技术设备、节能环保设备、关键零部件和重要原材料的贸易融资支持，为发展服务贸易提供更为快捷的结算便利。

八、支持区域经济协调发展，推进实施区域经济发展战略

进一步细化金融服务西部开发、振兴东北、中部崛起等国家重大区域经济发展战略的信贷政策支持措施。引导和鼓励金融机构加大金融支持和创新力度，建立长期稳定的资金开发渠道，促进东西互动、产业承接，实现东中西部优势互补，推动区域经济协调发展。鼓励地方政府加强区域信用环境和金融生态建设，不断增强欠发达地区对信贷资金的吸引力。进一步加强和改进适合区域特点的金融服务，建立健全区域经济社会加快发展的可持续机制，加大对革命老区、民族地区、边疆地区、贫困地区和人口较少民族的金融支持，全面做好国家重点科技开发园区、经济特区、环渤海经济区、长三角区域经济一体化、天津滨海新区开发开放、重庆统筹城乡改革试验区等国家重点支持区域的各项金融服务。将民族贸易用品和民族特需用品生产企业优惠利率贷款的承贷银行，从国有商业银行扩大到股份制商业银行和农村信用社。完善边贸结算政策，引导和鼓励边贸地区的企业使用人民币进行贸易结算。认真落实广东和长江三角洲地区与港澳地区、广西和云南与东盟的货物贸易进行人民币结算试点工作。积极推动和促进海峡两岸开展和加强实质性金融合作。

九、促进自主创新成果产业化，推动产业结构优化升级

发挥科技对扩大内需的支撑作用，鼓励和引导金融机构支持企业自主创新，用好各类政府基金、财政贴息等补偿手段，加强对国家级工程技术研究中心、重点实验室建设、高新技术产业群、国家高技术示范工程建设、国家重大科技产业化项目、科技成果转化项目等方面的信贷投入，促进提高企业自主创新能力，推动自主创新成果产业化。鼓励地方政府设立创业投资引导基金，通过参股和提供融资担保等方式扶持创业投资企业，促进政府引导、市场化运作的创业投资发展。探索推进知识产权、自主品牌质押贷款，支持火炬、星火等科技发展计划项目。加快发展私募股权基金，探索发行非上市企业私募可转换债券，搭建多种形式的科技金融合作平台，促进更多资本进入创业投资市场，支持创业孵化服务机构发展。为高科技创业风险投资企业跨境资金运作创造更加宽松的金融、外汇服务环境。

十、加强信贷结构监测评估，有效防范和控制信贷风险

人民银行各分支机构和银监会各派出机构在坚持"区别对待、有保有压"的方针，积极鼓励和引导银行业金融机构对重点项目、重点产业和重点区域加大信贷支持的同时，要全面加强信贷结构监测分析和评估，对辖区内信贷资金投放的结构、节奏和进度的动态信息要及时把握，心中有数。在加强信贷结构调整的同时，要特别注意防止金融机构贷长、贷大、贷集中和严重存贷期限错配产生新的系统性金融风险。对于不符合国家产业政策规定、市场准入标准、

达不到国家环评和排放要求的项目，要严格限制任何形式的新增授信支持，并依法加强监督检查，切实防止低水平重复建设。要进一步密切合作，建立和完善辖区内信贷结构定期监测分析评估制度，提高信贷结构分析监测能力，加强对国内外经济走势和各经济领域发展状况的前瞻性判断和预测，及时反映新情况、新问题，加强信贷政策指导和风险提示，促进货币信贷政策在辖区得到有效贯彻落实。

请人民银行上海总部、各分行、营业管理部、省会（首府）城市中心支行、副省级城市中心支行会同当地银监局将本意见迅速转发至辖区内各金融机构，并结合辖区特点抓紧制定实施意见，加强组织协调，做好贯彻实施工作。本意见贯彻实施情况，请及时报告人民银行和银监会。

中国人民银行

中国银行业监督管理委员会

二○○九年三月十八日

银行间债券市场中小非金融企业集合票据业务指引

中国银行间市场交易商协会公告〔2009〕第 15 号

为贯彻落实党中央和国务院关于支持中小企业发展的有关方针政策，明确中小非金融企业集合票据创新的原则和方向，规范中小非金融企业集合票据的运作，根据《银行间债券市场非金融企业债务融资工具管理办法》（中国人民银行令〔2008〕第 1 号），协会组织市场成员制定了《银行间债券市场中小非金融企业集合票据业务指引》，经 2009 年 10 月 23 日第一届理事会第三次会议审议通过，现予以发布施行。

第一条　为规范中小非金融企业在银行间债券市场发行集合票据的行为，根据中国人民银行《银行间债券市场非金融企业债务融资工具管理办法》（中国人民银行令〔2008〕第 1 号）、中国银行间市场交易商协会（简称交易商协会）章程及相关自律规则，制定本指引。

第二条　本指引所称中小非金融企业（简称企业），是指国家相关法律法规及政策界定为中小企业的非金融企业。

第三条　本指引所称集合票据，是指 2 个（含）以上、10 个（含）以下具有法人资格的企业，在银行间债券市场以统一产品设计、统一券种冠名、统一信用增进、统一发行注册方式共同发行的，约定在一定期限还本付息的债务融资工具。

第四条　企业发行集合票据应依据《银行间债券市场非金融企业债务融资工具注册规则》在交易商协会注册，一次注册、一次发行。

第五条　企业发行集合票据应遵守国家相关法律法规，任一企业集合票据待偿还余额不得超过该企业净资产的 40%。任一企业集合票据募集资金额不超过 2 亿元人民币，单支集合票据注册金额不超过 10 亿元人民币。

第六条　企业发行集合票据所募集的资金应用于符合国家相关法律法规及政策要求的企业生产经营活动。企业在发行文件中应明确披露具体资金用途，任一企业在集合票据存续期内变更募集资金用途均须经有权机构决议通过，并应提前披露。

第七条　集合票据的产品结构不得违背国家相关法律法规的要求，参与主体之间的法律关系清晰，各企业的偿付责任明确。

第八条　企业发行集合票据应制定偿债保障措施，并在发行文件中进行披露，包括信用增进措施、资金偿付安排以及其他偿债保障措施。

第九条　企业发行集合票据应披露集合票据债项评级、各企业主体信用评级以及专业信用增进机构（若有）主体信用评级。

第十条　企业应在集合票据发行文件中约定投资者保护机制，包括应对任一企业及信用增进机构主体信用评级下降或财务状况恶化、集合票据债项评级下降以及其他可能影响投资者利益情况的有效措施。

第十一条　在注册有效期内，对于已注册但尚未发行的集合票据，债项信用级别低于发行注册时信用级别的，集合票据发行注册自动失效，交易商协会将有关情况进行公告。

第十二条　企业发行集合票据应按交易商协会《银行间债券市场非金融企业债务融资工具信息披露规则》在银行间债券市场披露信息。

第十三条　企业发行集合票据应由符合条件的承销机构承销。

第十四条　集合票据投资者可就特定投资需求向主承销商进行逆向询价，主承销商可与企业协商发行符合特定需求的集合票据。

第十五条　主承销商应协助企业做好集合票据的信息披露、登记托管、交易流通、本息兑付相关工作。

第十六条　集合票据在债权债务登记日的次一工作日即可在银行间债券市场流通转让。

第十七条　本指引自公布之日起施行。

中国银行间市场交易商协会

二〇〇九年十一月九日

中国银监会关于当前调整部分信贷监管政策
促进经济稳健发展的通知

银监发〔2009〕3 号

各银监局，各政策性银行、国有商业银行、股份制商业银行，中国邮政储蓄银行，银监会直接监管的信托公司、财务公司、金融租赁公司：

为应对国际金融危机的冲击和国内经济下行的风险，认真贯彻落实党中央国务院关于进一步扩大内需、促进经济增长的十项措施和《国务院办公厅关于当前金融促进经济发展的若干意见》（国办发〔2008〕126 号），近期，银监会在认真梳理现行各项信贷政策、法规、办法和指引的基础上，根据当前形势需要，对有关监管规定和监管要求做适当调整，加大信贷监管政策支持力度，促进经济稳健发展。

一、支持发放并购贷款。为满足企业和市场日益增长的合理并购融资需求，规范商业银行并购贷款行为，银监会近日发布了《商业银行并购贷款风险管理指引》，符合条件的商业银行可按指引要求开展并购贷款业务，支持企业兼并重组，促进企业技术进步、产业结构调整和资源优化配置。有关商业银行要按照依法合规、审慎经营、风险可控、商业可持续的原则积极稳妥地开展并购贷款业务，在构建并购贷款全面风险管理框架、有效控制贷款风险的基础上，及时支持合理的并购融资需求。

二、加大对中小企业的信贷支持。各主要银行业金融机构（含政策性银行、国有商业银行、股份制商业银行）要按照《中国银监会关于银行建立小企业金融服务专营机构的指导意见》（银监发〔2008〕82 号）要求，设立小企业信贷专营服务机构，对小企业不良贷款、信贷综合成本、责任认定等进行单独考核，形成有特色的激励约束机制，并提高培训专业队伍的能力。各银行业金融机构尤其是大型银行要继续认真落实小企业金融服务"六项机制"，在扩大现有小企业信贷服务成果的基础上，增强社会责任意识，加大对中小企业信贷支持力度。推动落实对中小企业融资担保、贴息等扶持政策和多层次担保机构的建立，完善相关体制机制。创新信贷产品，支持科技型中小企业发展。2009 年各银行业金融机构小企业贷款增幅应不低于全部贷款增幅。

三、加大涉农信贷投入力度。银行业金融机构要切实提高激活农村市场在拉动内需中重要作用的认识，自觉加大支持"三农"力度。根据当前工作实际需要，对涉农类贷款实行有区别的信贷管理和考核政策，银行业监管部门将对涉农贷款中的不良贷款进行单独考核，并尽快出台相应具体办法。推动落实对涉农贷款的贴息制度以及减免营业税、放宽呆账核销条件等税收政策，健全完善支农信贷投放机制。允许村镇银行在成立五年以内逐步达到存贷比考核要求。结合农户生产经营特点和农业生产实际情况，按照"标杆不变、适度微调、简化程序、区别对待"的原则，对于确因受灾等不可抗力因素导致不能按期还款的，允许展期。对于信用记录良好的，展期贷款可确定为关注类贷款。研究制定支持农民专业合作社、支持发展林权质押贷款业务、加强农村地区银保合作的意见，完善农村融资、结算、信息网络和金融服务功能，明显提高农村金融服务水平。着力加大灾后农民住房重建金融支持力度，确保所有符合条件的灾区农房重建信贷资金需求得到满足，做到应贷尽贷。

四、鼓励实施贷款重组。鼓励银行业金融机构在风险可控的前提下，对基本面较好、信用记录良好、有竞争力、有市场、有订单但暂时因为受国际金融危机影响而出现经营或财务困难的企业予以信贷支持，支持其实施贷款重组。银行业金融机构应根据企业的生产规律、建设周期和进度以及信用记录、违约处罚措施等科学合理确定贷款品种、贷款利率和贷款期限。在严格五级分类准确度、把握好偏离度和严格监管的前提下，允许根据实际对贷款的品种、期限进行科学调整，并落实好相应担保措施，做好合同相应修订工作。对符合下列条件的贷款，鼓励银企双方友好协商，实施贷款重组：投向符合国家产业政策要求和重点扶持的行业；借款人客户评级优良，且未发生实质性的、不可逆转的不利于贷款偿还的变化；借款人以往三年以上或注册经营以来一直有稳定正经营性现金流或危机过后预期收入仍可恢复至或超过正常水平，足以作为还款来源；借款人在所在行业和所面对的市场中有明显的技术、成本或人才优势，主业突出，需要转型或市场转向，但其相应潜在市场巨大；在原贷款期限内未发生恶意拖欠利息、挪用贷款等情况；重组后还贷期限内担保、抵质押权不会丧失或削弱，而通过其他方式处置将导致贷款担保或优先受偿权丧失等。

在坚持五级分类标准不变的前提下，鼓励银行业金融机构完善内部评级体系，对正常贷款（包括正常类和关注类）进行细分，整体分类可从 5 级扩展为 9～12 级，以提高贷款分类的科学管理和精细化管理水平。对地震灾前贷款因灾需要延期的，按人民银行、银监会《关于汶川地震灾前贷款因灾延期偿还有关政策的通知》（银发〔2008〕392 号）有关规定办理。

五、拓宽项目贷款范围。对以下符合国家产业政策导向、已列入国家发展改革委制定的发展规划且有紧迫融资需求的项目，银行业金融机构应予以积极的信贷支持：已批准开工，相关担保措施和资金来源已落实；有稳定现金流或预期收入作为还款来源；项目股东资信状况良好。对符合国家宏观经济政策导向、项目业主信誉良好、相关政府部门已同意开展项目前期工作或已列入国家发展改革委规划的项目，在项目资本金能按期按比例到位、各类风险可控及贷款回收安全的前提下，允许银行业金融机构在一定额度内向非生产性项目发起人或股东发放搭桥贷款。对政府类项目或涉及大额风险集中度超限的其他类较大型项目，应鼓励组成银团或通过信贷资产买卖等方式导入中小银行在内的各类银行业金融机构，通过银团贷款分散集团客户风险和贷款集中度风险。同时明确项目贷款不得借新还旧。

对部分集团客户多个公益性项目的融资需求，银行业金融机构必须逐个评估项目贷款风险，并逐个考核其成本与贷款质量状况，评估项目之间的关联性，估算可能产生的一切负面影响和风险，落实相应的风控安排，确保贷款能够通过未来现金流得到偿还，不得发放打捆贷款。

六、支持信贷资产转让。针对当前形势下银行业金融机构信贷资产结构差异及其结构性调整的要求，鼓励银行业金融机构通过贷款买卖调整资产结构，合理配置信贷资产。依照本通知，允许银行业金融机构在风险可控前提下按市场原则真实地转让、购买信贷资产，不得提供担保或安排任何显性或隐性的回购条件。银行业金融机构开展信贷资产转让业务应当严格自律，规范转让流程，促进业务健康可持续发展。

七、允许有条件适当突破存贷比。对资本充足、拨备覆盖率良好、仅仅存贷比较高的中小银行业金融机构，在综合考虑大额风险集中度、信贷资产质量和内控状况等因素下，对2009年存贷比控制指标给予适当的灵活性。具体容忍度可由银行业金融机构提出申请，报经属地监管局同意后报银监会备案。

八、支持创新担保融资方式和消费信贷保险保障机制。按照《担保法》、《物权法》有关规定，只要担保机构通过有关监管部门的融资担保资格认定，能够足额、审慎地承担融资担保责任，银行业金融机构都可与之合作。允许对担保机构审慎授信，但本行直接使用其担保服务的除外。在扩大农村有效担保物范围的基础上，积极探索发展农村多种形式的信贷产品，督促指导农村金融机构开展林权质押贷款业务。同时，通过发展农业贷款保证保险、拓展农村保险保单质押范围和品种、对参保农户实施信贷优惠等措施，进一步加强银保合作，积极解决农村"担保难"问题。

要根据消费信贷的具体特点，推动建立科学的保险保障机制，加大对汽车、家电等消费信贷的支持，开发创新保单质押等相关产品，促进拉动内需。

九、科学实施贷款责任追究。按照"管法人、管内控、管风险、提高透明度"的监管理念，既要坚持科学界定贷款管理责任，又要注重防范道德风险。银行业金融机构要在继续抓好不良贷款比率下降的同时，从紧控制不良贷款余额。依据银监会《商业银行授信工作尽职指引》相关规定，对严格遵守有关法规，"三查"独立，勤勉尽职，只是由于受此次危机冲击而导致市场突变造成贷款质量不同程度下降的，经确认，可免除有关信贷人员的相关责任。对管理人员，重点追究其在授信和贷款管理中相应的玩忽职守及道德风险责任，可参考相应管辖范围内不良率与不良余额等整体变化情况予以问责，具体问责程序和问责结果由银行业金融机构根据实际情况自行决定和处理。涉及违法违规的，银行业金融机构应依法依规追究其责任，需移送司法部门调查的，应及时移送和报告。银监会及派出机构对银行业金融机构相关问责程序和结果进行监督，对于处理不当的及时予以纠正。

十、支持信托公司和财务公司业务创新发展。为适应扩大内需、支持重点行业发展的需要，支持符合一定监管评级要求、货币性资产充足的信托公司以固有资产独立从事私募股权投资业务，但投资额度上限为净资产的 20%。调整《信托公司集合资金信托计划管理办法》中关于信托计划向他人提供贷款不得超过其管理所有信托计划实收余额 30% 的规定，支持符合一定监管评级要求的信托公司，对其集合信托贷款比例考核放宽至 50%。调整《中国银监会办公厅关于加强信托公司房地产、证券业务监管有关问题的通知》（银监办发〔2008〕265 号）中有关房地产金融业务的规定，对符合一定监管评级要求、经营稳健、风险管理水平较高的信托公司，适当放宽对开发商资质、资本金比例等的要求。支持信托公司开展与企业兼并、收购、重组有关的投资银行业务。根据风险可控、成本可算、信息充分披露的原则，积极推动信托公司开展如房地产信托投资基金、资产支持信托等直接融资型创新业务，重点支持民生工程、生态环境建设、重大基础设施建设、行业龙头企业及具有自主技术创新能力企业的有效需求和科学发展。

根据《中国银监会关于企业集团财务公司发行金融债券有关问题的通知》（银监发〔2007〕58 号），进一步扩大发行金融债券的财务公司范围和发债规模，重点支持关系民生工程、基础设施、生态环境建设、产业结构调整、拉动内需消费以及具有自主创新能力的企业集团。在此同时，要严格审查发行金融债券用途，严禁用于不符合规定投向、不符合管理要求的建设项目，严禁用于"两高一资"行业、低水平重复建设和产能过剩行业的项目，严禁用于与集团和财务公司主业无关的风险性投资。

各银行业金融机构要认真贯彻落实以上十个方面措施，以坚定决心和实际行动加强和改进信贷服务，切实防范金融风险，在风险可控前提下加大对经济支持的力度，促进国民经济平稳较快发展。

请各银监局将本通知转发给辖内法人银行业金融机构。本通知涉及的有关监管政策调整，外资银行、地方中小银行业金融机构均可参照执行。

特此通知。

中国银行业监督管理委员会

二〇〇九年一月十日

关于选聘科技专家参与科技型
中小企业项目评审工作的指导意见

银监发〔2009〕64号

各银监局，各省、自治区、直辖市、计划单列市、新疆生产建设兵团科技厅（局），各政策性银行、国有商业银行、股份制商业银行，邮政储蓄银行：

为进一步推动银行业支持科技型中小企业发展，科技部、银监会、中国银行业协会将共同构建科技专家推荐体系，为银行业金融机构的科技型中小企业贷款审批提供科学中立的专业性咨询意见。科技专家的推荐、选聘、管理遵循科技部推荐、银监会组织、中国银行业协会建档管理、商业银行自主选聘的基本模式。现就有关工作提出以下指导意见：

一、科技专家推荐体系的构建

（一）科技部负责从国家科技支撑计划、863计划、星火计划、火炬计划、科技型中小企业创新基金等国家科技计划科技专家库中按照专业领域，选择1000名左右行业专家候选人向银监会推荐，同时提供专家候选人的相关信息。

（二）银监会将科技部推荐的专家候选人名单和相关信息资料转中国银行业协会，由中国银行业协会对专家候选人统一进行评审，在全国最终确定数百名合适人选。

中国银行业协会按照每个省和计划单列市分别确定10～20名专家的原则，将专家名单和相关资料转交至各地银行业协会，作为各地银行业金融机构科技专家选聘的候选人。

（三）科技专家应满足以下条件：

1. 具有完全民事行为能力的自然人；

2. 遵纪守法，诚实守信，勤勉尽职，具有良好的个人品行；

3. 具有良好的教育背景与从业记录，在相应领域从事工作或科研10年以上，熟悉本领域国内外发展的技术水平和总体情况；

4. 经科技部相关部门认可，能够正常参加评审和咨询工作；

5. 热心科技事业发展，关注科技型中小企业成长，愿意参与对银行科技型中小企业项目的咨询和顾问；

6. 了解金融、银行常识；

7. 能与科技部、银监会和中国银行业协会进行充分的信息沟通，并积极配合相关工作；

8. 科技部、银监会和中国银行业协会制定的其他条件。

参加过《国家中长期科学和技术发展规划纲要（2006—2020年）》或"十一五"科技计划的研究和编制工作或具备较丰富金融、银行知识的专家优先。

（四）中国银行业协会建立科技专家库，同时建立相应的考核和调整机制，具体办法由中国银行业协会另行制定。

二、科技专家的选聘

（一）中国银行业协会应向各银行业金融机构公开科技专家库名单及相关基础信息。

（二）银行业金融机构在对科技型中小企业项目审查时，需要科技专家提供专业咨询服务的，应从中国银行业协会确定的名单中进行选择。具体由银行业金融机构的法人机构或分支机构向所在地银行业协会提出需求，当地银行业协会协助银行业金融机构与科技专家取得联系。

（三）银行业金融机构根据自身需要和项目具体情况作出聘用科技专家的决定。银行业金融机构可以对科技专家的独立性进行充分评估，确保科技专家与银行科技型中小企业项目不存在利益冲突和任何关联关系。科技专家在工作中应主动地严格遵守相关纪律与规定。

在上述评估中，科技专家有义务向银行业金融机构提供真实、完整的信息。

（四）各省（区、市）和计划单列市银行业金融机构的法人机构或分支机构至少应选聘一名专家作为相关项目审贷咨询顾问，同一名专家可以接受两个以上银行业金融机构的聘用。

（五）银行业金融机构决定聘用科技专家提供服务后，应根据市场原则与科技专家签署正式协议，明确双方权利义务和纠纷处理方式。

（六）银行业金融机构应将与科技专家签署协议的情况告知中国银行业协会或当地银行业协会。

（七）科技部、银监会、中国银行业协会及任何第三方不介入银行业金融机构与科技专家的协议签署过程。

（八）银行业金融机构在科技型中小企业项目的评审过程中，应全面、独立衡量项目的成本收益和风险状况，充分听取所聘用科技专家提出的专业性咨询意见，但不将该咨询意见作为唯一决策依据。

（九）中国银行业协会负责对银行业金融机构选聘科技专家的行为进行行业自律管理。

三、科技专家的培训、评价及调整

（一）中国银行业协会定期对科技专家进行金融知识和银行业务知识的培训，科技专家应自觉参加培训并积极学习、提高自身的金融素养；如长期不能参加相关培训，且中国银行业协会在定期考查中认为其已不能为银行科技型中小企业项目提供有效咨询和顾问的，应将其从科技专家库中除名，并将相关情况向银监会反映，由银监会告知科技部。

（二）银行业金融机构应对科技专家的工作成效进行评估，并向中国银行业协会报告科技专家的尽职情况，如果科技专家未能有效尽职，中国银行业协会应视情况将其从科技专家库中除名，并将相关情况向银监会反映，由银监会告知科技部。

（三）科技专家库中专家数量难以满足银行业金融机构需求时，中国银行业协会应向银监会报告，由银监会向科技部提出专家候选人的进一步需求，科技部根据前述条款向银监会进行推荐。

（四）中国银行业协会定期统计银行业金融机构选聘科技专家库中专家的情况以及效果，对银行业金融机构有科技专家参与的相关信贷项目取舍状况及风险情况进行监测了解，作为对专家考核评价的基础，并向银监会报告。银监会将根据监管职责对银行业金融机构行为的合规性进行监督管理，并根据银行业金融机构对专家的使用评价情况，结合中国银行业协会统计结果向科技部进行必要的反馈。

中国银行业监督管理委员会

中华人民共和国科学技术部

二〇〇九年六月二十八日

关于进一步加大对科技型中小企业信贷支持的指导意见

银监发〔2009〕37 号

各银监局，各省、自治区、直辖市、计划单列市科技厅（委、局），各政策银行、国有商业银行、股份制商业银行、邮政储蓄银行：

为贯彻实施《国家中长期科学和技术发展规划纲要（2006—2020 年）》及

其配套政策，落实《国务院办公厅关于当前金融促进经济发展的若干意见》（国办发〔2008〕126 号），加强科技资源和金融资源的结合，进一步加大对科技型中小企业信贷支持，缓解科技型中小企业融资困难，促进科技产业的全面可持续发展，建设创新型国家，现提出以下指导意见：

一、鼓励进一步加大对科技型中小企业信贷支持。科技型中小企业是我国技术创新的主要载体和经济增长的重要推动力量，在促进科技成果转化和产业化、以创新带动就业、建设创新型国家中发挥着重要作用。银监会、科技部鼓励各银行进一步加大对科技型中小企业的信贷支持和金融服务力度。

本指导意见中的科技型中小企业是指符合以下条件的企业：

（一）符合中小企业国家标准；

（二）企业产品（服务）属于《国家重点支持的高新技术领域》的范围：电子信息技术、生物与新医药技术、航空航天技术、新材料技术、高技术服务业、新能源及节能技术、资源与环境技术、高新技术改造传统产业；

（三）企业当年研究开发费（技术开发费）占企业总收入的 3% 以上；

（四）企业有原始性创新、集成创新、引进消化再创新等可持续的技术创新活动，有专门从事研发的部门或机构。

二、完善科技部门、银行业监管部门合作机制，加强科技资源和金融资源的结合。各级科技部门、银行业监管部门应建立合作机制，整合科技、金融等相关资源，推动建立政府部门、各类投资基金、银行、科技型中小企业、担保公司等多方参与、科学合理的风险分担体系，引导银行进一步加大对科技型中小企业的信贷支持。

三、建立和完善科技型企业融资担保体系。各级科技部门、国家高新区应设立不以盈利为目的、专门的科技担保公司，已设立的地方可通过补充资本金、担保补贴等方式进一步提高担保能力，推动建立科技型中小企业贷款风险多方分担机制。对于专门的科技担保公司，在风险可控的前提下，各银行可以在国家规定的范围内提高其担保放大倍数。研究设立相应的再担保机构，逐步建立和完善科技型企业融资担保体系。

四、整合科技资源，营造加大对科技型中小企业信贷支持的有利环境。各级科技部门、国家高新区应积极整合政策、资金、项目、信息、专家等科技资源，建立科技型中小企业贷款风险补偿基金，制定具体的补贴或风险补偿和奖励政策，支持银行发放科技型中小企业贷款；定期推荐科技贷款项目，对属于科技计划和专项的项目优先推荐，并提出科技专业咨询意见，协助银行加强对科技贷款项目的贷后管理；推动科技型中小企业信用体系建设，建立企业信用档案，按照企业信用等级给予相应补贴；加快公共服务平台建设，建立和完善多种形式为科技型中小企业、银行服务的中介服务机构；对入驻科技企业孵化器的银行给予孵化企业待遇；通过交流、挂职等方式推荐科技副行长，协调开发地方科技资源。鼓励银行加强与科技创业投资机构的合作，通过贷投结合，拓宽科技型中小企业融资渠道。探索创新科技保险产品，分散科技型中小企业贷款风险。

五、明确和完善银行对科技型中小企业信贷支持的有关政策。鼓励和引导银行在科技型中小企业密集地区、国家高新区的分支机构设立科技专家顾问委员会，发挥国家、地方科技计划专家库的优势，提供科技专业咨询服务；在审贷委员会中吸收有表决权的科技专家，并建立相应的考核约束机制；适当下放贷款审批权限；建立适合科技型中小企业特点的风险评估、授信尽职和奖惩制度；适当提高对科技型中小企业不良贷款的风险容忍度；开发适合科技型中小企业特点的金融服务产品，创新还款方式，提高对科技型中小企业的增值服务；推动完善知识产权转让和登记制度，培育知识产权流转市场，积极开展专利等知识产权质押贷款业务。

六、创新科技金融合作模式，开展科技部门与银行之间的科技金融合作模式创新试点。科技部门和银行选择部分银行分支机构作为科技金融合作模式创新试点单位进行共建，开展科技资源和金融资源结合的具体实践，探索加大对科技型中小企业信贷支持和提高对科技型中小企业金融服务水平的有效途径。同时，分别在东、中、西部的涉农科技型中小企业密集省份，选择部分银行开展支持涉农科技型中小企业试点工作。各试点单位应按照"六项机制"和本指导意见的有关要求，积极加强与科技部门之间的协商与合作，共同制定试点方案，切实落实有关政策，做好科技资源和金融资源结合的有关工作。

七、建立银行业支持科技型中小企业的长效机制。各地银行业监管部门、科技部门和各银行要深入贯彻落实科学发展观，结合本指导意见，积极加强部门合作和政策协调，加大相互开展科技与金融知识培训力度，认真做好有关试点工作，及时总结经验教训，不断创新和完善部门合作、资源结合、风险分担、信息共享等多方面的科技金融合作模式。银监会、科技部将选择部分科技金融合作模式创新试点单位作为观察联系点，对有效加大科技型中小企业信贷支持情况进行长期跟踪和调研，确保银行业支持科技型中小企业的长效机制建立并有效运行。

中国银行业监督管理委员会
中华人民共和国科学技术部
二〇〇九年五月五日

关于中小商业银行分支机构市场准入政策的调整意见（试行）

银监办发〔2009〕143 号

为促进股份制商业银行、城市商业银行更好地服务地方经济和中小企业发展，增强服务辐射功能，现对中小商业银行分支机构的市场准入政策做以下调整：

一、已在省会（首府）城市设有分行的股份制商业银行。在该城市所在省（自治区）内的其他城市再申请设立下设分行和支行，不再受数量指标控制。

城市商业银行在法人住所所在省（自治区、直辖市）内设立分支机构，不再受数量指标控制。

股份制商业银行和城市商业银行在同城设立支行，不受数量指标控制。

二、符合第一条第一、二款的行政许可事项，改由拟设地银监局受理、审批，审批结果应抄报银监会并抄送属地银监局。

三、不再对股份制商业银行、城市商业银行设立分行和支行设定统一的营运资金要求，由各股份制商业银行、城市商业银行根据业务发展和资本管理需要统筹调节配置。

四、各股份制商业银行和城市商业银行应根据自身发展、管理水平和拟设分支机构所在省（自治区、直辖市）辖内经济金融发展状况制定分支机构设立规划。经属地银监局同意，报银监会审核总体规划。凡列入总体规划的事项，由拟设地银监局根据申请机构的风险状况和经营状况，结合当地经济金融发展情况，审批对单家机构的分支机构设立事项，不再报银监会审签，也不再征求属地银监局的意见。

五、各银监局在受理相关行政许可申请时，应加强与属地银监局（部门）的联动，并重点审查申请银行是否具备以下条件：具有良好的公司治理结构；风险管理和内部控制健全有效；具有有效的管理信息系统；不良资产比例、损失准备充足水平、资本充足水平等重要指标符合监管要求；最近 2 年内未发生重大案件和重大违法违规行为，或虽已发生但整改已达到监管部门要求；监管评级较好。同时也要考虑拟下设分支行所在省（自治区）省会（首府）城市分行的风险管理能力、资产质量、合规审慎经营情况。

六、股份制商业银行和城市商业银行跨省（自治区、直辖市）设立分行和支行，仍由银监会根据监管评级和优化布局等要求进行审批。

鼓励股份制商业银行优先到西部、东北等金融机构较少、金融服务相对薄弱地区设立分支机构；支持城市商业银行按照"三步走"原则设立分支机构网络，即先省内、后省外，先本经济区域、后跨经济区域，最后向全国辐射；并对符合监管导向的相关申请予以优先支持。

中国银行业监督管理委员会

二○○九年四月十六日

中国银监会关于印发《小额贷款公司改制设立村镇银行暂行规定》的通知

银监发〔2009〕48 号

各银监局（西藏除外）：

现将《小额贷款公司改制设立村镇银行暂行规定》印发给你们，请认真贯彻执行。

小额贷款公司改制设立村镇银行暂行规定

第一章　总　则

第一条　为做好小额贷款公司改制设立村镇银行工作，根据《中国银行业监督管理委员会农村中小金融机构行政许可事项实施办法》、《村镇银行管理暂行规定》、《关于小额贷款公司试点的指导意见》等，制定本暂行规定。

第二条　本暂行规定适用于按照《关于小额贷款公司试点的指导意见》（以下简称《指导意见》）要求，经省级政府主管部门批准、在工商管理部门注册登记、在县（市）及县（市）以下地区设立的小额贷款公司。

第二章　准入条件

第三条　拟改制小额贷款公司须符合《指导意见》的审慎经营要求。

第四条　小额贷款公司改制设立村镇银行，除满足《村镇银行管理暂行规定》第二章、第三章、第四章规定外，还须满足下列条件：

（一）召开股东（大）会，代表三分之二以上表决权的股东同意小额贷款公司改制设立村镇银行，并对小额贷款公司的债权债务处置、改制工作作出决议。债权债务处置应符合有关法律法规规定。

（二）公司治理机制完善、内部控制健全、经营状况良好、信誉较高，且坚持支农服务方向。

1. 各治理主体职责明确，议事规则和决策程序清晰，治理目标科学，考核激励机制有效，信息披露透明。

2. 具有完备有效的内部控制制度，能覆盖各业务流程和各操作环节，且执行到位。

3. 有良好社会声誉、诚信记录和纳税记录，无重大违法违规行为。

4. 按《指导意见》新设后持续营业3年及以上；清产核资后，无亏损挂账，且最近2个会计年度连续盈利；资产风险分类准确，且不良贷款率低于2%；已足额计提呆账准备，其中贷款损失准备充足率130%以上；净资产大于实收资本。

5. 资产应以贷款为主，最近四个季度末贷款余额占总资产余额的比例原则上均不低于75%，且贷款全部投放所在县域。

6. 最近四个季度末涉农贷款余额占全部贷款余额的比例均不低于60%。

7. 单一客户贷款余额不得超过资本净额的5%，单一集团客户贷款余额不得超过资本净额的10%。

8. 抵债资产余额不得超过总资产的10%。

（三）已确定符合条件的银行业金融机构拟作为主发起人。

（四）省级政府主管部门推荐其改制设立村镇银行，同时对其公司治理、内部控制、经营情况等方面进行评价。

（五）未设村镇银行的县（市）及县（市）以下地区的小额贷款公司原则上优先改制。

（六）银监会规定的其他审慎性条件。

第三章 程序和要求

第五条 小额贷款公司改制设立村镇银行应当成立筹建工作小组，设立村镇银行的发起人应当委托筹建工作小组为申请人。筹建工作小组由主发起人、小额贷款公司等有关单位组成，负责相关改制工作。

第六条 筹建工作小组须严格按照银行业监督管理机构要求，做好改制设立村镇银行筹建前期的各项准备工作，并按照《村镇银行管理暂行规定》、《村镇银行组建审批工作指引》等有关要求落实筹建、开业阶段的相关工作。

第七条 筹建工作小组须聘请具备资质的中介机构对拟改制小额贷款公司

进行清产核资，同时对其管理状况进行专项审计。清产核资基准日原则上选定在清产核资工作开始时的上季末。筹建工作小组应对清产核资结果和审计结果进行复查。

第八条　清产核资工作结束后，筹建工作小组、小额贷款公司和中介机构应对净资产结果进行确认，签订净资产确认书，并根据小额贷款公司股东（大）会通过的净资产处置方案对净资产进行处置。

第九条　拟改制设立村镇银行的发起人，其资质、持股比例等必须符合《村镇银行管理暂行规定》。对不愿意作为发起人、不符合村镇银行发起人资格或持股要求的，申请人应在申报开业前完成相关股权转让或清退等工作。

第十条　有关工作完成后，筹建工作小组应按照《中国银行业监督管理委员会农村中小金融机构行政许可事项实施办法》、《村镇银行管理暂行规定》、《村镇银行组建审批工作指引》等要求，向银行业监督管理机构提交改制设立村镇银行的筹建和开业等行政许可申请材料。清产核资基准日与申请筹建日期不得超过3个月。

第十一条　申请人申请筹建，除提交《村镇银行组建审批工作指引》规定材料外，还应提交以下材料：

（一）股东（大）会同意改制的决议书及中介机构出具的法律意见书；

（二）清产核资报告、管理状况专项审计报告；

（三）上一经营年度审计报告；

（四）净资产确认书及分配报告；

（五）银行业金融机构拟作为主发起人的书面声明；

（六）省级政府主管部门出具的有关意见；

（七）小额贷款公司设立批复文件及营业执照；

（八）银行业监督管理机构规定的其他材料。

开业申请材料同《村镇银行组建审批工作指引》规定材料。

第十二条　银行业监督管理机构根据《中国银行业监督管理委员会农村中小金融机构行政许可事项实施办法》、《村镇银行管理暂行规定》、《村镇银行组建审批工作指引》等规定的权限、程序和时限，受理、审查并决定小额贷款公司改制设立村镇银行的筹建和开业等行政许可事项。

第十三条　筹建工作小组在收到核准开业的批复文件后，要及时按法定程序解散小额贷款公司并注销营业执照，凭银行业监督管理机构颁发的金融许可证办理工商登记。

第四章　监督管理

第十四条　银行业监督管理机构要加强指导监督，严把准入关，确保改制工作依法合规、稳步推进。

第十五条　银行业监督管理机构严格按照《村镇银行管理暂行规定》、《中国银监会关于加强村镇银行监管的意见》等有关文件要求，加强对改制后村镇银行的持续监管，确保其稳健发展。

第五章　附则

第十六条　本暂行规定未尽事项，按照《中国银行业监督管理委员会农村中小金融机构行政许可事项实施办法》、《村镇银行管理暂行规定》、《村镇银行组建审批工作指引》等规定执行。

第十七条　各银监局可根据本暂行规定制定实施细则。

第十八条　本暂行规定自颁布之日起实施。

中国银行业监督管理委员会办公厅

二〇〇九年六月十二日

中国银监会办公厅关于创新小企业流动资金贷款还款方式的通知

银监办发〔2009〕46 号

各银监局，各政策性银行、国有商业银行、股份制商业银行：

为切实解决小企业融资过程中的实际困难，针对小企业普遍面临的贷款到期时必须"先还后贷"所造成的还款压力大等突出问题，各银行业金融机构要按照"六项机制"要求，创新小企业流动资金贷款还款方式，并以此为契机，充分发挥主动性和积极性，结合自身经营优势和特点，加大对小企业金融产品和服务的创新力度。现就创新小企业流动资金贷款还款方式有关事项通知如下：

一、银行和小企业客户可在借款合同中约定，如有需要，银行在贷款到期前一定时间内按客户的申请重新对小企业客户进行授信审查。如审查通过，可适度延长贷款期限（双方协商确定其他条件），无需签订新的《借款合同》。如原担保抵（质）押条件足以覆盖由此引发的各种风险，也可不新签《担保合同》和重新办理有关手续。

二、银行应设计、完善配套的《借款合同》、《担保合同》等法律文本，在合同条款中载明相关借款期限和担保期限应有效至本息全部完清为止或相应延长。在不签订新合同的情况下，必须有效保障银行和客户双方的权利义务。

三、银行应本着"控制风险和稳健经营"的原则，认真做好贷款到期前的授信审查工作，注重实地考察和搜集非财务信息，多方面、多渠道掌握企业第一手资料，充分利用人民银行及其他同业金融机构征信系统和小企业贷款违约信息共享平台。对有合理资金需求的优质小企业和经营运转正常、市场前景良好且暂时出现流动资金紧张的小企业给予贷款延期支持。

四、银行要加强贷后资金使用用途的监控力度，实地走访企业进行调查，提高贷后检查的频率和效率。避免小企业以贷款延期为借口，将短期资金用于固定资产投资、短借长用。防止小企业违反国家产业政策生产经营、盲目扩张、违规挪用资金等情况的发生。

五、各银行要以此次小企业流动资金贷款还款方式创新为契机，结合自身实际工作的开展及时总结经验，逐步建立科学的小企业贷款业务创新机制，不断探索和创新符合小企业特点的金融产品和服务方式。请各银监局将本通知转发至辖内各银监分局和银行业金融机构。

中国银行业监督管理委员会

二〇〇九年二月十九日

中国银行业监督管理委员会关于修改
《信托公司集合资金信托计划管理办法》的决定

中国银行业监督管理委员会令 2009 年第 1 号

《中国银行业监督管理委员会关于修改〈信托公司集合资金信托计划管理办法〉的决定》已经 2008 年 12 月 17 日中国银行业监督管理委员会第 78 次主席会议通过。现予公布，自公布之日起施行。

中国银行业监督管理委员会决定对《信托公司集合资金信托计划管理办法》作如下修改：

一、《信托公司集合资金信托计划管理办法》第五条第三项"单个信托计划的自然人人数不得超过 50 人，合格的机构投资者数量不受限制"，修改为"单个信托计划的自然人人数不得超过 50 人，但单笔委托金额在 300 万元以上的自然人投资者和合格的机构投资者数量不受限制。"

二、《信托公司集合资金信托计划管理办法》第二十七条第二项"向他人提供贷款不得超过其管理的所有信托计划实收余额的30%",修改为:"向他人提供贷款不得超过其管理的所有信托计划实收余额的30%,但中国银行业监督管理委员会另有规定的除外。"

本决定自公布之日起施行。

《信托公司集合资金信托计划管理办法》根据本决定作相应的修改,重新公布。

主席　刘明康

二〇〇九年二月四日

中国银行业监督管理委员会关于印发《信托公司证券投资信托业务操作指引》的通知

银监发〔2009〕11 号

各银监局,各国有商业银行、股份制商业银行,邮政储蓄银行,银监会直接监管的信托公司:

现将《信托公司证券投资信托业务操作指引》印发给你们,请遵照执行。请各银监局将本通知转发至辖内各银行业金融机构。

信托公司证券投资信托业务操作指引

第一条　为进一步规范信托公司证券投资信托业务的经营行为,保障证券投资信托各方当事人的合法权益,根据《中华人民共和国银行业监督管理法》、《中华人民共和国信托法》和《信托公司管理办法》等法律、法规和规章,制定本指引。

第二条　本指引所称证券投资信托业务,是指信托公司将集合信托计划或者单独管理的信托产品项下资金投资于依法公开发行并在符合法律规定的交易场所公开交易的证券的经营行为。

第三条　信托公司从事证券投资信托业务,应当符合以下规定:

(一)依据法律法规和监管规定建立了完善的公司治理结构、内部控制和风险管理机制,且有效执行。

（二）为证券投资信托业务配备相适应的专业人员，直接从事证券投资信托的人员 5 人以上，其中至少 3 名具备 3 年以上从事证券投资业务的经历。

（三）建立前、中、后台分开的业务操作流程。

（四）具有满足证券投资信托业务需要的 IT 系统。

（五）固有资产状况和流动性良好，符合监管要求。

（六）最近一年没有因违法违规行为受到行政处罚。

（七）中国银监会规定的其他条件。

第四条　信托公司开展证券投资信托业务，应当有清晰的发展规划，制定符合自身特点的证券投资信托业务发展战略、业务流程和风险管理制度，并经董事会批准后执行。风险管理制度包括但不限于投资管理、授权管理、营销推介管理和委托人风险适应性调查、证券交易经纪商选择、合规审查管理、市场风险管理、操作风险管理、IT 系统和信息安全、估值与核算、信息披露管理等内容。

第五条　信托公司应当选择符合以下要求的中资商业银行、农村合作银行、外商独资银行、中外合资银行作为证券投资信托财产的保管人：

（一）具有独立的资产托管业务部门，配备熟悉证券投资信托业务的专业人员。

（二）有保管信托财产的条件。

（三）有安全高效的清算、交割和估值系统。

（四）有满足保管业务需要的场所、配备独立的监控系统。

（五）中国银监会规定的其他要求。

第六条　证券投资信托财产保管人应履行以下职责：

（一）安全保管信托财产。

（二）监督和核查信托财产管理运用是否符合法律法规规定和合同约定。

（三）复核信托公司核算的信托单位净值和信托财产清算报告。

（四）监督和核实信托公司报酬和费用的计提和支付。

（五）核实信托利益分配方案。

（六）对信托资金管理定期报告和信托资金运用及收益情况表出具意见。

（七）定期向信托公司出具保管报告，由信托公司提供给委托人。

（八）法律法规规定及当事人约定的其他职责。

第七条　信托公司应当对证券投资信托委托人进行风险适合性调查，了解委托人的需求和风险偏好，向其推介适宜的证券投资信托产品，并保存相关记录。前款所称委托人，应当符合《信托公司集合资金信托计划管理办法》的有关规定。

第八条　信托公司拟推出的证券投资信托产品应当具备明确的风险收益特征，并进行详尽、易懂的描述，便于委托人甄别风险，同时声明"信托公司、证券投资信托业务人员等相关机构和人员的过往业绩不代表该信托产品未来运作的实际效果"。

第九条　信托公司在推介证券投资信托产品时，应当制作详细的推介计划书，制定统一的推介流程，并对推介人员进行上岗前培训。信托公司应当要求推介人员充分揭示证券投资产品风险，保留推介人员的相关推介记录。

第十条　信托文件应当明确约定信托资金投资方向、投资策略、投资比例限制等内容，明确约定是否设置止损线和设置原则。信托文件约定设置止损线的，应明确止损的具体条件、操作方式等事项。

第十一条　信托公司应当在证券投资信托成立后 10 个工作日内向中国银监会或其派出机构报告，报告应当包括但不限于产品可行性分析、信托文件、风险申明书、信托资金运用方向和投资策略、主要风险及风险管理措施说明、信托资金管理报告主要内容及格式、推介方案及主要推介内容、证券投资信托团队简介及人员简历等内容。

第十二条　信托公司开展证券投资信托业务，应当与公司固有财产证券投资业务建立严格的"防火墙"制度，实施人员、操作和信息的独立运作，严格禁止各种形式的利益输送。

第十三条　信托公司应当对信托经理的投资权限进行书面授权，并监督信托经理严格按照信托合同约定的投资方向、投资策略和相应的投资权限运作证券投资信托财产。

第十四条　信托公司应当根据市场情况以及不同业务的特点，确定适当的预警线，并逐日盯市。信托公司管理信托文件约定设置止损线的信托产品，应根据盯市结果和信托文件约定，及时采取相应措施。

第十五条　信托公司办理证券投资信托业务，应当依据法律法规规定和信托文件约定，及时、准确、完整地进行信息披露。

第十六条　信托公司办理集合管理的证券投资信托业务，应当按以下要求披露信托单位净值：

（一）至少每周一次在公司网站公布信托单位净值。

（二）至少每 30 日一次向委托人、受益人寄送信托单位净值书面材料。

（三）随时应委托人、受益人要求披露上一个交易日信托单位净值。

第十七条　证券投资信托有下列情形之一的，信托公司应当在两个工作日内编制临时报告向委托人、受益人披露，并向监管机关报告。

（一）受益人大会的召开。

（二）提前终止信托合同。

（三）更换第三方顾问、保管人、证券交易经纪人。

（四）信托公司的法定名称、住所发生变更。

（五）信托公司的董事长、总经理及信托经理发生变动。

（六）涉及信托公司管理职责、信托财产的诉讼。

（七）信托公司、第三方顾问受到中国银监会或其派出机构或其他监管部门的调查。

（八）信托公司及其董事长、总经理、信托经理受到行政处罚。

（九）关联交易事项。

（十）收益分配事项。

（十一）信托财产净值计价错误达百分之零点五（含）以上。

（十二）中国银监会规定的其他事项。

第十八条　信托公司管理证券投资信托，可收取管理费和业绩报酬，除管理费和业绩报酬外，信托公司不得收取任何其他费用；信托公司收取管理费和业绩报酬的方式和比例，须在信托文件中事先约定，但业绩报酬仅在信托计划终止且实现盈利时提取。

第十九条　信托公司应当严格按照财政部印发的《信托业务会计核算办法》处理证券投资信托的收入和支出，不得扩大费用列支范围。

第二十条　信托公司应建立与证券投资信托业务相适应的员工约束与激励机制。

第二十一条　证券投资信托设立后，信托公司应当亲自处理信托事务，自主决策，并亲自履行向证券交易经纪机构下达交易指令的义务，不得将投资管理职责委托他人行使。信托文件事先另有约定的，信托公司可以聘请第三方为证券投资信托业务提供投资顾问服务，但投资顾问不得代为实施投资决策。聘请第三方顾问的费用由信托公司从收取的管理费和业绩报酬中支付。

第二十二条　信托公司聘请的第三方顾问应当符合以下条件：

（一）依法设立的公司或合伙企业，且没有重大违法违规记录。

（二）实收资本金不低于人民币1000万元。

（三）有合格的证券投资管理和研究团队，团队主要成员通过证券从业资格考试，从业经验不少于3年，且在业内具有良好的声誉，无不良从业记录，并有可追溯的证券投资管理业绩证明。

（四）有健全的业务管理制度、风险控制体系，有规范的后台管理制度和业务流程。

（五）有固定的营业场所和与所从事业务相适应的软硬件设施。

（六）与信托公司没有关联关系。

（七）中国银监会规定的其他条件。

第二十三条　信托公司应当就第三方顾问的管理团队基本情况、从业记录和过往业绩等开展尽职调查，并在信托文件中载明有关内容。信托公司应当制定第三方顾问选聘规程，并向中国银监会或其派出机构报告。

第二十四条　信托公司开展证券投资信托业务不得有以下行为：

（一）以任何方式承诺信托资金不受损失，或者以任何方式承诺信托资金的最低收益。

（二）为证券投资信托产品设定预期收益率。

（三）不公平地对待其管理的不同证券投资信托。

（四）利用所管理的信托财产为信托公司，或者为委托人、受益人之外的第三方谋取不正当利益或进行利益输送。

（五）从事内幕交易、操纵证券交易价格及其他违法违规证券活动。

（六）法律法规和中国银监会禁止的其他行为。

第二十五条　本指引由中国银监会负责解释。

第二十六条　本指引自印发之日起施行。

中国银行业监督管理委员会

二〇〇九年二月四日

工业和信息化部关于做好缓解当前生产经营困难保持中小企业平稳较快发展有关工作的通知

工信部企业〔2009〕1号

各省、自治区、直辖市、计划单列市经贸委（经委）、中小企业局（厅、办），北京市发展改革委，新疆生产建设兵团发展改革委，海南省工业经济和信息产业局：

为全面贯彻落实党中央国务院关于扩大内需，保持经济平稳较快发展的一系列决策部署和中央经济工作会议精神，坚定信心，开拓进取，着力缓解当前中小企业和非公有制企业生产经营困难问题，保持中小企业平稳较快发展，现就进一步做好有关工作通知如下：

一、充分认识当前做好中小企业工作的紧迫性和重要性

今年以来，各级中小企业管理部门面对全球金融危机蔓延，经济增长明显

放慢等诸多不利因素影响，积极引导中小企业克服市场波动较大、生产成本增加等困难，加快结构调整和发展方式转变，多数企业经受住了市场优胜劣汰的考验，继续保持了发展态势。但是，部分地区和行业中小企业生产经营也出现了较大困难，特别是 9 月份以来，中小企业困难加剧，企业效益增幅下滑较快，亏损扩大，减产、停产和倒闭现象增多。对此，各地中小企业管理部门要坚决贯彻落实党中央国务院关于扶持中小企业发展的一系列政策措施，充分认识保持中小企业平稳健康发展，对拉动经济、稳定就业形势和扩大出口的紧迫性和重要性。要深入贯彻落实科学发展观，全面分析和正确把握经济形势，把思想和认识统一到党中央国务院对经济形势的判断和决策上来，坚定信心，迎难而上，积极应对。要增强工作主动性和预见性，预见要早，行动要快，积极配合有关部门，切实把解决中小企业困难，保持平稳较快发展作为当前中小企业工作的重中之重，切实抓紧抓好。

二、着力缓解中小企业融资难担保难问题

要全面贯彻落实国务院关于解决中小企业融资问题的决策部署，主动与财政、银监、银行等部门协调沟通，增加中小企业贷款规模，简化贷款程序，加大财政资金对企业贷款贴息和担保机构补助支持力度，着重解决流动资金不足问题，帮助基础较好、有一定出口实力的中小企业尽快走出困境。要探索通过财政贴息和奖励等多种方式，鼓励金融机构加强中小企业贷款机制和金融产品创新。要与工商和金融等部门机构配合，积极开展股权质押、票据质押等形式贷款。推动扩大小额贷款公司和村镇银行试点，发挥其解决中小企业融资的作用。要帮助和支持符合条件的中小企业，积极开展中小企业集合发债的相关工作。要按照《工业和信息化部关于支持引导中小企业信用担保机构加大服务力度缓解中小企业生产经营困难的通知》（工信部企业〔2008〕345 号）要求，创造条件逐步建立担保机构资本金补充机制，加大风险补偿，落实信用担保机构减免营业税政策，各地要积极推进中小企业信用再担保机构设立与发展，完善风险分担与补偿机制，做好强化市场准入和指导监管等工作，进一步引导和发挥中小企业信用担保机构的作用，缓解中小企业融资困难。

三、帮助中小企业积极开拓市场

要针对当前国际市场萎缩，国内市场波动较大特点，引导和帮助中小企业以显在、潜在的市场需求为导向，开发新产品、组织生产经营和技术改造，主动开拓和占领国内外市场。要以办好"中国国际中小企业博览会"和"APEC技术交流展览会"为契机，利用现代信息技术等手段，建立灵敏的市场信息分析与预测机制，把握市场动态，多渠道、多层次、多样化组织和推动各类中小企业产品展览展销活动，为中小企业搭建"展示、交易、交流、合作"平台，积极开拓市场，各地中小企业发展专项资金对此要加大支持力度。要协调商务、工商等部门营造公平竞争市场环境，着力解决大型商场对国内自主品牌产品要平等对待公平准入问题。要引导企业加强市场营销和队伍建设，强化营销队伍的激励和约束机制，着力在企业信誉、服务、品牌和产品创新上下工夫，强化营销管理，搞好市场定位，制定切实可行的营销策略，建立稳定的客户网络，搞好售后服务，引导消费，扩大市场。

四、切实推动中小企业结构调整，加快产业升级

当前，也是中小企业结构调整和产业升级加快的关键时期。各地中小企业管理部门要采取有效措施，分类加以推进。要大力支持有条件的企业抓住当前有利时机，开展资本运营，利用境内外资本市场实施并购重组，进行产业链整合，提高资源优化配置能力和市场竞争力。各地中小企业发展专项资金要重点支持产业集群龙头企业、骨干企业和技术创新型、劳动密集型、农产品深加工等中小企业技术改造。要引导企业把创新、质量、品牌、信誉作为企业的重点，增加研发投入和必要的引进，开展产学研结合，加大新产品、新技术开发和应用力度，提高自主创新能力，增强发展后劲。要引导企业顺应产业集聚的趋势，按照布局合理、土地集约、生态环保、节约资源、科学管理、公共服务、降低成本的原则，向产业积聚和集群化方向发展，向产业链上下游延伸，加强配套，搞好分工协作。要大力推动实施规范发展工业园区和产业集群，加大对产业集群龙头企业和公共服务平台支持力度。鼓励支持中小企业走"专、精、特、新"发展和与大企业协作配套的路子，支持发展创新型企业，鼓励创业投资企业投资高技术中小企业。支持中小企业加快信息化建设，推进工业化与信息化的融合。要依法淘汰关停能耗高、污染重、不具备安全生产条件、达不到环保要求的企业。

五、大力推进管理创新，提高企业市场竞争力

各地要切实把加强企业管理，作为解决当前企业困难的重要措施。要引导企业练好内功，突出战略、营销、财务、风险和质量管理，千方百计增收节支，降低成本，靠管理求效益。要鼓励支持行业协会等组织的"送管理、送咨询、送服务"活动，帮助中小企业开展多种形式企业管理咨询服务。要大力实施品牌战略，积极培育产品、企业和区域品牌，支持有条件的企业和产品争创国际知名品牌。要以信息技术应用为重点，在产品设计开发、生产制造、物资采购、市场营销等环节，积极采用现代信息技术和现代管理技术。要积极引导企业开发人力资源，加大对职工的职业技能、现代知识的培训，着力提高经营者和职工素质。要引导中小企业结合生产经营的特点，培育具有本企业特色的企业文化，将职工建设社会主义的理想、个人价值的实现与企业目标有机结合

起来，在当前应对金融危机的形势下，发挥职工在克服生产经营困难中的积极性、智慧和创造力，坚定信心，迎难而上，促进平稳发展。

六、创造良好的政策和市场环境，完善社会化服务体系建设

要全面落实国务院关于促进中小企业发展的一系列政策措施，积极配合有关部门狠抓落实。进一步落实《中小企业促进法》和《国务院关于鼓励支持和引导个体私营等非公有制经济发展的若干意见》（国发〔2005〕3号，简称"非公经济36条"）相关配套政策，公平和规范非公有制经济在市场准入等方面的政策措施。要主动配合有关部门，加大对企业负担的专项治理力度，严格执行《财政部、国家发展改革委关于公布取消和停止征收100项行政事业性收费项目的通知》等规定，取消不合理的行政性收费项目，继续清理乱收费，切实减轻企业负担。要结合中小企业信用体系建设，引导企业强化信用意识，健全信用制度，建立信用自律机制。研究建立适合本地中小企业特点的信用信息征集、评级、发布制度以及失信惩戒机制。建立和完善中小企业信用档案数据库，进一步完善中小企业信用档案试点工作。综合运用法律、经济、行政手段引导企业承担社会责任。要以建立公共服务平台为重点，推动中小企业社会化服务体系建设，引导和支持各类创业辅导、人才培训、融资担保、管理咨询、信息服务、市场开拓等服务机构转变观念，加强服务能力建设，提高服务质量。进一步推动中国中小企业信息网络建设，为中小企业提供政策、金融、商务、市场等服务信息，广泛推广和普及电子商务。建立健全中小企业统计监测体系，及时发布、宣传国家产业政策、发展规划、投资重点和市场需求等方面的信息。

七、全力维护企业正常生产经营，千方百计保持社会就业形势稳定

要采取有效措施，积极主动配合有关部门，加强对中小企业指导和服务，切实保障国家出台的各项中小企业政策措施落实到位。要区别情况，突出重点。除依照国家产业政策必须淘汰关闭退出的企业外，要千方百计减少企业停产、关闭和破产，千方百计帮助企业解决实际困难，帮助企业渡过难关，尽量不裁员、少裁员。要重点扶持行业骨干企业、龙头企业和劳动密集型企业，充分发挥它们对行业、配套企业的带动作用和稳定就业的作用。要依法维护职工的合法权益。要特别注意防止企业拖欠职工工资，确保拖欠工资及时足额发放，要配合有关部门对关闭和停产企业的职工妥善安排，努力帮助职工实现再就业。要积极落实国务院转发有关部门《关于促进以创业带动就业工作的指导意见》，加大对创业的政策扶持与服务，鼓励和支持创办小企业，不断开发新岗位，千方百计扩大就业。积极引导减产或停产的企业加强设备检测和维修，大力开展技术培训，为恢复正常生产经营做好各项准备

工作。

八、充分发挥各方面力量，形成工作合力

各地中小企业管理部门要深入贯彻落实科学发展观，切实履行职责，进一步强化服务意识，主动上门，深入困难企业了解情况，及时发现解决倾向性、苗头性问题，高度重视企业稳定工作。要主动与相关部门沟通，加强协调配合，及时解决企业实际问题。要急事急办，特事特办，提高效率。要积极发挥行业协会等社会中介组织的作用，促进中小企业稳定健康发展。要加强对中小企业运行监测预警分析，适时发布产品供应、生产能力、在建规模、发展趋势、价格变化等信息，为中小企业做好信息服务，引导社会投资。

各地要将中小企业发展变化和工作进展情况及时上报我部。

工业和信息化部

二〇〇九年一月一日

科学技术部关于外商投资创业投资企业、创业投资管理企业审批有关事项的通知

国科发财〔2009〕140 号

各省、自治区、直辖市及计划单列市、新疆生产建设兵团、副省级城市科技厅（委、局）：

根据《外商投资创业投资企业管理规定》和商务部《关于外商投资创业投资企业、创业投资管理企业审批事项的通知》（商资函〔2009〕9 号），为进一步规范外商投资创业投资企业管理，提高工作效率，引导和鼓励外商创业投资企业投资于国家鼓励发展的高新技术产业领域，现就有关外商投资创业投资企业、创业投资管理企业审批事宜提出以下要求：

一、对于总投资在1亿美元以下的（含1亿美元）外商投资创业投资企业、外商投资创业投资管理企业的设立及变更由省、自治区、直辖市、计划单列市、新疆生产建设兵团、哈尔滨、长春、沈阳、济南、南京、杭州、广州、武汉、成都、西安商务部门（以下简称省级商务主管部门）和国家经济技术开发区依法负责审核、管理。对于设立外商投资创业投资企业的申请，省级商务主管部门和国家经济技术开发区将书面征求同级科技部门的意见。

二、各级科技部门要本着积极的态度，重视外商投资创业投资企业工作。要指定专门处室和人员负责相关工作，并与商务主管部门建立合作协调机制。

三、科技部门在收到商务部门来函和申报资料后，重点把握拟设立的外商投资创业投资企业、外商投资创业投资管理企业的投资方向、主要领域、投资对象、投资阶段以及管理团队以往对科技领域的投资经历等内容。具体回复意见格式和程序由科技部门与商务部门协商确定。科技部门应在 5 个工作日内向商务部门反馈书面意见。

四、科技部门要会同商务部门做好对外商投资创业投资企业、外商投资创业投资管理企业的服务工作，引导其加大对国家、地方鼓励发展的高新技术产业领域以及处于初创期、成长期的科技型中小企业投资力度。外商投资创业投资企业、外商投资创业投资管理企业的投资情况纳入全国创业投资机构调查统计范围。

五、请各地方科技部门将负责上述工作的机构和人员名称、联系电话（手机）、传真、通信地址、邮箱于 2009 年 3 月 31 日前通过电子邮件发送至我部科研条件与财务司科技金融处。

科学技术部

二〇〇九年三月三十日

商务部关于外商投资创业投资企业、
创业投资管理企业审批事项的通知

商资函〔2009〕9 号

各省、自治区、直辖市、计划单列市、哈尔滨、长春、沈阳、济南、南京、杭州、广州、武汉、成都、西安、新疆生产建设兵团商务主管部门，国家级经济技术开发区：

为进一步转变政府职能，规范外商投资审批工作，提高工作效率，现就外商投资创业投资领域审核管理事项通知如下：

一、资本总额 1 亿美元以下的（含 1 亿美元）外商投资创业投资企业、外商投资创业投资管理企业的设立及变更由省、自治区、直辖市、计划单列市、哈尔滨、长春、沈阳、济南、南京、杭州、广州、武汉、成都、西安、新疆生产建设兵团商务主管部门（以下简称省级商务主管部门）和国家级经济技术开发区依法负责审核、管理。

二、省级商务主管部门和国家级经济技术开发区应严格按照《外商投资创业投资企业管理规定》及国家有关法律法规和相关政策要求审核，在收到全部上报材料之日起 30 天内做出批准或不批准的书面决定。对于设立外商投资创业投资企业的申请，应书面征求同级科学技术管理部门意见。予以批准的，省级商务主管部门和国家级经济技术开发区颁发外商投资企业批准证书，填写《外商投资创业投资企业情况备案表》（见附件），并通过外商投资企业审批管理系统一并即时向商务部备案。

三、商务部批准设立的外商投资创业投资企业、外商投资创业投资管理企业后续变更事项（外商投资创业投资企业单次增资超过 1 亿美元和必备投资者变更的除外），由省级商务主管部门和国家级经济技术开发区审批。

四、省级商务主管部门和国家级经济技术开发区不得再行下放其他地方部门审批，且应及时将审核管理过程中出现的问题上报商务部，如有违规审批行为，商务部将视情况给予通报批评甚至收回审核、管理权限。

五、创投企业应于每年 3 月份填写《外商投资创业投资企业情况备案表》，将上一年度的资金筹集和使用等情况报省级商务主管部门和国家级经济技术开发区。省级商务主管部门和国家级经济技术开发区应出具备案证明，作为创投企业参加联合年检的审核材料之一。省级商务主管部门和国家级经济技术开发区应于 5 月份将情况汇总报商务部。

六、本通知自发布之日起执行。

特此通知。

中华人民共和国商务部

二〇〇九年三月五日

证券公司代办股份转让系统中关村科技园区非上市股份有限公司股份报价转让试点办法（暂行）

第一章　总则

第一条　为规范中关村科技园区非上市股份有限公司（以下简称"非上市公司"）股份进入证券公司代办股份转让系统（以下简称"代办系统"）报价转让试点工作，根据《中华人民共和国公司法》、《中华人民共和国证券法》等法律、法规，制定本办法。

第二条　证券公司从事推荐非上市公司股份进入代办系统报价转让，代理投资者参与在代办系统挂牌的非上市公司股份的报价转让（以下简称"报价转让业务"），适用本办法。

第三条　参与股份报价转让试点的非上市公司、证券公司、投资者等应当遵循自愿、有偿、诚实信用原则，遵守本办法及有关业务规则的规定。

第四条　证券公司从事非上市公司股份报价转让业务，应勤勉尽责地履行职责。

第五条　证券公司应督促挂牌公司按照中国证券业协会（以下简称"协会"）规定的信息披露要求履行信息披露义务。

挂牌公司可自愿进行更为充分的信息披露。

第六条　参与挂牌公司股份报价转让的投资者，应当具备相应的风险识别和承担能力，可以是下列人员或机构：

（一）机构投资者，包括法人、信托、合伙企业等；

（二）公司挂牌前的自然人股东；

（三）通过定向增资或股权激励持有公司股份的自然人股东；

（四）因继承或司法裁决等原因持有公司股份的自然人股东；

（五）协会认定的其他投资者。

挂牌公司自然人股东只能买卖其持股公司的股份。

第七条　协会依法履行自律性管理职责，对证券公司从事报价转让业务进行自律管理。

第八条　本办法下列用语的含义为：

"主办券商"是指取得协会授予的代办系统主办券商业务资格的证券公司。

"推荐主办券商"是指推荐非上市公司股份进入代办系统挂牌，并负责指导、督促其履行信息披露义务的主办券商。

"挂牌公司"是指股份在代办系统挂牌报价转让的非上市公司。

"报价系统"是指深圳证券交易所提供的代办系统中专门用于为非上市公司股份提供报价和转让服务的技术设施。

第二章　股份挂牌

第九条　非上市公司申请股份在代办系统挂牌，须具备以下条件：

（一）存续满两年。有限责任公司按原账面净资产值折股整体变更为股份有限公司的，存续期间可以从有限责任公司成立之日起计算；

（二）主营业务突出，具有持续经营能力；

（三）公司治理结构健全，运作规范；

（四）股份发行和转让行为合法合规；

（五）取得北京市人民政府出具的非上市公司股份报价转让试点资格确

认函；

（六）协会要求的其他条件。

第十条　非上市公司申请股份在代办系统挂牌，须委托一家主办券商作为其推荐主办券商，向协会进行推荐。

申请股份挂牌的非上市公司应与推荐主办券商签订推荐挂牌协议。

第十一条　推荐主办券商应对申请股份挂牌的非上市公司进行尽职调查，同意推荐挂牌的，出具推荐报告，并向协会报送推荐挂牌备案文件。

第十二条　协会对推荐挂牌备案文件无异议的，自受理之日起五十个工作日内向推荐主办券商出具备案确认函。

第十三条　推荐主办券商取得协会备案确认函后，应督促非上市公司在股份挂牌前与证券登记结算机构签订证券登记服务协议，办理全部股份的集中登记。

证券登记结算机构是指中国证券登记结算有限责任公司。

第十四条　投资者持有的非上市公司股份应当托管在主办券商处。初始登记的股份，托管在推荐主办券商处。

主办券商应将其所托管的非上市公司股份存管在证券登记结算机构。

第十五条　非上市公司控股股东及实际控制人挂牌前直接或间接持有的股份分三批进入代办系统转让，每批进入的数量均为其所持股份的三分之一。进入的时间分别为挂牌之日、挂牌期满一年和两年。

控股股东和实际控制人依照《中华人民共和国公司法》的规定认定。

第十六条　挂牌前十二个月内控股股东及实际控制人直接或间接持有的股份进行过转让的，该股份的管理适用前条的规定。

第十七条　挂牌前十二个月内挂牌公司进行过增资的，货币出资新增股份自工商变更登记之日起满十二个月可进入代办系统转让，非货币财产出资新增股份自工商变更登记之日起满二十四个月可进入代办系统转让。

第十八条　因司法裁决、继承等原因导致有限售期的股份发生转移的，后续持有人仍需遵守前述规定。

第十九条　股份解除转让限制进入代办系统转让，应由挂牌公司向推荐主办券商提出申请。经推荐主办券商审核同意后，报协会备案。协会备案确认后，通知证券登记结算机构办理解除限售登记。

第二十条　挂牌公司董事、监事、高级管理人员所持本公司股份按《中华人民共和国公司法》的有关规定应当进行或解除转让限制的，应由挂牌公司向推荐主办券商提出申请，推荐主办券商审核同意后，报协会备案。协会备案确认后，通知证券登记结算机构办理相关手续。

第三章　股份转让

第一节　一般规定

第二十一条　挂牌公司股份必须通过代办系统转让，法律、行政法规另有规定的除外。

第二十二条　投资者买卖挂牌公司股份，应持有中国证券登记结算有限责任公司深圳分公司人民币普通股票账户。

第二十三条　投资者买卖挂牌公司股份，须委托主办券商办理。

投资者卖出股份，须委托代理其买入该股份的主办券商办理。如需委托另一家主办券商卖出该股份，须办理股份转托管手续。

第二十四条　挂牌公司股份转让时间为每周一至周五上午 9：30 至 11：30，下午 13：00 至 15：00。

遇法定节假日和其他特殊情况，暂停转让。

第二十五条　投资者买卖挂牌公司股份，应按照规定交纳相关税费。

第二节　委托

第二十六条　投资者买卖挂牌公司股份，应与主办券商签订代理报价转让协议。

第二十七条　投资者委托分为意向委托、定价委托和成交确认委托。委托当日有效。

意向委托是指投资者委托主办券商按其指定价格和数量买卖股份的意向指令，意向委托不具有成交功能。

定价委托是指投资者委托主办券商按其指定的价格买卖不超过其指定数量股份的指令。

成交确认委托是指投资者买卖双方达成成交协议，或投资者拟与定价委托成交，委托主办券商以指定价格和数量与指定对手方确认成交的指令。

第二十八条　意向委托、定价委托和成交确认委托均可撤销，但已经报价系统确认成交的委托不得撤销或变更。

第二十九条　意向委托和定价委托应注明证券名称、证券代码、证券账户、买卖方向、买卖价格、买卖数量、联系方式等内容。

成交确认委托应注明证券名称、证券代码、证券账户、买卖方向、成交价格、成交数量、拟成交对手的主办券商等内容。

第三十条　委托的股份数量以"股"为单位，每笔委托股份数量应为 3

万股以上。

投资者证券账户某一股份余额不足3万股的，只能一次性委托卖出。

第三十一条 股份的报价单位为"每股价格"。报价最小变动单位为0.01元。

第三节 申报

第三十二条 主办券商应通过专用通道，按接受投资者委托的时间先后顺序向报价系统申报。

第三十三条 主办券商收到投资者卖出股份的意向委托后，应验证其证券账户，如股份余额不足，不得向报价系统申报。

主办券商收到投资者定价委托和成交确认委托后，应验证卖方证券账户和买方资金账户，如果卖方股份余额不足或买方资金余额不足，不得向报价系统申报。

第三十四条 主办券商应按有关规定保管委托、申报记录和凭证。

第四节 成交

第三十五条 投资者达成转让意向后，可各自委托主办券商进行成交确认申报。

投资者拟与定价委托成交的，可委托主办券商进行成交确认申报。

第三十六条 报价系统收到主办券商的定价申报和成交确认申报后，验证卖方证券账户。如果卖方股份余额不足，报价系统不接受该笔申报，并反馈至主办券商。

第三十七条 报价系统收到拟与定价申报成交的成交确认申报后，如系统中无对应的定价申报，该成交确认申报以撤单处理。

第三十八条 报价系统对通过验证的成交确认申报和定价申报信息进行匹配核对。核对无误的，报价系统予以确认成交，并向证券登记结算机构发送成交确认结果。

第三十九条 多笔成交确认申报与一笔定价申报匹配的，按时间优先的原则匹配成交。

第四十条 成交确认申报与定价申报可以部分成交。

成交确认申报股份数量小于定价申报的，以成交确认申报的股份数量为成交股份数量。定价申报未成交股份数量不小于3万股的，该定价申报继续有效；小于3万股的，以撤单处理。

成交确认申报股份数量大于定价申报的，以定价申报的股份数量为成交股份数量。成交确认申报未成交部分以撤单处理。

第五节　结算

第四十一条　主办券商参与非上市公司股份报价转让业务，应取得证券登记结算机构的结算参与人资格。

第四十二条　股份和资金的结算实行分级结算原则。证券登记结算机构根据成交确认结果办理主办券商之间股份和资金的清算交收；主办券商负责办理其与客户之间的清算交收。

主办券商与客户之间的股份划付，应当委托证券登记结算机构办理。

第四十三条　证券登记结算机构按照货银对付的原则，为非上市公司股份报价转让提供逐笔全额非担保交收服务。

第四十四条　证券登记结算机构在每个报价日终根据报价系统成交确认结果，进行主办券商之间股份和资金的逐笔清算，并将清算结果发送各主办券商。

第四十五条　主办券商应根据清算结果在最终交收时点之前向证券登记结算机构划付用于交收的足额资金。

第四十六条　证券登记结算机构办理股份和资金的交收，并将交收结果反馈给主办券商。

由于股份或资金余额不足导致的交收失败，证券登记结算机构不承担法律责任。

第四十七条　投资者因司法裁决、继承等特殊原因需要办理股份过户的，依照证券登记结算机构的规定办理。

第六节　报价和成交信息发布

第四十八条　股份转让时间内，报价系统通过专门网站和代办股份转让行情系统发布最新的报价和成交信息。

主办券商应在营业网点揭示报价和成交信息。

第四十九条　报价信息包括：委托类别、证券名称、证券代码、主办券商、买卖方向、拟买卖价格、股份数量、联系方式等。

成交信息包括：证券名称、证券代码、成交价格、成交数量、买方代理主办券商和卖方代理主办券商等。

第七节　暂停和恢复转让

第五十条　挂牌公司向中国证券监督管理委员会申请公开发行股票并上市

的，主办券商应当自中国证券监督管理委员会正式受理其申请材料的次一报价日起暂停其股份转让，直至股票发行审核结果公告日。

第五十一条　挂牌公司涉及无先例或存在不确定性因素的重大事项需要暂停股份报价转让的，主办券商应暂停其股份报价转让，直至重大事项获得有关许可或不确定性因素消除。

因重大事项暂停股份报价转让时间不得超过三个月。暂停期间，挂牌公司至少应每月披露一次重大事项的进展情况、未能恢复股份报价转让的原因及预计恢复股份报价转让的时间。

第八节　终止挂牌

第五十二条　挂牌公司出现下列情形之一的，应终止其股份挂牌：

（一）进入破产清算程序；

（二）中国证券监督管理委员会核准其公开发行股票申请；

（三）北京市人民政府有关部门同意其终止股份挂牌申请；

（四）协会规定的其他情形。

第四章　主办券商

第五十三条　证券公司从事非上市公司股份报价转让业务，应取得协会授予的代办系统主办券商业务资格。

第五十四条　证券公司申请代办系统主办券商业务资格，应满足下列条件：

（一）最近年度净资产不低于人民币 8 亿元，净资本不低于人民币 5 亿元；

（二）具有不少于 15 家营业部；

（三）协会规定的其他条件。

第五十五条　主办券商推荐非上市公司股份挂牌，应勤勉尽责地进行尽职调查和内核，认真编制推荐挂牌备案文件，并承担推荐责任。

第五十六条　主办券商应持续督导所推荐挂牌公司规范履行信息披露义务、完善公司治理结构。

第五十七条　主办券商发现所推荐挂牌公司及其董事、监事、高级管理人员存在违法、违规行为的，应及时报告协会。

第五十八条　主办券商与投资者签署代理报价转让协议时，应对投资者身份进行核查，充分了解其财务状况和投资需求。对不符合本办法第六条规定的投资者，不得与其签署代理报价转让协议。

主办券商在与投资者签署代理报价转让协议前，应着重向投资者说明投资风险自担的原则，提醒投资者特别关注非上市公司股份的投资风险，详细讲解风险揭示书的内容，并要求投资者认真阅读和签署风险揭示书。

第五十九条　主办券商应采取适当方式持续向投资者揭示非上市公司股份投资风险。

第六十条　主办券商应依照本办法第六条的规定，对自然人投资者参与非上市公司股份转让的合规性进行核查，防止其违规参与挂牌公司股份的转让。一旦发现自然人投资者违规买入挂牌公司股份的，应督促其及时卖出。

第六十一条　主办券商应特别关注投资者的投资行为，发现投资者存在异常投资行为或违规行为的，及时予以警示，必要时可以拒绝投资者的委托或终止代理报价转让协议。

主办券商应根据协会的要求，调查或协助调查指定事项，并将调查结果及时报告协会。

第五章　信息披露

第六十二条　挂牌公司应按照本办法及协会相关信息披露业务规则、通知等的规定，规范履行信息披露义务。

第六十三条　挂牌公司及其董事、信息披露责任人应保证信息披露内容的真实、准确、完整，不存在虚假记载、误导性陈述或重大遗漏。

第六十四条　股份挂牌前，非上市公司至少应当披露股份报价转让说明书。股份挂牌后，挂牌公司至少应当披露年度报告、半年度报告和临时报告。

第六十五条　挂牌公司披露的财务信息至少应当包括资产负债表、利润表、现金流量表以及主要项目的附注。

第六十六条　挂牌公司披露的年度财务报告应当经会计师事务所审计。

第六十七条　挂牌公司未在规定期限内披露年度报告或连续三年亏损的，实行特别处理。

第六十八条　挂牌公司有限售期的股份解除转让限制前一报价日，挂牌公司须发布股份解除转让限制公告。

第六十九条　挂牌公司可参照上市公司信息披露标准，自愿进行更为充分的信息披露。

第七十条　挂牌公司披露的信息应当通过专门网站发布，在其他媒体披露信息的时间不得早于专门网站的披露时间。

第六章　其他事项

第七十一条　挂牌公司申请公开发行股票并上市的，应按照证券法的规定，报中国证券监督管理委员会核准。

第七十二条　挂牌公司可以向特定投资者进行定向增资，具体规则由协会另行制定。

第七十三条　挂牌公司控股股东、实际控制人发生变化时，其推荐主办券商应及时向协会报告。

第七十四条　挂牌公司发生重大资产重组、并购等事项时，应由主办券商进行督导并报协会备案。

第七章　违规处理

第七十五条　主办券商违反本办法的规定，协会责令其改正，视情节轻重予以以下处理，并记入证券公司诚信信息管理系统：

（一）谈话提醒；

（二）通报批评；

（三）暂停受理其推荐挂牌备案文件。

第七十六条　主办券商的相关业务人员违反本办法的规定，协会责令其改正，视情节轻重予以以下处理，并记入证券从业人员诚信信息管理系统：

（一）谈话提醒；

（二）通报批评；

（三）暂停从事报价转让业务；

（四）认定其不适合任职；

（五）责令所在公司给予处分。

第七十七条　主办券商及其相关业务人员开展业务，存在违反法律、法规行为的，协会将建议中国证券监督管理委员会或其他机关依法查处；构成犯罪的，依法追究刑事责任。

第八章　附　　则

第七十八条　本办法由协会负责解释。

第七十九条　本办法经中国证券监督管理委员会批准后生效，自 2009 年 7 月 6 日起施行。

中国证券业协会

二〇〇九年六月十二日

关于促进银行业金融机构在中关村国家自主创新示范区核心区设立为科技企业服务的专营机构的指导意见

中科园发〔2009〕51 号

为贯彻落实《国务院关于同意支持中关村科技园区建设国家自主创新示范区的批复》（国函〔2009〕28 号）、银监会《关于银行建立小企业金融服务专营机构的指导意见》（银监发〔2008〕82 号）和《北京市人民政府关于同意加快建设中关村国家自主创新示范区核心区的批复》（京政函〔2009〕24 号），现就促进银行业金融机构在中关村国家自主创新示范区（以下简称"示范区"）核心区设立为科技企业服务的专营机构，提出如下意见：

一、鼓励银行业金融机构在示范区核心区内设立专门为科技型中小企业服务的支行、信贷中心等信贷服务专营机构（以下简称"专营机构"），通过风险补偿等多种方式支持各专营机构在示范区核心区开展科技金融创新试点，综合运用多种金融工具加大对示范区核心区科技型中小企业的融资支持。

二、享受本意见政策支持的专营机构应当具备以下条件：

（一）在海淀行政区划范围内设立；

（二）对海淀科技型中小企业开展信贷业务笔数或余额数不低于总数的50%；

（三）应当获得所属总行（总公司）、分行（分公司）的专营机构授权；

（四）其他必要条件。

三、北京银监局大力支持科技型中小企业金融服务成效突出的银行在示范区内优先试行创新业务、增设分支机构和其他信贷服务机构，按照规定实施市场准入"绿色通道"政策。

四、中关村管委会支持各专营机构在示范区开展创新业务试点，搭建担保融资、信用贷款、信用保险和贸易融资等专项工作的融资通道，对企业给予一定的贴息支持，对银行和担保机构给予一定的风险补贴，提高金融机构对科技企业的风险覆盖能力。

五、海淀区政府对专营机构给予专项政策支持：

（一）购（建、租）房补贴

专营机构购置或自建从事科技型中小企业金融服务办公用房的，享受每平米 1000 元人民币的一次性补贴。北京分行（分公司）或相当于北京分行（分公司）级别的专营机构补贴面积不超过 1000 平方米；其他专营机构补贴面积不超过 500 平方米。

专营机构租用从事科技型中小企业金融服务办公用房的，享受 3 年租金补贴。第一年补贴租金的 50%，第二年补贴 30%，第三年补贴 10%。北京分行（分公司）或相当于北京分行（分公司）级别的专营机构补贴面积不超过 1000 平方米；其他专营机构补贴面积不超过 500 平方米。

享受本条规定政策的专营机构，应当在海淀办理工商登记并纳税。

（二）风险拨备补贴

对专营机构按照《银行贷款损失准备计提指引》（银发〔2002〕98 号）提取的对科技型中小企业非担保公司担保信贷业务一般准备的 50% 给予补贴。单一专营机构每年的本项补贴上限为人民币 500 万元。

（三）业务增量补贴

专营机构每增加一个之前没有信贷业务记录的科技型中小企业客户，对其首笔业务一般准备的 75% 给予补贴，补贴上限为人民币 7.5 万元。单一专营机构每年的本项补贴总额上限为人民币 300 万元。

六、各银行应进一步落实银监会有关中小企业服务"六项机制"建设工作的要求，根据科技型中小企业金融服务的特点，建立健全独立核算机制、利率的风险定价机制、高效的贷款审批机制、专门的激励约束机制、专业化的人员培训机制以及违约信息通报机制，提高风险容忍度，优化贷款审批流程，切实提高科技型中小企业金融服务的效率和水平。

七、完善科技部门、银行业监管部门合作机制，加强科技资源和金融资源的结合，推动建立政府部门、各类投资基金、银行、保险机构、担保公司、小额贷款机构、科技型中小企业等多方参与、科学合理的风险分担体系和联合业务创新机制。

八、加强示范区信用信息平台建设、努力培养和聚集优秀的科技金融人才、支持科技金融中介服务机构在示范区核心区开展业务，促进信用良好的科技企业与银行的对接，减少银行与科技企业的信息不对称问题，降低银行的信贷风险。

九、本意见自发布之日起实施。

中关村管委会

北京市金融工作局

人民银行营业管理部

北京银监局

海淀区人民政府

二〇〇九年十月二十一日

北京市海淀区人民政府关于印发本区促进科技型
中小企业金融服务专营机构发展暂行办法的通知

海行规发〔2009〕26 号

各有关单位：

《关于促进海淀区科技型中小企业金融服务专营机构发展的暂行办法》已于 2009 年 10 月 10 日经第 117 次区政府常务会议审议并原则通过，现印发给你们，请认真贯彻执行。

北京市海淀区人民政府
二〇〇九年十月二十六日

关于促进海淀区科技型中小企业金融服务专营机构发展的暂行办法

第一章　总　则

第一条　为落实国务院《关于同意支持中关村科技园区建设国家自主创新示范区的批复》（国函〔2009〕28 号）和市政府《关于同意加快建设中关村国家自主创新示范区核心区的批复》（京政函〔2009〕24 号），进一步优化海淀金融发展环境，促进科技型中小企业金融服务专营机构的发展，解决科技型中小企业融资难问题，根据国务院《关于进一步促进中小企业发展的若干意见》（国发〔2009〕36 号）、银监会《关于银行建立小企业金融服务专营机构的指导意见》（银监发〔2008〕82 号）、《关于进一步加大对科技型中小企业信贷支持的指导意见》（银监发〔2009〕37 号）以及市银监局《关于促进辖内银行业金融机构大力支持中关村国家自主创新示范区建设的指导意见》（京银监发〔2009〕70 号）的有关规定，结合海淀区实际，特制定本办法。

第二条　本办法所称科技型中小企业金融服务专营机构（以下简称"专营机构"），是指在海淀区内设立的专门为科技型中小企业提供金融服务的银行支行、信贷中心、事业部、专业部门、小额贷款公司等机构。专营机构必须具备以下条件：

（一）在海淀行政区划范围内设立；

（二）对海淀科技型中小企业开展信贷业务笔数或余额数不低于总数

的50%；

（三）属于非法人机构的，应当获得所属总行（总公司）、分行（分公司）的专营机构授权；

（四）其他必要条件。

第三条　本办法所称科技型中小企业，是指符合《中小企业标准暂行规定》（国经贸中小企〔2003〕143号）的海淀区创新企业。

第二章　对专营机构的政策支持

第四条　购（建、租）房补贴。专营机构购置或自建从事科技型中小企业金融服务办公用房的，享受每平米1000元人民币的一次性补贴。独立法人、北京分行（分公司）或相当于北京分行（分公司）级别的专营机构补贴面积不超过1000平方米；其他专营机构补贴面积不超过500平方米。

专营机构租用从事科技型中小企业金融服务办公用房的，享受3年租金补贴。第一年补贴租金的50%，第二年补贴30%，第三年补贴10%。独立法人、北京分行（分公司）或相当于北京分行（分公司）级别的专营机构补贴面积不超过1000平方米；其他专营机构补贴面积不超过500平方米。

享受本条规定政策的专营机构，应当在海淀办理工商登记并纳税。

第五条　风险拨备补贴。对专营机构按照《银行贷款损失准备计提指引》（银发〔2002〕98号）提取的对科技型中小企业非担保公司担保信贷业务一般准备的50%给予补贴。单一专营机构每年的本项补贴上限为人民币500万元。

第六条　业务增量补贴。专营机构每增加一个之前没有信贷业务记录的科技型中小企业客户，对其首笔业务一般准备的75%给予补贴，补贴上限为人民币7.5万元。单一专营机构每年的本项补贴总额上限为人民币300万元。

第七条　补贴资金每年从海淀区促进区域经济发展专项资金中安排（也可向市政府部门申请专项配套资金）。

第三章　落实政策的有关程序

第八条　资格认定和政策适用审核应经申请、初审、复审、区政府审批等程序。

第九条　资格认定和政策适用审核申请，由专营机构所属总行、北京分行（分公司）或相当级别机构提出；专营机构属于独立法人、北京分行（分公司）或相当于北京分行（分公司）级单位的，由专营机构自行提出。

第十条　区金融办可以自行、也可以委托有关中介机构受理申请，并对申请材料进行初审。

第十一条 区金融办组织复审工作。区财政局、区科委、区金融办共同组成评审小组，并邀请市金融局、中国人民银行营业管理部、市银监局参加评审小组。

评审小组采用三分之二以上评委到会，到会评委三分之二以上同意即生效的表决方法。

第十二条 对经过评审论证后确定支持的项目，由区金融办和区财政部门联合报送区政府审批，经批准后由区财政部门拨付资金。

第四章　监督管理

第十三条 评审小组对上一年支持的专营机构开展科技型中小企业金融服务的情况，在不涉及商业秘密的前提下，面向社会公示。

第十四条 享受补助资金的单位应接受区财政部门及相关管理部门的监督检查。

第十五条 专营机构应于每季度向区金融办报送季度经营情况。

第十六条 上述补贴资金专款专用。对专营机构弄虚作假，或与企业合谋骗取补助资金，或未按规定使用补贴资金的，全额收回已拨付的资金、取消其申报资格，并由相关部门依法处理。

第五章　附　则

第十七条 本办法自发布之日起施行。专营机构 2009 年 1 月 1 日以后开展的业务适用本办法。

第十八条 本办法由区金融办负责组织实施并解释。

附件 2

现行政策中对中小商业银行
提供金融服务的限制性规定

1. 中国人民银行《关于加强住房公积金信贷业务管理的通知》（银发〔2002〕247 号）第一条规定：受委托办理住房公积金信贷业务的商业银行为中国工商银行、中国农业银行、中国银行、中国建设银行和交通银行（以下简称承办银行）。受委托办理住房公积金账户设立、缴存、归还等手续的承办银行，一个城市不得超过两家。其他金融机构一律不得办理住房公积金业务。

2. 财政部《关于印发〈社会保障基金财政专户管理暂行办法〉的通知》（财社字〔1999〕117 号）第五条规定：各级财政部门按照国家有关规定，根据工作需要在与同级劳动保障等主管部门共同认定的国有商业银行开设财政专户。

3. 劳动和社会保障部《社会保险费申报缴纳管理暂行办法》（劳动和社会保障部令第二号，1999 年 3 月）第十二条规定：征收的社会保险费，应当进入社会保险经办机构在国有商业银行开设的社会保险基金收入户。社会保险经办机构应当按照有关规定定期将收到的基金存入财政部门在国有商业银行开设的社会保险基金财政专户。

4. 财政部、劳动和社会保障部《关于印发〈社会保险基金财务制度〉的通知》（财社字〔1999〕60 号）第十六条规定：实行经办机构征收社会保险费的地区，经办机构可以根据工作需要在同级财政和劳动保障部门共同认定的国有商业银行设立社会保险基金收入户。第二十四条规定：经办机构在同级财政和劳动保障部门共同认定的国有商业银行设立社会保险基金支出户。第二十九条规定：本制度所指的财政专户是财政部门按照国务院有关规定设立的社会保险基金专用计息账户，在同级财政和劳动保障部门共同认定的国有商业银行开设。

5. 财政部、卫生部《新型农村合作医疗基金财务制度》（财社〔2008〕8 号）第十五条规定：经办机构一般不设立基金收入户（以下简称收入户），基金收入直接缴入财政专户。不具备直接缴入财政专户条件的统筹地区，经办机构可在财政部门和卫生行政部门认定的国有或国有控股商业银行设立收入户。第二十六条第二款规定：统筹地区只能在国有或国有控股银行开设一个财政专户。

6. 中国保监会《关于印发〈保险公司资本保证金管理暂行办法〉的通知》（保监发〔2007〕66号）第六条规定：保险公司可选择一至三家全国性中资商业银行作为资本保证金的存放银行。存放银行的注册资本不少于40亿元人民币。

附

中国中小企业金融服务发展报告
（2008）

（中央财经大学民泰金融研究所·2009 年 5 月）

1　前　　言

2008 年，受国际金融危机及世界主要经济体经济下滑的影响，中国经济面临严峻的考验，外部需求萎缩，内需增长乏力，大批中小企业经营陷入困境，经济增速放缓。作为国民经济的生力军，中小企业不仅贡献了 60% 以上的 GDP，而且是扩大就业的主要渠道，扶持中小企业健康发展对于促进经济增长、增加财政收入、扩大城乡就业、维护社会稳定都具有十分重要的意义。中国经济能否真正走出危机继续稳定发展，很大程度上取决于中小企业这一庞大群体能否恢复活力。

2008 年，中小企业发展问题，尤其是中小企业金融服务得到了空前的关注。在这一年里，从中央到地方，一系列包括中小企业金融服务在内的促进中小企业发展的政策密集出台；众多商业银行更加明确了中小企业金融服务的发展战略，迈开了实质性步伐；更有越来越多的机构开始活跃在中小企业金融服务市场。回顾过去的一年，难能可贵的是，在政策的积极推动和市场各方的共同努力下，我国中小企业金融服务在严峻的宏观环境中仍保持了较好的增长，市场发展显著提速。我们经历了危机，发现了机遇，更看到了中小企业金融服务市场各方积极主动改变带来的希望。

为此，基于长期的跟踪研究和大量数据采集和调研工作，我们推出了这份《中国中小企业金融服务发展报告（2008）》。本报告首次以全视角展现了我国现阶段中小企业金融服务市场的全貌，涵括了中小企业金融服务的主要机构和市场，对中小企业金融服务发展现状进行了全面梳理和总结，并针对亟须解决的问题给出了对策建议。

希望这是一个好的开端，从不平凡的 2008 年起，借由年度发展报告的形式，记录我国中小企业金融服务市场从小到大、由弱变强的发展历程，更希望以此促进全社会对中小企业金融服务的持续关注和大力支持。

2　中小企业金融服务发展环境

2.1　经济环境

从宏观经济的运行规律来看，我国经济在持续十余年的高速增长后，长期依靠低端制造、过度依赖外部需求、以资源和环境为代价的增长日益受到制约，经济结构调整和增长方式的转变已经成为宏观经济发展的客观要求。而2008年上半年，能源、原材料、土地租金和劳动力等价格的上涨、人民币升值、环保标准提高正是这种客观要求的体现。由于我国大量中小企业还处在产业链的低端，普遍依赖低要素价格获取利润，特别是沿海外向型出口企业，其获利空间受到企业成本持续上涨和人民币升值的严重挤压，发展遭遇困境。

更为雪上加霜的是，全球金融危机的影响接踵而至，导致外部需求进一步下降，中小企业订单萎缩，产品滞销压力增加，资金紧张的问题凸现，许多外向型中小企业纷纷倒闭。工业和信息化部抽样调查结果反映，到2008年末，全国中小企业中歇业、停产和倒闭的数量约占7.5%。全国共有15万家乡镇企业关停，14万多个体户倒闭。仅广东省约有62400家企业倒闭，其中大部分为中小企业。作为劳动密集型产业代表的纺织行业，中小企业倒闭超过1万多家，有2/3的纺织企业面临重整。

在结构性调整和全球金融危机的双重影响下，我国宏观经济运行急转直下。从外部看，世界经济超预期下滑，贸易保护主义的重新兴起可能拖延全球经济复苏的时间；而从内部看，4万亿元经济刺激计划和十大产业振兴计划对内需拉动的效果释放需要一个过程，受社会保障体系滞后的拖累和经济预期的影响，居民消费增长依然乏力。因此，短期内，宏观经济环境依然面临严峻的形势，中小企业的整体状况仍难以显著好转。

2.2　政策环境

与严峻的宏观经济环境形成鲜明对比的是，2008年，宏观政策环境相对宽松，"扩内需、保增长"成为主要基调。鉴于中小企业在我国经济社会发展中具有举足轻重的作用,与中小企业发展,尤其是中小企业金融服务发展有关的政策受到高度的重视。

2008 年,中央和相关部门密集出台了一系列促进中小企业发展的政策措施,这些政策主要围绕加大对中小企业的信贷支持、完善中小企业信用担保体系、支持中小企业产业升级和技术创新、创新中小企业融资方式,拓宽中小企业融资渠道等方面展开,对于改善中小企业金融服务环境,促进中小企业发展具有深远的意义。

表 2 - 1　　　　　　　　2008 年出台的促进中小企业发展的主要政策

政策部门	政策要点
中央及国务院	• 中央经济工作会议提出 2009 年经济工作的重点任务,在"加强和改善宏观调控,实施积极的财政政策和适度宽松的货币政策"部分,将中小企业明确列入继续加大支持力度的对象。 • 国务院工作会议确定扩大内需、促进经济增长十项措施,要求取消对商业银行的信贷规模限制,合理扩大信贷规模,加大对中小企业信贷支持。 •《国务院办公厅关于当前金融促进经济发展的若干意见》中有 21 处强调"中小企业"。主要内容:(1)落实对中小企业融资担保、贴息等扶持政策,鼓励地方人民政府增加对信用担保公司的支持。设立多层次中小企业贷款担保基金和担保机构。对符合中小信用担保机构免征营业税;(2)完善中小企业板市场各项制度、适时推进创业板,完善多层次资本市场体系;(3)稳步发展中小企业集合债券,开展中小企业短期融资券试点;(4)落实和完善促进创业投资企业发展的税收优惠政策;(5)允许在银行间债券市场试点发展以中小企业贷款等为标的资产的信用风险管理工具;(6)加快征信体系建设,继续推进中小企业和农村信用体系建设,进一步规范信贷市场和债券市场信用评级;(7)放宽金融机构对中小企业贷款和涉农贷款的呆账核销条件。授权金融机构对符合一定条件的中小企业贷款和涉农贷款进行重组和减免。借款人发生财务困难、无力及时足额偿还贷款本息的,在确保重组和减免后能如期偿还剩余债务的条件下,允许金融机构对债务进行展期或延期、减免表外利息后,进一步减免本金和表内利息;(8)涉农贷款和中小企业贷款税前全额拨备损失准备金;(9)支持地方人民政府建立中小企业贷款风险补偿基金,对银行业金融机构中小企业贷款按增量给予适度的风险补偿;(10)鼓励金融机构建立专门为中小企业提供信贷服务的部门,增加对中小企业的信贷投放。
财政部	• 全国统一停征个体工商户管理费和集贸市场管理费,为个体工商户和私营企业减负。 • 从 6 个方面加大对中小企业的支持——发挥财政政策导向作用,促进中小企业转变发展方式;完善科技创新政策体系,支持中小企业创业和技术创新;促进信用担保体系建设,改善中小企业融资环境;实施中小企业税收优惠政策,促进中小企业发展;完善政府采购制度,拓宽中小企业市场空间;清理行政事业性收费,减轻中小企业负担。 • 2008 年安排中小企业专项资金 49.9 亿元用于支持中小企业健康发展,较上年增长 75%。

续表

政策部门	政策要点
中国银监会	• 明确提出 2009 年商业银行小企业信贷投放增速不低于全部贷款平均增速，同时要求风险管理必须到位，防范和化解金融风险。 •《中国银监会关于认真落实"有保有压"政策进一步改进小企业金融服务的通知》要求：最大限度将新增贷款规模真正用于支持小企业的发展；进一步增强小企业金融服务功能；加大力度推动小企业金融创新；科学考核和及时处置小企业不良贷款。 •《中国银监会关于银行建立小企业金融服务专营机构的指导意见》要求商业银行建立小企业金融服务专营机构，实现风险定价、成本利润核算、信贷审批、激励约束、风险管理五独立，并且根据小企业的特点和实际业务情况设立合理的风险容忍度，建立授信尽职免责制度。建立单独的小企业贷款风险分类和损失拨备制度，制定专项的不良贷款处置政策，建立合理的快速核销机制，简化不良贷款核销流程，以降低不良贷款率，提高业务人员开展小企业金融服务的积极性。 • 中国银监会与人民银行联合发布《关于小额贷款公司试点的指导意见》，推动小额贷款公司的发展。
人民银行	• 继续贯彻适度宽松的货币政策，确保银行体系流动性充分供应，保持货币信贷合理增长，并提出六大举措加大金融对经济增长支持力度。其中包括优化信贷结构，鼓励金融机构加大对中小企业的信贷支持。 • 调增商业银行信贷规模，鉴于中小企业融资的主力银行是地方金融机构，对全国性商业银行在原有信贷规模的基础上调增 5%，对地方性商业银行调增 10%。 • 实行差别存款准备金率，股份制商业银行、城市商业银行存款准备金率比大型国有商业银行低 2 个百分点，农村合作银行、城乡信用社存款准备金率较大型国有商业银行低 4.5 个至 5.5 个百分点。 • 继续培育和发展中小企业金融服务体系，大力发展村镇银行、小额贷款公司、贷款公司和农村资金互助社等新型金融机构。大力推动金融创新，鼓励商业银行发展并创新中小企业贸易融资手段和中小企业信贷产品。加快建立适合中小企业特点的信用征集体系、评级发布制度和信息通报制度。加大力度，在担保、贴息等方面给予扶持，改善中小企业信贷环境。 • 人民银行、财政部、人力资源和社会保障部联合发文，扩大小额担保贷款借款人的范围，提高小额担保贷款额度，最高额度从 2 万元提高到 5 万元。对劳动密集型小企业新发放的小额担保贷款的最高额度从 100 万元提高到 200 万元。
工业和信息化部	•《关于做好缓解当前生产经营困难，保持中小企业平稳较快发展有关工作的通知》明确 6 方面工作：着力缓解中小企业融资难担保难问题；帮助中小企业积极开拓市场；切实推动中小企业结构调整，加快产业升级；大力推进管理创新，提高企业市场竞争力；创造良好的政策和市场环境，完善社会化服务体系建设；全力维护企业正常生产经营，千方百计保持社会就业形势稳定。 •《关于支持引导中小企业信用担保机构加大服务力度缓解中小企业生产经营困难的通知》引导中小企业信用担保机构创新体制机制、合理确定并适当降低贷款担保收费标准、改进贷款担保服务方式，加大对经营困难的中小企业担保服务力度，促进中小企业转变发展方式。创造条件逐步建立担保机构资本金补充机制，加大风险补偿，落实信用担保机构减免营业税政策，进一步引导和发挥中小企业信用担保机构的作用，缓解中小企业融资困难。 • 加快建立国家和省级中小企业信用再担保机构，力争将担保业务规模达到 1 万亿元。加快建立国家中小企业发展基金。要求各地中小企业发展专项资金重点支持产业集群龙头企业、骨干企业和技术创新型、劳动密集型、农产品深加工等中小企业技术改造。

3 中小企业金融服务发展现状①

3.1 中小企业金融服务整体发展概况

■ 市场规模持续扩大

2008 年，中小企业金融服务市场的整体规模继续得以扩大，以占市场主导地位的银行业金融机构为例，中小企业授信总量、授信户数均有明显增加。据人民银行调查统计司统计，截至 2008 年 8 月末，全部银行业金融机构对中小企业贷款余额 11.4 万亿元，同比增长 12.5%，占各项贷款余额 38.9%；占全部企业贷款余额的 53.4%。小企业授信进一步增长，截至 2008 年末，各银行业金融机构的小企业授信户数 371.0 万户，比年初增加 67.2 万户，增幅为 22.1%；小企业表内外授信总额 1.7 万亿元，较年初增加 2192 亿元，增幅为 14.8%②。

■ 市场参与主体更加多元

除了主流的商业银行，越来越多的机构进入中小企业金融服务市场，市场参与主体多元化的趋势在 2008 年开始显现。特别是小额贷款公司异军突起，典当行逆势增长，创业投资机构渐入佳境，中小企业信用担保体系的完善以及股票市场的积极变化，为这个市场注入了新鲜的活力。不同的机构和市场进一步完善了中小企业金融服务市场的结构，为中小企业提供更加丰富多样的金融服务，而且彼此竞争与合作也将有利于市场持续健康的发展。

■ 专业化发展进程加快

2008 年，大中型商业银行先后成立小企业金融服务专营机构，中小企业金融服务专业化发展进入新阶段。年内，招商银行和民生银行成立事业部制的小企业金融服务专营机构，建设银行和中国银行开始"信贷工厂"的试点，更多的商业银行在"六项机制"建设方面进行更加深入的实践，进一步加快

---

① 虽然农村商业银行、信用社等农村金融机构在农业中小企业、农户的金融服务中占据主导地位，但由于农村金融的相对独立的特点，为突出重点，本报告未将这类机构涵括在内。
② 《2008 年度银行业改进服务情况报告》，中国银行业协会主页—报告发布，2009 年 3 月。

了中小企业金融服务专业化的发展。

■ 产品\服务创新活跃

2008 年，中小企业金融服务市场的创新活动保持了良好的发展势头，商业银行不断探索和创新符合中小企业特点的金融产品和服务，在产品\服务品牌、客户细分、服务的灵活性和全面性等方面加大了创新力度，努力满足中小企业多样化、个性化的融资需求，改进和提高小企业金融服务水平和技术含量，中小企业金融产品和服务日渐丰富。据不完全统计，全国金融机构推出的支持中小企业发展的信贷创新产品超过 300 项①。此外，市场上还出现了中小企业集合信托、中小企业短期融资券等创新产品，为探索多元化的中小企业金融服务作出了有益的尝试。

3.2　商业银行：任重道远

在我国，无论是从融资规模还是企业数量看，银行业金融机构仍是除非正式金融之外的中小企业融资的主流渠道。其中，商业银行（包括 5 家国有商业银行、12 家股份制商业银行和 134 家城市商业银行）的总资产和贷款市场份额占全国银行业金融机构的比例超过 70%，也是中小企业金融服务的主要提供方。据人民银行调查统计司统计，截至 2008 年 10 月末，我国商业银行中小企业贷款在银行业金融机构中小企业贷款中的占比约 70%②。越来越多的商业银行开始认识到，加强小企业金融服务不仅仅是履行社会责任，也是商业银行调整客户结构、信贷结构、收入结构和产品结构的需要，同时也是商业银行分散风险、稳健经营、实现可持续发展的有效手段。目前，许多商业银行已经明确将发展中小企业金融服务作为战略转型的重点领域。

3.2.1　中小企业金融服务规模进一步扩大

商业银行作为目前我国中小企业金融服务市场的主要参与者，其中小企业业务一直受到管理层的积极推动。2008 年，人民银行、中国银监会要求各商业银行安排专项信贷规模用于中小企业，明确提出两个"不低于"目标，即小企业信贷投放增速不低于全部贷款增速，增量不低于上年。8 月份，人民银行同意调增本年度商业银行信贷规模，其中，全国性商业银行在原有信贷规模

---

① 田俊荣等：《人民银行、银监会齐心协力为中小企业"输血"》，载《人民日报》，2008 - 11 - 09。

② 蒋云翔等：《大企业贷款挤出效应初现》，载《21 世纪经济报道》，2008 - 12 - 27。

基础上调增5%，地方性商业银行调增10%。数据显示，2008年第三季度开始，商业银行中小企业授信规模增长提速，全年中小企业的授信户数与授信总量均有明显增加。表3-1展示了代表性商业银行2008年中小企业金融服务的主要数据，可见，代表性商业银行中小企业金融服务的规模进一步扩大，平均增长幅度在20%左右。

特别值得一提的是，2008年，商业银行小额担保贷款发展迅速，全国100个重点联系城市的统计数据显示，新发放贷款14.5万笔，新发放贷款金额52.4亿元，同比增长58.8%，其中，新发放个体经营贷款14.2万笔，金额43.3亿元，同比增长56.3%；新发放劳动密集型小企业贷款0.3万笔，金额9.1亿元，同比增长71.6%[①]。这是小额担保贷款政策实施以来贷款发放金额最高的一年，为全面推进创业带动就业起到了积极的作用。

表3-1　　　　部分代表性商业银行中小企业金融服务规模对比

银行名称	贷款/授信金额	贷款/授信户数	增长情况
工商银行	• 小企业贷款3572.3亿元，占公司贷款11.1% • 中小企业贷款余额1.4万亿元，占公司贷款44.3%（2008年10月）	• 小企业贷款客户36267户，占公司客户数48.4% • 中小企业贷款客户占公司客户数87.6%（2008年10月）	小企业贷款余额增长9.8%（2008年1~10月）
建设银行	• 小企业贷款余额2555亿元，占公司贷款10%以上 • 中小企业贷款余额1.1万亿元，占公司贷款45%	小企业贷款客户34600户，占公司客户数53%	小企业贷款余额增长17.1%
中国银行	中小企业授信余额5720.8亿元，占公司贷款40.9%	N/A	N/A
农业银行	小企业贷款余额3346.8亿元	N/A	小企业贷款余额增长23%
交通银行	小企业贷款余额为73.3亿元	N/A	小企业贷款余额增长32.8%
浦发银行	中小企业授信总额4501.8亿元	中小企业授信客户18511户	• 中小企业授信额增长20.9% • 中小企业授信客户数增长11.7%

① 人力资源和社会保障部中国就业培训技术指导中心：《2008年四季度重点联系城市小额担保贷款工作进展情况》。

続表

银行名称	贷款/授信金额	贷款/授信户数	增长情况
招商银行	中小企业贷款余额2205.4亿元，占公司贷款43.1%	中小企业客户9520户（占公司客户数80%）（根据1.19万户的公司类贷款客户数估算）	中小企业贷款余额增长15.9%
中信银行	小企业贷款余额318.4亿元，占公司贷款5.5%	小企业授信客户6678户	● 小企业贷款余额增长17.1% ● 小企业授信客户数与上年基本持平
民生银行	中小企业贷款余额186亿元（2008年10月）	中小企业贷款户数1210户（2008年10月）	中小企业贷款余额增长177%（2008年12月）
北京银行	中小企业贷款余额545亿元，占公司贷款31.1%	中小企业贷款客户2308户，占公司客户数83%	● 中小企业贷款余额增长20.3% ● 中小企业贷款客户数增长22%
宁波银行	小企业贷款43.7亿元，占公司贷款13.7%	小企业贷款客户约2700户	小企业贷款增长84%
南京银行	小企业贷款余额63.6亿元，占公司贷款15.8%	N/A	小企业贷款余额增长22.1%

说明：1. 本表数据根据各银行2008年年报及权威媒体公开数据整理。除特别注明外，数据截至2008年末。其中粗体标示的数据直接摘自银行2008年年报，其他数据来自权威媒体，或根据年报相关数据计算得出。

2. 不同商业银行统计口径存在差异，通常仅发布中小企业与小企业、授信与贷款、年度贷款额与年度贷款余额等指标中的若干项，故上述表格罗列不同指标。

3. 由于各行对中小企业、小企业的界定仍存在差异，故上述数据非精确可比，但可供量级比较参考。

3.2.2　中小企业金融服务竞争分化

在贷款总量上，大型商业银行在中小企业贷款市场上占主要地位。据人民银行调查统计司统计，截至2008年10月末，国有商业银行中小企业贷款的比重为41.3%，股份制商业银行为18.8%，城市商业银行为9%[1]。特别是工商银行与建设银行，中小企业贷款余额均超过1万亿元，其中，小企业贷款余额也超过了2000亿元。

---

[1]　蒋云翔等：《大企业贷款挤出效应初现》，载《21世纪经济报道》，2008-12-27。

　　尽管在贷款总量上无法与大型商业银行相匹敌，但是，以城市商业银行为代表的中小型商业银行在中小企业贷款的覆盖面上则有其独特的优势。这些内生于地方经济的中小商业银行自成立伊始就与当地中小企业存在紧密的渊源，它们发挥地缘和人缘带来的关系型融资优势，形成"专业化经营、近距离设点、高效率审批、多方式服务"的经营思路，与地方中小企业建立了稳定的银企关系，在当地中小企业金融服务市场份额排名位居前列，有的远远超过国有大型商业银行在当地的市场份额。

　　在公司贷款分布方面，从可获取的代表性商业银行数据分析来看，中小企业贷款余额在公司贷款中占比在40%～50%，中小企业客户在公司客户数量中占比在80%以上；小企业贷款余额在公司贷款中占比在10%左右（即占中小企业贷款25%左右），小企业贷款客户在公司客户数量中占比在50%左右（即占中小企业贷款客户数量60%左右），详见表3－2。

表3－2　　　　　　　　　　代表性商业银行公司贷款分布

贷款分布	大企业	中小企业	小企业
余额占比	50%	40%～50%	10%
客户占比	20%以下	80%以上	50%

　　说明：本表根据各商业银行2008年年报整理计算得到平均比例，供区间参考。

　　虽然在公司贷款的整体分布上，数量相对少的大企业获得了较大比例的贷款，但相对而言，中小型商业银行中小企业和小企业的贷款余额及户数的占比均高出大型商业银行，体现出中小型商业银行在中小企业金融服务市场的相对优势。

　　这一特点也表现在中小企业和小企业户均贷款量级的分布上，我们可以看到，不同的商业银行差异明显。大型商业银行和股份制商业银行户均贷款规模相对较高，通常中小企业户均贷款在2000万元以上，小企业户均贷款在500万～1000万元；城市商业银行中的较大的银行中小企业户均贷款也超过1000万元，有的逼近2000万元，小企业户均贷款也超过500万元；中等偏小的城市商业银行户均贷款规模相对较低，中小企业户均贷款在1000万元以下，小企业户均贷款在200万～300万元，有的甚至只有几十万元。由此可见，中小型商业银行在小型和微型企业市场上发挥着积极的作用。

　　此外，从单位网点服务的中小企业数量来看，中小型商业银行平均每个网点服务的中小企业和小企业贷款客户的数量明显超过大型商业银行（详见表3－3）。单位网点服务中小企业数量不仅反映了一家商业银行对中小企业金融服务的覆盖效率，而且，单位网点服务中小企业的数量越多，越容易积累中小企业金融服务的经验，把握中小企业在金融服务需求、风险等方面的共性，同时也有利于形成规模效益。这也是目前中小型商业银行，特别是城市商业银行在中小企业金融服务市场上所具有的独特优势。

表3-3　　部分代表性商业银行单位网点服务的中小企业贷款客户数量　单位：户

商业银行	中小企业	小企业
工商银行	3.7	2.3
建设银行。	—	2.6
招商银行	15.3	—
中信银行	—	12.3
北京银行	14.7	—
宁波银行	—	33.3
天津银行	9.8	—
上海银行	—	10.9
重庆银行	56.0	—
杭州银行	—	29.5

说明：本表根据各商业银行2008年年报数据计算所得。

　　随着农村改革的深入，2008年，城市商业银行进一步加快设立县域支行的步伐。据不完全统计，2008年共有15家城市商业银行设立24家县域支行，加上2007年末72家城市商业银行设立的347家县域支行，截至2008年末，城市商业银行设立的县域支行超过370家，这是在前几年大中型商业银行纷纷撤出县级市场后，商业银行重新加大县域市场投入的积极表现，对于改善县域中小企业金融服务起到有益的作用。

　　值得关注的是，近年来，中小企业金融服务市场的价值和潜力逐渐为商业银行所认知，几乎所有的大小商业银行均把中小企业金融服务作为发展的战略选择，并加大在中小企业方面的资源投入，加大产品创新力度，提升服务内涵。如工、农、中、建、交国有大型商业银行提出抓大不放小，多管齐下，提高小企业业务占比，推进小企业业务发展；股份制商业银行在发展纲要中明确提出向中小企业金融服务进行战略转型。随着各类商业银行纷纷进入中小企业金融服务市场，城市商业银行在中小企业金融服务市场将面临新一轮竞争。

3.2.3　小企业金融服务专营机构取得实质性发展

　　2008年，中国银监会出台《关于银行建立小企业金融服务专营机构的指导意见》，鼓励商业银行以战略事业部模式建立主要为小企业提供授信服务的专业化机构，此类机构可申请单独颁发金融许可证和营业执照，具有准子银行、准法人机构性质①。

截至 2008 年末，招商银行和民生银行已成立了事业部制的小企业金融服务机构；建设银行、中国银行等商业银行开始实践"信贷工厂"的准事业部中小企业金融服务模式。与此同时，越来越多的商业银行成立了一级部建制的小企业金融服务部，或将以往隶属于公司业务部下的二级部门升级为一级部门②，为事业部制改革打下基础。这标志商业银行中小企业金融服务开始从以往"公司业务线下大小企业混做"的状态逐步独立出来，进入专业化运作的新阶段。

2008 年，招商银行率先在苏州设立小企业信贷中心，并获得中国银监会颁发的金融许可证，成为首家拥有小企业信贷专营业务资格的金融机构。目前已完成中心总部及苏州、南通分中心的机构建设。该中心由招商银行总行小企业信贷管理委员会直接管理，中心人、财、物独立，实行独立核算、垂直管理和专业化经营，建立专门的信贷系统、财务报告系统等。主要负责经营资产3000 万元以下、贷款额 500 万元以下的小企业客户贷款，除贷款外，其他开户、存款、结算等业务则由分行或支行代理。

民生银行在上海成立工商企业金融事业部，专职负责中小企业金融服务工作。首批在上海、杭州、南京、宁波、苏州、温州 6 个区域设立区域总部。事业部以相对独立的风险管理、市场营销、运营管理和财务核算形成了中小企业金融业务拓展与支持体系，从中小企业的实际需求出发，创新产品、优化流程、提升服务。该事业部主要负责总资产在 2 亿元以下、贷款金额在 5000 万元以下的中小企业，并将为融资额在 2000 万元以下的优质小企业提供融资服务作为业务重点。除贷款外，其他开户、存款、结算等业务则由分行或支行代理。

建设银行、中国银行等银行引进了淡马锡的"信贷工厂"模式，对中小企业贷款的设计、申报、审批、发放、风控等业务按照"流水线"作业方式进行批量操作。对小企业业务专门配置信贷资源和业务发展费用，实行准条线化垂直考核。截至 2008 年末，建设银行成立了 78 家按照"信贷工厂"模式操作的小企业经营中心，并计划在 2009 年扩大到 150 家左右。中国银行继在上

---

① 该《指导意见》主要针对各政策性银行、国有商业银行和股份制商业银行，旨在引导大银行进一步重视小企业金融服务。对于其他银行业金融机构，如城市商业银行、农村商业银行、农村合作银行、城市信用社、农村信用社、村镇银行等，考虑到此类机构的客户和服务对象主要就是小企业，因此不纳入《指导意见》重点引导对象范围。

② 北京银行将原隶属公司业务部下的中小企业中心升级为一级部门——中小企业部；农业银行把原来属于"三农"板块中的小企业业务独立出来，重组设立小企业金融部；宁波银行将小企业业务从公司业务中独立出来，成立了与公司银行部并立的零售公司部，专司小企业业务的发展。

海和福建泉州开展以"信贷工厂"为核心的新中小企业服务模式试点后，计划在2009年底前设立30～40家的新模式信贷工厂。

工商银行在北京、上海、浙江、江苏、安徽、湖北、河南、广东等地设立了小企业专业化经营机构，成立专职的客户经理队伍，提供集融资、结算、投资银行、信用卡、电子银行等业务为一体的全方位、全产品、一站式、综合化中小企业金融服务。建立了中小企业信贷业务审批绿色通道，整合了审批流程。工商银行北京市分行在中关村成立了该行第一家小企业服务中心，2009年将继续选择小企业客户资源丰富的区域，成立为小企业金融服务的"专业支行"；在符合条件的分行辖内，组建"特色支行"或"小企业金融服务中心"。

近年来，各商业银行小企业金融服务"六项机制"建设实践逐渐深入，小企业金融服务专业化发展成为大势所趋，而专营机构的设立正是这种趋势的突出表现。2009年2月，中国银监会要求五大商业银行年内完成小企业信贷专营服务机构的设立，并且重点强调独立核算，要求对小企业不良贷款、信贷综合成本等进行单独考核，形成有特色的激励约束机制，这将进一步有力推动小企业金融服务的专业化进程。

3.2.4　中小企业金融服务品牌化渐成趋势

随着各商业银行对中小企业金融服务的重视，越来越多的商业银行开始从以提供单项产品服务为主转向以产品组合系列为基础提供全面金融服务方案，打造中小企业金融服务品牌，产品\服务组合化和品牌化渐成趋势。

目前，市场上比较活跃的中小企业金融服务品牌主要有：建设银行的"速贷通"和"成长之路"、深圳发展银行的"供应链金融"、交通银行的"展业通"、招商银行的"点金｜中小企业成长"计划、工商银行的"财智融通"、北京银行的"小巨人"、宁波银行的"金色池塘"，以及兴业银行的"金芝麻"等。其中大部分都推出了品牌LOGO，树立起鲜明的市场形象。

表3－4　　　　　　　　　　代表性中小企业金融服务品牌比较

商业银行	品牌	产品支持
工商银行	"财智融通"	● 以融资类产品为主，并涵盖结算、国际业务、电子银行业务、现金管理业务、投资银行业务、理财业务、企业年金业务和银行卡业务等5大系列、9个产品组合，涉及约100个金融产品。为小企业提供一揽子、综合化的金融服务。 ● 在融资类产品组合中，针对小企业所处不同经营环节分别制定了5个产品组合，采用了灵活的融资方式，帮助缺少有效抵押物的小企业获得融资支持。

续表

商业银行	品牌	产品支持
建设银行	"速贷通" "成长之路"	• "速贷通"业务对象是因财务信息不充分而难以达到银行信用评级和授信要求，但对信贷需求迫切的小企业。优势表现为其业务流程及融资条件的方便快捷，不设门槛，在落实足额有效抵质押的情况下，可以不进行评级授信，采取高效快捷的"柜面式"操作，实行限时服务。 • "成长之路"业务对象是信用记录较好、持续发展能力较强的成长型小企业。虽然需要评级授信，但授信额度确定后可以循环使用。 • 在企业不同发展阶段，还针对性地提供配套产品和服务支持，如成长型小企业额度贷款、小企业联贷联保贷款、小企业贸易链融资贷款、小企业法人账户透支、小企业保理业务等多项产品。
交通银行	"展业通"	• 包括6个产品组合套餐：生产经营一站通、贸易融资一站通、工程建设一站通、结算理财一站通、厂商联动一站通和个人投资一站通。包括17个系列产品组合。 • "生产经营一站通"专为生产型企业设计，产品组合分为采购、销售和生产建设等三个阶段的金融服务，囊括了生产型企业的全部经营流程；"贸易融资一站通"服务于具有稳定客户资源的生产型企业、商贸流通企业；"工程建设一站通"服务于为大型工程建设项目配套定点生产的小企业；"结算理财一站通"服务于各类有结算理财需求的小企业；"厂商联动一站通"服务于为核心、龙头生产企业提供原材料、进行产品销售的配套小企业，根据交易细节提供供应链全程金融服务；"个人投资一站通"服务于各类小企业主、个体工商户经营者。 • 另有针对小额贷款授信需求的信贷产品"展业通快车"和知识产权质押贷款、文化创意企业贷款特色产品。
招商银行	"点金∣中小企业成长"计划	根据中小企业发展的不同阶段的生产经营特点和金融需求，提供一系列个性化的金融服务产品及组合。将产品分类打包成创业之道、经营之道、进取之道、成熟之道和卓越之道，并且有效整合了中小企业网上银行服务，有针对性地向不同企业推广。
兴业银行	"金芝麻——中小企业金融服务方案"	针对生产、采购、销售三个财务需求环节，以一站式解决之道，解决中小企业8大资金难题。与小企业现金流、物流紧密结合，提供低成本采购、融资采购、扩大采购、快速回笼、扩大销售、避免坏账、资金临时短缺、创业投资在内的8大金融服务方案，依托动产（仓单）质押、厂房贷款、商票保贴、票易票、T/T押汇、保理融资等便利性产品。

续表

商业银行	品牌	产品支持
深圳发展银行	"供应链金融" 供应链金融 SUPPLY CHAIN FINANCE "池融资"子品牌	• 主品牌"供应链金融"整合了涵盖应收、预付和存货三大领域的数十项供应链融资产品和以离岸网银为主打的电子结算产品。 • 子品牌"池融资"包括出口应收账款池融资、票据池融资、国内保理池融资、出口退税池融资、出口发票池融资五大业务内容，支持不同成长阶段的企业和具有不同应收款资源的企业。
中信银行	"中信·小企业成长伴侣"	根据小企业产、供、销各个环节上的需求，整合 9 大类 31 项产品，提供个性化金融服务方案，满足不同行业、不同类型、不同成长周期中小企业的金融需求。
北京银行	"小巨人"中小企业最佳融资方案 小巨人 中小企业最佳融资方案	包括"创融通"、"及时予"、"信保贷"、"助业桥" 4 大系列，内含中国节能减排融资项目贷款、文化创意企业贷款、知识产权质押贷款、"融信宝"信用贷款和小额担保贷款等 35 种融资产品。
宁波银行	"金色池塘"小企业全面金融服务 金色池塘	包括"透易融"、"诚信融"、"友保融"、"专保融"、"便捷融"、"贷易融"、"押余融" 7 款产品，以及即时灵账户信息服务和特色积分增值服务。
上海银行	"成长金规划"	包括"便捷贷"、"商易通"、"创智贷"、"金赢家"和"小巨人" 5 大系列近 20 项服务内容，分别对应小企业客户日常周转资金、供应链资金（采购、存货、销售）、技术成果转化资金、资金理财、高速成长但缺乏综合服务支持等不同类型的需求。2008 年推出小企业融资"无忧服务"——"省贷无忧①、易贷无忧、速贷无忧"。

注：①通过银行与中介机构的合作，大幅降低小企业贷款所需支付的各类费用，如评估费、保险费、公证费等，部分能满足一定条件的优质小企业客户还将享有全额减免贷款保险费的优惠。

　　在业务归属上，除了交通银行的"展业通"在个人业务线下，宁波银行的"金色池塘"在零售公司类业务中，大部分中小企业金融服务品牌归属于商业银行的公司业务线下。在这些中小企业金融服务品牌下，集结了符合中小企业需求特点的中小企业金融产品\服务，并且大部分都以组合的形式提供有针对性的服务。有的产品组合针对不同类别的中小企业，有的针对企业发展的不同阶段或企业经营产供销的不同环节，有的还细化到不同的担保方式。这些紧密围绕中小企业需求而设计的产品\服务组合以套餐的形式为中小企业提供全面的金融服务，为中小企业灵活选择金融服务提供了便利，体现了商业银行以中小企业客户为中心的服务理念，是近年来中小企业服务市场一个可喜的变化。

尽管各商业银行中小企业金融产品\服务组合的同质化程度仍然较高，但是，随着中小企业金融服务市场拓展的深入，客户细分越来越受到重视。一些商业银行更加注重目标客户群的选择和定位，并不断巩固和积累在特定行业、特定规模等不同子市场中的资源，从而在庞大的中小企业市场中形成自己独特的优势。比如深圳发展银行在供应链金融方面的长期投入使其在中小企业供应链金融服务市场上表现突出；北京银行在中关村科技园区的长期耕耘积累了丰富的科技型中小企业资源，在高新技术行业细分市场上具有独特优势；民生银行以特色行业、特色产品和特定区域为重点开发目标，努力打造专业优势，实现精准营销，在上海地区形成船舶、钢贸、汽贸的行业专攻。在专业化和差异化的发展趋势下，我们有望在中小企业金融服务市场及其细分市场上看到更多更鲜活的金融服务子品牌。

3.2.5 中小企业金融服务创新活跃

■ 金融服务的灵活性增强

中小企业金融服务市场一个显著特点是，服务对象数量庞大、种类繁多、行业分布分散，相比大企业，中小企业对金融服务有更多的临时性和个性化需求，因此，保证服务形式的灵活多样显得尤为重要。这也是近年来商业银行在中小企业金融服务市场上积极探索和创新的重点之一。

在增强中小企业金融服务灵活性方面，近几年来，各商业银行无一例外都在做的是，通过改进中小企业信贷流程和信贷审批标准，压缩信贷审批时间，以适应中小企业贷款"急"的特点，特别是小企业金融服务专营机构的设立将更好地促进中小企业信贷的专业化，实现更加高效的信贷审批流程。除此之外，2008年，我们可以看到在中小企业贷款和还款方式、交易渠道和担保方式上出现了进一步的创新。

针对中小企业现金流的特点，商业银行开始推出随借随还的中小企业循环授信①和灵活的还款方式，如整贷零偿、零贷零偿、分期还本付息等多种方式灵活组合的贷款品种，以减轻中小企业集中还款的资金压力。同时，具有信用卡特征的中小企业金融产品也开始出现。宁波银行推出国内首个为小企业量身定做的账户透支产品"透易融"，主要针对小企业正常生产经营过程中的临时资金支付需求，企业可在结算账户存款不足以支付时，在核定的透支额度内透

---

① 由贷款人与借款人一次性签订借款合同，在合同规定的额度和期限内，允许借款人循环使用流动资金，并按提款的实际使用天数计息。

支以取得信贷资金。该产品免担保、免抵押、按日计息、随借随还，信贷额度最高 50 万元。2009 年，中国银监会适时出台了《关于创新小企业流动资金贷款还款方式的通知》，规定银行和小企业可在借款合同中约定，如有需要，小企业可在贷款到期前申请重新对其进行授信审查。如审查通过可适度延长贷款期限，无须签订新的借款合同、担保合同或重新办理有关手续，以缓解"还旧借新"对小企业造成的资金压力，减少小企业"先还后贷"对银行经营带来的风险和成本。这也反映了监管层更加务实的政策导向，对商业银行开展中小企业金融服务创新是肯定，更是鼓励。

在中小企业贷款担保方式上，商业银行也进行了积极的创新。据人民银行调查统计司统计，到目前为止，从整体上看，中小企业贷款仍是以抵、质押为主，信用贷款只占 17% 左右①。由于中小企业信用信息的非公开性和不对称性，信用贷款的发展仍需要信用环境、信用基础设施的改善，因此，从目前看，担保方式的创新对扩大中小企业贷款规模，提高资金的可得性具有更强的现实意义。除了传统的房地产抵押、有价证券质押和第三方保证之外，针对中小企业担保物不足的现状，越来越多的商业银行开始接受应收账款、经营权、机械设备、存货、信用保险等担保方式，拓宽担保范围。例如，上海银行"商易通"应收账款融资、招商银行的"账权兑"等都是为企业提供应收账款融资服务的产品。浙商银行的"生意圈联保贷款"、"老乡联保贷款"，民生银行基于集群联保授信推出的商圈贷款。针对文化创意、高新技术中小企业客户的特点，北京银行、交通银行还推出知识产权质押贷款业务。此外还有诸如小额商铺抵押贷款、汽车合格证质押贷款、采砂权质押贷款、设备按揭贷款等新业务，以及针对市场经营户及微小企业的摊位租赁按揭贷款等一系列具有创新担保方式的业务，为中小企业依据自身特点申请贷款提供了更多的担保选择。

■ 供应链金融发展加快

供应链金融将中小企业置于供应链的整体、考察其交易关系，更加看重企业的贸易结算记录、合同履约能力和现金流转情况，并借助核心企业的信用能力来解决中小企业融资难的问题，具有很强的应用价值和广泛的应用前景。近年来，以深圳发展银行为代表，越来越多的银行开始发展供应链金融，产品系列、风险控制理念和营销模式也逐渐成形。围绕供应链上中小企业迫切的融资

---

① 部分中小城市商业银行依托地缘和人缘带来的信息优势，积极开展信用贷款。如浙江泰隆商业银行通过考察"三品"（人品、产品、押品）和"三表"（水表、电表和海关报表）开展中小企业贷款，中小企业贷款93%以上是保证信用贷款，仅7%为抵押贷款。但这类机构服务的规模仍然偏小，因此从整体上看，信用贷款占比仍偏低。

需求，国内多家商业银行开始效仿发展"供应链融资"、"贸易融资"、"物流金融"等名异实同的服务。同时，渣打、汇丰等传统贸易融资见长的外资商业银行，也纷纷加入国内供应链金融市场的竞争行列。

2008年，在供应链金融领域表现突出的深圳发展银行继续创新步伐，在其供应链金融主品牌下推出了"池融资"子品牌，将传统意义的应收账款融资进行了延伸，中小企业可将日常、琐碎、零散、小额的应收款、背书商业汇票、出口退税申报证明单据等积聚起来，转让给深发展，深发展即为企业建立相应的应收账款"池"，并根据"池"容量为客户提供一定比例的融资。客户可随需而取，将零散应收账款快速变现。对于具有多个长期较集中的固定商品买家、交易记录良好且保有相对稳定应收账款余额的中小企业，"池融资"无须其他担保抵押，为企业提供了一个相对稳定的较大数额的跨账期融资保障，同时也为出口型企业规避人民币持续升值带来的汇率风险，提供了专业的应收账款管理、交易结算与理财增值服务。此外，招商银行开发的"点金·物流金融"产品，在长三角、珠三角等物流发达的地区也得到了广泛的应用。工商银行重点拓展了供应链融资业务、信用证下的卖方融资业务、基于优质大企业的国内保理和发票融资业务以及商品融资业务，组织评选出了"钢材贸易融资"、"零售链供应商融资业务"、"网贷通"等三个小企业信贷创新产品。民生银行、华夏银行、中信银行等商业银行也陆续推出供应链金融业务。更多商业银行的参与将进一步丰富供应链金融产品\服务，给中小企业带来更多的融资选择。

■ **中小企业主经营性贷款创新频出**

个人经营性贷款是为满足个人客户在生产、贸易等经营活动中的资金需求而提供的方便、快捷、灵活、经济的贷款产品。虽然严格说，中小企业主经营性贷款不属于一般意义上的公司贷款，但由于发放对象的特殊性，也是中小企业资金来源的一个渠道。和一般的公司贷款相比，个人经营性贷款简化了对企业规模大小、盈利水平等方面的要求，申请条件及抵押范围都明显比公司贷款宽松，且办理方便、审批快捷，受到广大私营业主和个体业主的欢迎。而越来越多的商业银行开始通过发展个人经营贷款的创新产品进一步加大力度支持中小企业发展。

2008年，一面是低迷房地产市场下个人房屋按揭贷款的下滑，一面是全球金融危机下中小企业资金普遍紧张，各商业银行抓住时机加大了中小企业主个人经营性贷款的创新，成为中小企业金融服务市场上的一个亮点。商业银行对传统的个人经营性贷款产品进行了创新，丰富了产品内涵，并在贷款额度、贷款期限、交易渠道等方面均有较大的突破。

民生银行先后在上海、广州、深圳、北京等地启动了面向中小企业主和个体工商户的"商贷通"业务，内容涵盖贷款融资、存贷款一体式账户管理、财富管理以及专属银行卡等一揽子金融服务。贷款金额不设上限，可达1000万元以上，贷款期限最长可达10年，优质客户的贷款利率还可以下浮。在授信限额和有效期内，客户可以循环支用贷款，大幅降低客户本金和贷款的占用时限。深圳发展银行推出"展业贷"，贷款最高可以达到1500万元，额度循环使用，不用时银行不计利息，最长期限可达10年。

招商银行推出个人经营贷款产品"周转易"，主要针对大型企业下游分销渠道中的中小企业，以满足其日常性采购资金的需求。客户只需提供符合条件的房产抵押，经过简单的手续，就能获得最高不超过1500万元的可以随时支用的贷款额度，用于向上游供应商购进货物或原材料。"周转易"在个人经营贷款风险管理理念和技术手段上都有很大的突破，通过技术创新将风险管理环节直接嵌入企业供销结算链条，实现了对贷款用途的全程实时自动控制。该产品有定向支付的功能特点，借款人获得贷款额度后，不直接获得资金，而是通过刷卡或网上支付，从银行定向支付给指定客户。该产品还具有延后结算功能，只要在最长50天的延后结算期内结清全部款项，无须支付利息。

浙商银行推出的"自助贷·生意金"产品有效期最长可达2年，且可循环使用，采用以透支形式放款，存款超过约定余额即可自动还款。且授信额度确定后两年内均可随借随还、循环使用。而且在交易渠道上，借款人可任意选择取款机、网银、POS机等途径实现提还款，不再受银行营业网点和营业时间的限制，尤其适合资金进出频繁的中小企业。

中小企业主经营性贷款的发展为拓展中小企业金融服务带来了新思路，中小企业个人金融和企业金融高度混合的特征为商业银行利用个人金融产品丰富中小企业金融服务提供了很大的市场空间。与此同时，由于这是两类性质不同的金融产品，如何有效地控制风险是这类创新需要进一步关注的课题。

■ **金融服务的综合化程度提高**

由于具有丰富的金融产品、数量众多的服务网点和庞大的结算网络，商业银行在全面金融服务上具有一般机构无可比拟的优势，长期以来，商业银行在向大型集团企业提供包括融资、结算、现金管理、投资银行等在内的一揽子金融服务方面积累了经验，而这种全面综合的金融服务理念也逐渐向中小企业金融服务市场延伸，越来越多的商业银行开始争取中小企业客户选择其作为主办银行。在大力发展贷款业务的同时，积极开展了银行承兑汇票、信用证、保函等表外融资业务，并为中小企业提供结算、电子银行、现金管理、银行卡、代理保险等服务。

从商业银行的角度看，为中小企业提供经营活动过程所需的各种金融服务，不仅可以带来更多的交叉营销收入，还有利于商业银行积累和掌握更多中小企业的信息，及时跟踪其信用变化，以更好地进行风险管理。而对中小企业而言，除融资服务外，便捷灵活的非融资类金融服务能更好地帮助解决运营管理中的问题、更高效地进行业务拓展，其重要性并不亚于融资服务。这也是商业银行在中小企业金融服务市场中有别于其他机构的重要作用，尽管这种作用往往被融资不足的声音所掩盖。

2008 年，我们可以看到，除了前述以贷款为主的融资类金融产品的创新之外，一些商业银行进一步推出了为中小企业量身订制的结算产品、网银产品、资金产品、负债产品、保险产品以及现金管理、代发工资服务等中间业务产品。比如在电子银行业务领域方面，工商银行、招商银行等商业银行针对中小企业客户专门推出了中小企业版网上银行，提供了账户查询、账户对账、转账汇款、代发工资、网上纳税和在线财务软件等常用功能，为中小企业提供快速、便捷的资金结算和资金管理服务，对中小企业客户提高财务信息化管理水平，提高资金运营效率，节约资金运营成本发挥了重要作用。针对中小企业财务管理能力不足的现状，宁波银行通过即时灵账户信息服务和特色积分增值服务为客户及时提供账户变动情况和账户管理服务。浙商银行还针对小企业与其业主之间资金高度粘合的特点，推出了无缝链接小企业账户和业主账户的小企业网上银行，方便客户不断提高资金管理和营运能力。

与此同时，针对中小企业的财务顾问、投资银行和咨询业务也开始成为商业银行为中小企业提供的增值服务。交通银行、浦发银行等商业银行为创业期小企业介绍风险投资机构、创业投资基金，联络相关投资银行机构为有上市融资需求的客户提供直接融资培训与理财服务，这些措施提升了中小企业信贷业务的盈利水平和服务内涵。对于优质的高成长性中小企业客户，工商银行、招商银行等商业银行利用长期形成的银企关系，开始加大财务顾问、投资银行等业务的营销力度，帮助中小企业走向资本市场。上海银行整合商业银行和投资银行服务，并与各类投资银行建立合作关系，为具有直接融资需求的小企业提供包括风险投资和 IPO 在内的各项投资银行服务，帮助小企业扩大直接融资渠道。这些增值服务有利于中小企业获得其成长过程中所需要的资源，体现商业银行对中小企业的综合金融服务能力，也将成为商业银行吸引中小企业客户、增加客户忠诚度的竞争手段。

■ 跨界合作出现创新亮点

中小企业信用信息难以获得一直是制约商业银行扩大中小企业金融服务的瓶颈之一，这一问题的解决更多有赖于社会信用体系的建立和完善，是一个长期的过程。然而，在这样的现实背景下，我们非常高兴地看到，一些具有创新精神的商业银行主动出击，与具有丰富的中小企业客户资源和信息资源的企业合作，开展中小企业金融服务创新。建设银行与阿里巴巴的合作就是这样银企跨界合作创新的一次成功尝试。

随着互联网的不断发展，众多小企业在网上建立了自己的经营窗口，作为全球最大的网上贸易市场，阿里巴巴的B2B电子商务网上贸易平台已拥有注册的买家、卖家810多万户，积累了庞大的中小企业客户网络交易信用记录。而这其中不少企业因规模小或无抵、质押物，无法得到银行的信贷支持。2007年6月，建设银行与阿里巴巴展开全面合作，将从事电子商务的中小企业客户在阿里巴巴的网络信用度作为客户评价授信的重要依据，创新推出的网络银行电子商务信贷业务"E贷通"系列产品，在全国率先为网商提供了贷款。

2008年，建设银行继续深化企业网上银行"E贷通"服务，提供"全流程不落地"电子商务信贷业务全流程服务。借助阿里巴巴B2B电子商务平台，客户的合同申请、合同签订、支用申请、贷款支用，以及相关查询均通过网络完成。"E贷通"服务在业内首先开创了全程电子渠道自动化和银行贷款批量处理的创新模式，为电子商务客户提供了快速、便捷、畅通的全程电子化企业融资渠道，满足了中小企业客户低成本、移动办公、快速反应的经营需求。目前产品包括电子商务联贷联保、电子商务订单融资、电子商务速贷通。其中最主要的是"网络联贷联保"——利用网络撮合组建联保体，联保体成员之间互相担保，即在阿里巴巴网站注册的三家或者是三家以上的企业通过组成一个共同的联保群，愿意承担群内其他所有企业的风险及其他责任和权利后，一起向建设银行申请贷款。这种"联贷联保"不需要小企业提供抵押物，借助阿里巴巴网站的"网络公示"和"终止服务"等手段提高客户的违约成本，以客户互控，缓解银行与贷款企业的信息不对称问题。而且建设银行与阿里巴巴双方各出资2000万元，共同建立了一个"风险池"，以尽量弥补可能发生的信贷风险损失。

截至2008年末，建设银行已累计向533家小企业电子商务客户发放贷款12.4亿元，贷款余额10.7亿元。目前，已经有包括建设银行和工商银行在内的5家商业银行与阿里巴巴展开跨界合作，为小企业提供网上融资服务。通过跨界合作，商业银行扩大了中小企业客户资源，丰富了中小企业金融服务的网络渠道，为进一步批量化发展小型和微型企业的信贷服务提供了宝贵的经验，而阿里巴巴则为其客户搭建了融资的桥梁，丰富了增值服务的内容，提高客户黏度，从而实现了银企双方以及中小企业的"三赢"局面，这对中小企业金融服务的创新具有很强的示范效应。

3.3 政策性银行：各有千秋

随着中小企业在吸纳就业、改善民生方面的作用得到越来越多的关注，近年来，中小企业金融服务市场中也开始出现政策性银行的身影。

国家开发银行是进入市场最早也是相对活跃的一家，其发展战略已由支持"两基一支"大项目的单极发展，转向增加支持包括中小企业在内的基层金融业务和民生领域的双极发展。针对中小企业融资特点，国开行从创新贷款业务模式、推动信用担保体系建设及开展微型贷款试点等方面着手，推动业务发展，形成了开发性金融服务中小企业的特色。2008 年国开行发放中小企业贷款 368 亿元，中小企业贷款余额达 556 亿元，比 2007 年的 343.1 亿元增长 62%。累计发放中小企业贷款 910 亿元，支持中小企业工商户和农户 101 万户。

尤其值得其他政策性银行借鉴的是国开行在微型贷款领域与地方金融机构的合作，这是其利用开发性金融优势带动商业性金融的成功试验。2005 年引进欧洲复兴开发银行和德国复兴信贷银行等国际开发性金融机构，以地方中小商业银行为依托，按照商业可持续的原则，在包头、台州和九江等地开展了制度型微贷试点。截至 2008 年 6 月底，国开行已与 12 家中小金融机构开展了微型贷款合作，累计向 3.8 万户个体户发放贷款 37 亿元，比 2007 年末增长 146.7%，贷款平均额度 5 万元，不良贷款率仅为 0.1%。贷款支持对象包括下岗工人、失地农民和个体创业者，贷款覆盖了零售商店、汽车修理铺、餐馆、洗衣店、个体运输等行业，其中，90% 以上的客户是第一次从银行获得贷款。此外，2006 年，国开行和团中央联合实施"中国青年创业小额贷款项目"，截至 2008 年末，国开行在青海、安徽、江西、天津等 20 家分行累计发放青年创业小额贷款 6.6 亿元，支持企业 474 家，创业青年 1381 人。

2008 年，在推动信用担保体系建设方面，国开行积极推动浙江省担保机构"抱团增信"项目，将多个担保机构的信用整合"抱团"成一个共同的担保体系，从而提升信用能力。并且由各担保机构出资成立共同风险准备金，承担"再担保"责任，这是在缺乏专业再担保机构情况下的有益创新。"抱团增信"担保融资模式自 2007 年 4 月开始运作以来，截至 2008 年末已经累计向浙江 332 家成长型小企业发放贷款 5.24 亿元，户均贷款 158 万元，收效良好①。

中国农业发展银行则侧重于农业小企业贷款的尝试。2007 年 6 月，农发

---

① 国家开发银行 2008 年年报。

行开始全面开办农业小企业贷款业务，为农、林、牧、副、渔业从事种植、养殖、加工、流通的小企业提供金融服务。截至 2008 年末，累放农业小企业贷款 104.9 亿元，支持企业 4000 家[①]。其中，加工类企业贷款占比最高，养殖类企业贷款和种植类企业贷款次之。目前，尽管直接获得农发行农业小企业贷款的小企业数量还十分有限，但政策性银行的示范和引导作用将有利于带动其他金融资源进入这一市场，共同为农业小企业提供金融服务。

另一家政策性银行——中国进出口银行在中小企业金融服务领域的活跃度相对要低一些，尽管 2006 年提出从仅支持大型企业向同样支持中小企业调整，对小企业的进入门槛进行下调，对达不到最低门槛的小企业实行统借统还、平台转贷。但由于集中在软件行业、台资小企业和机电出口小企业有限的范围内，尚未能形成更大的市场影响力。当前形势下，在通过国际贸易融资、进出口信贷等灵活的手段为中小企业提供金融服务，帮助它们在疲软的国际市场中开拓出新的市场，及时高效地引进国外技术促进产业升级等方面，进出口银行仍有很多可为之处。

3.4　小额贷款公司：异军突起

小额贷款公司主要以微小企业、个体工商户和"三农"为服务对象，单笔贷款基本在 50 万元以下，填补了以往城市金融的盲点，在金融危机背景下及时为中小企业输血，成为金融危机下"救市"中新的生力军。

■ 发展明显提速

2008 年是小额贷款公司异军突起的一年。2008 年 5 月，中国银监会与人民银行联合发布《关于小额贷款公司试点的指导意见》，这是继 3 年前人民银行在川、黔、晋、陕、蒙五省区启动"只贷不存"小额信贷机构试点，成立 7 家小额贷款公司后一次里程碑式的提速，市场普遍认为这是监管层对民间金融开始从以堵为主转向疏堵并举的政策信号，民间资本开办小额贷款公司的热情一时高涨。

据不完全统计，目前已经开业的小额贷款公司达 390 多家，筹备成立的有 400 多家[②]。从各地情况来看，小额贷款公司不仅活跃在江浙等沿海一带民营经济集中的地区，在山西、内蒙古、重庆等内陆省份和城市，小额贷款公司的数量也有较快增长。截至 2008 年末，浙江已有 40 多家小额贷款公司将申报材

---

① 中国农业发展银行 2008 年年报。
② 张宇哲：《农村金融"集结号"》，载《财经》，2009（9）。

料上报省金融办，其中 25 家小额贷款公司通过审核，12 家已正式开业经营；上海市开业的 20 家小额贷款公司合计放贷已达 7.5 亿元；内蒙古全区已经批准设立小额贷款公司 156 家，注册资金 110 亿元，区县域覆盖率已超过 60%；安徽省共审批设立小额贷款公司 40 余家；辽宁省已有 37 家小额贷款公司获得批准筹建，累计注册资本金 17.2 亿元；重庆分三批先后批准了 52 家小额贷款公司，分布于重庆市 31 个区县，总计资本金达到 40.9 亿元，其中 10 家已经正式开业营运，累计投放贷款 4.1 亿元。

■ 发展制约因素尚存

然而，根据《关于小额贷款公司试点的指导意见》，小额贷款公司不能吸收公共存款，主要资金来源为股东缴纳的资本金、捐赠资金和来自不超过两个银行业金融机构的融入资金，而且从银行业金融机构获得融入资金的余额，不得超过资本净额的 50%。由于受到资本金的制约，目前很多小额贷款公司经过一段时间的业务扩张后面临"无钱可贷"的境况。此外，小额贷款公司从性质上不属于金融机构，必须按照工商企业纳税，并且不能享受银行间同业拆借利率而只能依照企业贷款利率融资，因此，小额贷款公司融资显性成本和隐性成本均偏高。加之向"村镇银行"转型的政策尚不明朗，小额贷款公司的发展仍有待观察。

3.5　创业投资机构：渐入佳境

经过十年的发展，我国的创业投资机构已经成为支持中小企业发展的一支独特力量，创业投资专注于高成长性中小企业，尤其是技术型中小企业的股权投资，并提供增值服务帮助其成长。由于这类中小企业的发展具有高度的不确定性，且通常难以满足传统金融机构的信贷标准而获得信贷支持，创业投资机构提供的融资服务对其成长发挥了关键的作用。因此，尽管从支持企业的数量和提供融资的金额上看，创业投资占整个中小企业金融服务市场的份额很小，但是，由于其支持的中小企业高成长的示范效应，以及与传统金融机构差异互补，创业投资机构对中小企业金融服务市场的完善和活跃起着重要的作用。

■ 创投募资和投资持续双增长

目前，我国已经有近百家创业投资机构活跃在北京、上海、江苏、深圳、浙江、广东、山东等地。在金融危机席卷全球的 2008 年，中国创业投资市场保持了很高的活跃度和吸引力，创投市场新募基金数和募资金额创历史新高。81 家中外创投机构新募集 116 只基金，基金数量较 2007 年增加了一倍。新募资金较 2007 年增加了 33.3%，新增可投资于中国大陆的资金额 73.1 亿美元。

截至 2008 年末，活跃在中国市场的创投基金可投资到中国大陆的资本存量达到 244 亿美元①。

从投资方面来看，2008 年全年共有 607 家企业得到创投机构的资金支持，较 2007 年增加 38%；已披露金额共计 42.1 亿美元。虽然 2008 年中国创投市场仍保持增长的态势，但投资案例数和投资金额的增速较 2007 年已明显放缓，部分创投机构已倾向于采取更加保守和谨慎的投资策略来应对目前复杂而严峻的市场变化。

■ **创投支持创业创新特点显著**

从创业投资的阶段分布来看，扩张期企业仍获得创投机构的青睐，在获投案例数和获投金额方面均遥遥领先于初创期和成熟期企业。具体来看，302 家扩张期企业获得 24.9 亿美元的投资，分别占投资总量的 49.8% 和 59.1%。初创期企业获投数量和获投金额分别占总量的 29.0% 和 13.9%，成熟期企业获投数量和获投金额分别占总量的 9.7% 和 15.4%。

从创业投资的行业分布来看，广义 IT 行业占比最高，传统行业和服务业紧随其后，生技/健康和清洁技术行业投资略少。与 2007 年相比，各行业所占份额有明显的变化：广义 IT 行业和生技/健康行业明显降温，其中广义 IT 行业的投资案例数和投资金额占比均降至 40.0% 以下，生技/健康行业占比也均降至 8.0% 以下；其他行业所占比例相应有所提高，其中传统行业上涨幅度较大，投资案例数和投资金额占比均超过 20.0%；此外，清洁技术行业的投资案例数和投资金额占比均超过 5.0%。

截至 2008 年末，共有 173 家高成长性中小企业在创业投资的支持下，通过境内外公开发行的方式实现了向公众公司的转变，这些中小企业的优秀代表市值已逾 800 亿美元②，对引导鼓励创业和创新具有很强的示范效应。

■ **创投本土化进程启动**

2008 年，创业投资市场一个突出的特点是本土化进程的启动，突出表现在募资和投资的"人民币化"。116 只新募基金中有 88 只为人民币基金，占新募基金总数的 75.9%③。随着鼓励股权投资基金发展政策的落实，2008 年，各地政府纷纷积极推动创业投资的发展以扶持当地中小企业。但是，与 1999 年政府直接出资组建创业投资机构不同的是，本次热潮中，绝大多数是以创业投

---

① 本节数据来自清科集团：《2008 年中国创业投资年度研究报告》，2009 年 1 月。
② 其中，在海外市场上，创投支持的上市企业数量为 89 家，上市企业市值为 523 亿美元；在境内市场上，创投支持的上市企业数量为 84 家，上市企业市值为 299 亿美元。
③ 但由于人民币基金的募资规模相对较小，人民币基金募资规模仅占募资总额的 32.0%。

资引导基金的方式进行间接的推动，而非直接投资，这有利于保护和充分发挥创业投资的市场力量，保持可持续发展。

与此同时，人民币投资案例数和投资金额占比均有大幅上升。全年共有269起人民币投资案例，披露的投资金额达13.9亿美元，分别占投资总量的44.3%和33.1%。受金融危机的影响，外资有限合伙人①投资普遍低迷，而本土机构投资者逐渐成熟，这将使外资和中资的比例产生更大的分化。

■ 创投政策支持力度加大

2009年1月，我国创业投资最活跃的地区——北京市出台了《关于促进股权投资基金业发展的意见》，为完善创业投资的发展提供了政策支持。2009年3月，中国证监会发布《首次公开发行股票并在创业板上市管理暂行办法》，将于5月1日正式推出创业板市场，这对完善创业投资的退出渠道具有重要意义，为经济严冬中的中国创业投资带来春天的希望。

3.6 典当行：逆势增长

典当行是基于典当物品的价值提供融资，由于典当行对典当物品要求灵活、手续简便、交易快捷，是解决临时性资金需求的一种融资手段。近年来，以居民为主要服务对象的生活用品典当，正逐步扩大至以中小企业和个体工商户为主要服务对象的生产资料、房地产、机动车以及股票等财产权利典当。据估计，对中小企业的典当金额占比超过70%。作为辅助性的融资手段，典当行在中小企业金融服务中起到拾遗补阙的作用。

我国典当业经历了"无序、整顿、规模、发展"的成长历程，进入21世纪，典当业保持平稳快速发展。据全国典当专业委员会统计，截至2008年末，全国共有典当行3600余家，典当行资产总额超过千亿元。其中，2008年新增800多家，增长近30%②。受金融危机影响，中小企业出现资金周转困难，尽管典当行的利率要比银行高，很多中小企业选择典当进行短期融资。特别是沿海一带的典当行2008年业务量增长迅猛，统计数据显示，广东省典当行税后利润同比增幅均在80%以上，一些当铺甚至出现排队等典当的现象。典当物品中，房地产和汽车占比上升，典当金额显著提高。

典当行的逆势上扬为危机下的中小企业提供了及时的金融服务，同时也吸

---

① 外资有限合伙人系外币创业投资基金的资金来源方。
② 王菁菁：《八百新兵"入伍"典当急速增容》，载《中国商报·收藏拍卖导报》，2009-01-01。

引更多的新进入者，2009年，典当行有望延续2008年的增长势头。

3.7　融资租赁公司：潜力尚待开发

在美国等发达国家，融资租赁业是仅次于银行业的第二大资金供应渠道。由于是基于租赁资产的"硬信息"提供融资，融资租赁也是那些信息不透明的中小企业经常使用的一种金融服务[①]。

融资租赁自20世纪80年代初被引入我国后，经过20多年的发展，融资租赁行业已开始进入新的快速发展阶段。随着商业银行开办金融租赁业务试点工作稳步推进，非银行系金融租赁公司通过重组逐步实现战略转型，我国融资租赁业正在走向规范、健康、快速发展的轨道。目前中国银监会审批监管的金融租赁公司有12家，其中包括民生金融租赁公司、招银金融租赁公司、工银租赁、建银租赁和交银租赁5家商业银行试点的金融租赁公司。内资融资租赁试点企业已经由最初的9家发展为37家，外商投资的融资租赁公司已累计批准100多家。注册资本超过500亿元，可承载的资产管理规模可达6000亿元以上。2008年融资租赁交易额迅猛上升，全年融资租赁业务总量约1550亿元，比2007年的500亿元增长了210%，表现出良好的发展势头[②]。

然而，相比发达国家25%的融资租赁渗透率（租赁交易发生额与社会设备投资总额之比），我国融资租赁渗透率仍很低，不到3%[③]。其次，即使是这样一个规模尚小的融资租赁行业，目前主要服务的对象大多还是电力、通信、石化、航空、船舶等规模较大的生产和服务运营商、大型设备制造商以及希望利用租赁融资均衡税负的优质上市企业。

可喜的是，一些有远见的融资租赁公司已经认识到我国中小企业市场的潜力并开始逐步进入。在危机的影响下，大批中小企业，特别是制造业的中小企业进行产业结构升级的需求显著增加，而且比以往更加紧迫。从低端制造向高端创造的战略转型需要大量的设备更新和技术改造，但中小企业因资金紧张无法进行大规模的投资，因此，融资租赁在中小企业金融服务中的应用正逢其时，对当前宏观形势下的中小企业尤其有益。为了给融资租赁创造更好的发展环境，人民银行征信中心开始积极准备依托应收账款质押登记公示系统建立融

[①]　IFC对韩国等18个发展中国家的实证研究表明，中小企业与租赁业的发展密切相关，一般租赁业越发达，中小企业的投资需求越旺盛，私人投资占GDP的比例越高。

[②]　《09年中国融资租赁业务总额预计逾3500亿》，新华网，2009-03-30。

[③]　石仁坪：《三十而立——中国融资租赁业依然"青涩"》，载《第一财经日报》，2009-02-11。

资租赁登记公示系统，这将对融资租赁在中小企业金融服务中的广泛应用起到很好的促进作用。

3.8 信托公司：出现创新亮点

2008 年，中国银监会在《关于认真落实"有保有压"政策进一步改进小企业金融服务的通知》中提出，在加强监管、控制风险的前提下，发展信托融资、租赁融资、债券融资和以信托、租赁为基础的理财产品，拓宽小企业融资渠道。发挥信托公司跨市场经营、形式灵活的优势，为中小企业提供金融服务逐渐引起市场的关注。

在我国，信托业发展近 30 年的时间里，经历了大起大落，在 6 次大整顿后，剩下目前 54 家信托公司。自 2007 年 3 月 1 日起《信托公司管理办法》和《信托公司集合资金管理办法》开始正式实施。上述两办法的实施对信托业的规范持续发展指明了方向。截至 2008 年 11 月末，全国 54 家信托公司的固有资产达 871.1 亿元，管理的信托财产余额达 13325 亿元，实现净利润 90.7 亿元。在资本市场的"寒冬"中取得了不俗的业绩。然而，虽然在所有的热门业务领域，几乎可以看到信托公司的影子，唯独在中小企业融资领域，除了几单尝试性、不成规模的 PE 业务外，信托公司几乎没有涉足。据西南财经大学信托与理财研究所统计，2008 年全年市场上发行的信托产品共计 690 款，总规模 818.9 亿元，然而实事求是地看，其中为中小企业定制的信托产品还非常少。

可喜的是，2008 年，信托业给中小企业金融服务市场带来了一抹亮色。中投信托与杭州市西湖区政府以及浙江中新力合担保有限公司联合发起成立了全国首个小企业集合信托债权计划。基本运作模式是，由信托公司发起募集资金，信托公司所募集资金的社会受益人作为优先受益人，由担保公司作为次级受益人，政府或由地方财政所成立的中小企业引导基金作为劣后受益人。基金募集完成后，由地方政府在其管辖区域内筛选出质地优良的中小企业，信托基金将资金投向这些企业。目前已经发行了规模 5000 万元的首期产品"平湖秋月"（资金投向 20 家科技型中小企业）。信托计划的实施也带动了商业银行对这些企业的贷款支持，首期获得支持的中小企业发展势头良好。这为有效发挥政府资金的引导作用开辟了新途径，随后被江苏等地效仿。

信托公司运用集合资金信托的形式，实现了政府扶持中小企业发展的政策意图，拓展了委托人的投资渠道，增加了资金来源。通过风险收益分配结构设计，解决了不同市场主体对风险和收益的差异化需求。这是信托公司发挥信托制度灵活性优势，积极进行产品创新的良好尝试，也是在国家"支持中小企业发展，鼓励地方人民政府通过资本注入、风险补偿等多种方式增加对信用担保公司的支持"政策（《国务院办公厅关于当前金融促进经济发展的若干意见》）出台之后信托行业的积极响应①。随着信托公司的专业化发展和市场的逐步细分，通过信托的方式为中小企业提供量身订制的金融服务是值得鼓励和期待的。

3.9　中小企业信用担保机构：政策扶持加大

由于中小企业普遍缺少合格抵押品，要求提供信用担保是目前大多数金融机构在中小企业金融服务中普遍采取的风险管理手段，因此，中小企业担保机构因此成为中小企业金融服务活动中非常重要的一类非金融机构。从担保入手逐步采取措施解决中小企业贷款难的问题是 2008 年一项重要的政策措施。

■ 担保机构和规模保持增长

截至 2008 年末，全国中小企业信用担保机构已达 4247 家，共筹集担保资金 2334 亿元，当年为 23 万户中小企业提供的贷款担保额达 7221 亿元，实现收入 376.4 亿元，纳税 30.5 亿元，实现利润 44.7 亿元。2008 年在保中小企业近 17.4 万户，在保责任余额 4429.7 亿元。目前中小企业贷款累计担保额已达 1.75 万亿元，累计担保企业 90.7 万户②。担保机构的持续发展为增加中小企业融资、促进地方经济发挥了重要作用。

■ 财税扶持力度加大

《国务院办公厅关于当前金融促进经济发展的若干意见》指出，要落实对中小企业融资担保、贴息等扶持政策，设立包括中央、地方财政出资和企业联合组建在内的多层次中小企业贷款担保基金和担保机构。为了解决中小企业普遍面临的融资难、担保难的问题，2008 年下半年，中央财政追加 10 亿元用于补贴中小企业信用担保机构，目前 10 亿元资金已下达 330 个担保机构，预计可为 4 万户中小企业提供 2500 亿元贷款担保。在中央财政的带动下，一些地方财政也加大了对中小企业担保机构的资金注入，同时继续对符合条件的担保机构给予免征三年营业税的税收优惠。

由于近年来担保业务的迅猛增长，很多担保机构面临资本金的约束，担保

---

① 秦炜：《2009 年信托业务重点：政信合作助中小企业发展》，载《证券日报》，2009 – 04 – 10。
② 狄娜：《2008 年度全国中小企业信用担保机构发展概况》，全国中小企业信用担保机构负责人联席会议网站。

规模无法进一步有效放大。同时，受金融危机影响，不少企业出现了盈利能力减弱、亏损增加、还贷能力下降的现象，导致担保机构代偿风险骤增，担保机构的压力进一步加大。因此，财政资金的注入对政策性担保机构保持稳定发展，扩大担保规模具有积极的作用。

■ 再担保机构破冰

作为完善中小企业担保体系的重要措施，再担保机构在多年研究论证后终于破冰。2008 年年初和岁尾分别成立了两家再担保公司。东北中小企业信用再担保股份有限公司成为政府支持的全国第一家区域性中小企业再担保机构。公司注册资本金为 50 亿元。其中，国家开发银行出资 25 亿元，辽宁、吉林、黑龙江省、内蒙古自治区和大连市各出资 3 亿元，中央财政出资支持 10 亿元。北京市中小企业信用再担保股份有限公司则是全国第一家地方出资成立的省级中小企业再担保机构，由北京市财政出资 15 亿元成立。随后，上海、广东、江苏、陕西、山西等地也准备试点筹建再担保机构，2009 年将有更多的地方性再担保机构出现，而且国家级的再担保机构也在酝酿中。

再担保机构的成立和运营有望发挥再担保机构的政策导向，促进中小企业信用担保机构的担保功能扩大和整体信用能力的提升，完善中小企业信用担保体系，防控和化解系统风险，加大对中小企业信贷支持。

■ 监管缺位问题得到重视

随着中小企业信用担保活动的活跃，担保机构承担的风险增加，生存压力增大，导致一些中小企业信用担保机构违规操作的情况增加。2008 年中科智担保公司出现问题，引起管理层对担保机构，特别是融资性担保机构监管问题的关注。长期以来，担保公司处于监管的"灰色地带"，尚未建立各部门定位清晰、分工明确、信息共享、协调合作的监管机制，行业中的人员情况和突出问题难以及时掌握和处理，联合监控的优势未能发挥。2008 年，有关成立监管中小企业信用担保的管理机构的政策已经得到了有关部门的批准，2009 年初，国务院办公厅下发了《关于进一步明确融资性担保业务监管职责的通知》，明确了由中国银监会牵头联席会议的管理模式，担保机构的监管问题有望在 2009 年得到改善，这对中小企业担保机构的长远发展起到积极的作用。

3.10　股票市场：积极变化显现

股票市场作为企业直接融资的公开市场，是中小企业发展壮大到一定阶段后的融资选择。中小企业通过股票市场上市，实现向公众公司的转变，不仅可以获得长期权益性资本的融资渠道，还有利于改善中小企业的公司治理结构和规范发展。更为重要的是，由于其显著的公开市场效应，可以发挥以点带面的作用，带动创业投资、民间资本以及商业银行等传统金融机构对中小企业的支持。因此，一个包括股票市场在内的多层次资本市场对中小企业金融服务的长远可持续发展具有重要的意义。相比美国等发达国家，我国服务于中小企业的股票市场尚处于起步阶段，其服务的广度和深度均有待进一步发展，虽然目前在中小企业金融服务中的作用尚未得到充分的发挥，但一些积极的变化正在逐渐显现。

■ 中小企业板扩容放缓

2008 年，由于股市持续低迷，新股 IPO 停滞。全年深圳中小企业板有 71 家中小企业发行上市，融资 301 亿元，上市中小企业数量和融资规模均比 2007 年有所下降。截至 2008 年末，共有 273 家中小企业在深圳中小企业板上市融资，共融资 969.4 亿元[①]，平均融资规模超过 3 亿元。从中小企业板上市公司的资产、营业收入来看，尽管规模比同行业的龙头企业要小，但也普遍超出《中小企业标准暂行规定》中"中小企业"的标准。因此，中小板是中小企业发展接近或进入成熟期后的融资渠道。

■ 创业板渐行渐近

相对于中小企业板较高的融资门槛，上市条件相对宽松的创业板被更多的中小企业寄予厚望。但是，2008 年创业板在众目期盼中仍未能正式推出，然而这一局面在 2009 年将发生可喜的变化。2009 年 3 月，中国证监会发布《首次公开发行股票并在创业板上市管理暂行办法》，于 5 月 1 日正式推出创业板市场。经过近 10 年的积累，已经形成了大量创业板拟上市中小企业资源，创业板将成为这些优秀中小企业进行直接融资，筹集长期权益性资本的主要市场。需要引起注意的是，创业板服务的中小企业只是数量庞大的中小企业中的凤毛麟角，除了为中小企业提供直接融资，创业板的价值更体现在，完善中小企业金融服务的多层次资本市场，为我国创业投资提供退出渠道，提高创业投资的资本增值循环效率，从而最终使中小企业受益。

■ OTC 市场迎来发展契机

OTC 市场（柜台交易系统）挂牌的条件更为宽松，门槛更低，适合中小企业进行股权融资和交易，也是多层次资本市场的重要组成部分。相对国外，我国 OTC 市场的发展起步很晚。作为中国证监会、北京市政府和科技部等有关部门落实《国家中长期科学和技术发展规划纲要（2006—2020）》关于推动高新技术企业股份转让的要求而推出的一项重要措施，2006 年 1 月 23 日，正

---

① Wind 数据库。

式启动了中关村科技园区非上市股份有限公司股份报价转让系统（简称"新三板"）。"新三板"要求挂牌企业发行前资本金不低于500万元，主营业务突出，具有持续经营记录，并未对企业盈利情况作出硬性规定。

2008年"新三板"挂牌公司新增18家，其中凯英信业、彩讯科技、大地股份、中兴通、鼎普科技5家公司集中挂牌，是"新三板"成立至今最大规模的一次集中挂牌仪式。截至2008年末，"新三板"市场挂牌公司已达42家[①]。除了正常的股份转让，"新三板"挂牌公司还可以通过定向增发的方式进行融资，截至目前，已有8家公司进行了9次融资，融资额从800万元到7000万元不等。2008年，全国53家高科技园区已经全部与中国证券业协会签订了协议，其中，中关村外其他园区的18家企业已经进行了预备案。这预示着"新三板"的挂牌公司范围将延伸至中关村以外的其他园区，"新三板"的规模有望进一步扩大，这将有力推动高新技术中小企业金融服务的改善。

另一个OTC市场也于2008年浮出水面。2008年3月13日，国务院在对滨海新区综合配套改革方案的批复中明确提出"积极支持在天津滨海新区设立OTC市场"，随后天津市政府正式批准天津股权交易所开展"两非两高"[②]公司股权和私募股权基金份额交易。2008年12月26日，天交所正式开业，如何发挥股权交易所在中小企业金融服务中的作用，我们拭目以待。

3.11　债券市场：试点难成主流

股票市场提供了权益性资本的直接融资渠道，而债券市场则提供了债务性资本的直接融资渠道。目前，我国债券市场中，企业债券和短期融资券的发展起步不久，虽然最近两年保持快速发展的态势，但在整个债券市场中的规模占比依然很低，仅有10%左右，并且主要服务于信用状况良好的大型企业。由于中小企业信用等级相对较低，发行规模小，对债券市场的大型机构投资者缺乏吸引力；受投资品种的限制，主流机构投资者也难以成为中小企业债券的主要投资者。因此，在短期内，债券市场难以成为中小企业直接融资的主流渠道。此外，中小企业在债券市场融资规模的扩大，还有待于债券市场投资主体风险偏好的多元化，也有赖于规范、完善的担保体系为中小企业发行债券提供信用增级。

---

① 截至2009年4月，已扩容至53家。

② 所谓"两高"企业是指国家级高新技术产业园区内的高新技术企业，"两非"是非上市非公众公司，即未上市的股东人数未超过200的企业。

2008 年，《国务院办公厅关于当前金融促进经济发展的若干意见》指出，要扩大债券发行规模，积极发展企业债、公司债、短期融资券和中期票据等债务融资工具。稳步发展中小企业集合债券，开展中小企业短期融资券试点。在政策的推动下，尽管 2008 年债券市场在中小企业金融服务方面没有量的突破，但依然有个别亮点。

■ 中小企业短期融资券首次试点发行

2008 年，银行间市场交易商协会创新融资产品，接收福建海源自动化机械股份有限公司、横店集团联宜电机有限公司等 6 家中小企业试点发行短期融资券注册，注册总额度 2.52 亿元。首批已发行 5 只中小企业短期融资券，规模从 2000 万元到 5000 万元不等，发行利率从 6.1% 到 7.02% 不等，募集资金 1.6 亿元①。

表 3 - 5　　　　　　　　2008 年发行的中小企业短期融资券一览表

债券简称	债券代码	发行人	发行日期	发行量（万元）	票面利率
08 联 CP01	0881223	浙江横店集团联宜电机有限公司	2008 - 10 - 17	5000	6.40%
08 闽海源 CP01	0881224	福建海源自动化机械股份有限公司	2008 - 10 - 17	4000	7.01%
08 七星 CP01	0881225	北京七星华创电子股份有限公司	2008 - 10 - 17	3000	6.93%
08 苏东光 CP01	0881226	江苏东光微电子股份有限公司	2008 - 10 - 20	2000	7.02%
08 中兴集 CP01	0881228	深圳市中兴集成电路设计有限责任公司	2008 - 10 - 21	2000	6.10%

数据来源：中国债券网。

但是，中小企业短期融资券遭受市场冷遇。例如，交通银行承销的七星华创电子短期融资券以及中信银行承销的福建海源自动化公司短期融资券均未能在发行日 10 月 17 日当天顺利完成发行工作，承销商不得不余额包销了大部分短期融资券。2008 年 10 月 20 日，交通银行持有 "08 七星 CP01" 的 80%，而中信银行持有的 "08 闽海源 CP01" 的 75%。究其原因，这 2 只短期融资券期限均为 1 年，发行量仅为 0.3 亿元和 0.4 亿元人民币，发行主体评级均为 A -，其票面利率分别为 6.93% 和 7.01%，持平或略高于银行同期贷款利率。对于保险公司而言，受监管限制，A - 信用评级的短期融资券不在保险公司投资范围内；对于银行而言，购买这样的短期融资券与直接发放贷款基本无异，导致短期融资券在银行间市场缺乏吸引力。

---

① 不到短期融资券整体发行量 4308.5 亿元的万分之四。

■ **中小企业集合债发行受阻**

与中小企业短期融资券高调发行形成鲜明对比的是，继 2007 年首只中小企业债券"07 深中小债"和随后"07 中关村债"发行后，2008 年，中小企业集合债的发行遭遇窘境。"07 深中小债"的第二期集合债和"08 中关村债"均未能在本年获准发行。此外，湖北、四川、河南、浙江、辽宁等地集合债发行的时间表也一拖再拖，2008 年的发行计划全部搁浅。2009 年 5 月，大连中小企业集合债在银行间债券市场和深圳证券交易所正式发行，这是截至目前第三只成功发行的中小企业集合债。从目前情况看，中小企业集合债的发行涉及多方协调的难度较大，需要地方政府强有力的支持，而且由于较高的主体风险以及发行规模较小难以吸引主流投资者，因此，中小企业集合债在短期内仍将是以试点为主，很难成为一类常规性的债券品种。

■ **中小企业贷款证券化首次试点**

2008 年债券市场的一个亮点是中小企业贷款证券化首次试点成功，这在以过度证券化为导火索的金融危机背景下，尤为难得。2008 年 10 月，人民银行、中国银监会联合批准浙商银行发行 6.9 亿元以中小企业贷款为基础资产池的资产支持证券"浙元一期"，所募资金专门用于发放中小企业贷款。此举改变了以往资产证券化项目主要面向大中型企业的做法，提高了商业银行中小企业信贷资产的流动性，扩大了金融机构支持中小企业的贷款空间。长期以来，中小商业银行，尤其是城市商业银行一直是中小企业金融服务的主要力量之一，这类金融机构以中小企业贷款形式存在的资产占总资产的比例相对较高，通过中小企业贷款证券化的方式有利于其激活存量资产，从而进一步扩大中小企业贷款规模。

4   中小企业金融服务发展思考

4.1   新形势下中小企业金融服务面临的机遇与挑战

首先，危机形成倒逼机制，促进中小企业进行产业升级，这不仅带来更多的金融服务机会，而且从长远看，优胜劣汰下中小企业整体竞争力提高将有利于中小企业金融服务的持续发展。

经历过 2008 年的这场危机，一个普遍的事实是，越来越多的中小企业对依靠技术创新提高核心竞争力产生了更广泛的认同，并且产生了产业升级的强烈愿望和紧迫感。与此同时，鼓励中小企业技术改造和创新的政策也相继出台。比如，国家设立了 200 亿元专项技术改造资金，鼓励企业广泛采用新工艺、新技术、新设备、新材料，通过技术改造实现结构优化升级，提升企业的生产经营水平。科技部将加快推进技术创新工程，综合运用各种手段，引导各类创新要素向企业集聚，加大对科技型中小企业技术创新的财政支持力度，提升企业自主创新能力，扶持和壮大一批具有创新能力和自主知识产权的中小企业。这对改变我国中小企业技术水平低下，产品附加值低，核心竞争力缺乏的现状有着深远的影响。

历史经验也表明，每一次大的危机常常催生一场新的科技革命。经济周期在经历了低谷之后，将推动新兴产业、企业群体和企业家的诞生和发展，从而带动整体经济步入新的繁荣。可以预见，在未来的一段时间内，生物技术、新能源、清洁技术等领域将孕育和诞生一批新兴产业和中小企业群，这将为中小企业金融服务带来新的机遇。能否在这场危机推动下的产业升级中抓住机会，是中小企业金融服务机构能否赢得未来中小企业金融服务市场竞争主动权的关键。如何用金融服务来满足中小企业在产业升级过程中的技术设备投资需求，帮助其开发新的市场以及推动中小企业并购重组，如何识别和获得有可能成为未来产业领袖的新兴中小企业客户资源，并通过创新的金融服务来满足它们的需求等，将成为有远见的中小企业金融服务机构积极思考的课题。

其次，中小企业金融服务政策环境的改善将进一步推动中小企业金融服务的快速发展，并为其持续发展提供了保障。如我们在第 2 章中所述，2008 年，中央和相关部门、地方政府出台了一系列扶持中小企业发展的政策措施，为中小企业金融服务的发展创造了宽松的环境和更大的空间。而且，从政策层面看，近年来各政府部门对中小企业的重要作用逐步达成共识，以往分散、独立的政策在统一的共识下逐渐形成合力，这种向好的趋势仍将继续延续，有利于中小企业金融服务的政策有望进一步陆续出台，为市场的发展提供难得的政策机遇。

看到机遇的同时，我们也要清醒地看到，在新形势下，中小企业金融服务也面临着挑战。最现实的考验就是如何在经济下行期中，保持规模扩张和风险控制的平衡。普遍而言，中小企业的抗风险能力相对大型企业较弱，在严峻的宏观经济形势下，中小企业信用风险上升速度快于大型企业。虽然从理论上说，中小企业违约相关性低可分散风险，是调整组合风险的优势，但是，我们看到，绝大多数商业银行的中小企业信贷客户在行业、规模、发展阶段上的分散性仍非常有限，信用等级整体向下迁徙的概率将增大。因此，这对包括商业银行在内的中小企业金融服务市场各参与主体将是巨大的挑战。中小企业金融服务机构不仅要在控制风险的前提下，对符合国家产业政策方向、基本面较好、信用记录较好、有竞争力但暂时出现经营或财务困难的企业给予金融支持，而且还要能够在特殊时期，主动提供包括财务成本控制、汇率风险管理、债务重组设计、优质客户引荐等在内的增值服务，帮助中小企业客户渡过难关。这对中小企业金融服务机构的风险管理能力和增值服务能力都提出了考验，而从另一个角度看，这也为其提供了展现实力，展开差异化竞争，树立市场形象的机会。

4.2 完善中小企业金融服务的对策建议

4.2.1 加快建立多元化的中小企业金融服务市场格局

在我国，无论是从融资规模还是企业数量看，银行业金融机构仍是除非正式金融之外中小企业外部融资的主流渠道，而商业银行又是这一主流渠道中的中小企业金融服务最大提供方。虽然2008年，中小企业金融服务市场的参与主体开始多元化，但相比商业银行，其他机构在服务规模和服务数量上仍相差甚远。单极化的市场格局不仅不利于丰富中小企业金融产品\服务、扩大服务的覆盖面，而且导致风险过度向商业银行集中。因此，加快建立多元化的中小企业金融服务市场格局势在必行，概括来讲，即要实现机构多元化、市场多元化和产品\服务多元化。

■ 机构多元化

应积极鼓励具有不同风险偏好、不同盈利模式、不同性质的机构参与中小企业金融服务市场，发挥自身的优势为中小企业提供差异化的金融服务。具体而言，应大力推动专注于初创期和成长早期的创业投资机构的发展，为技术创业类中小企业提供融资；放开内资融资租赁公司试点，鼓励通过融资租赁的形式为中小企业技术更新提供金融服务；在小额贷款公司和典当行风生水起的形势下，加强规范管理，保护这类新兴机构的健康发展；加快出台促进小额贷款公司发展的政策，适当调高资本金上限，对运营状况良好、风险控制能力强的小额贷款公司提高融资比例，比照金融机构给予融资利率优惠，充分发挥小额贷款机构的作用，调动民间资本、利用关系型融资优势为中小企业提供融资。

同时，鼓励各类机构之间搭建沟通交流的平台，优势互补，共同做大中小企业金融服务市场，分散市场风险。特别鼓励商业银行与新兴的中小企业金融服务机构开展合作，在客户资源推介、客户信用信息共享、综合化服务提供、非核心业务外包等方面进行合作创新，形成合力。

继续深化多层次的银行体系，充分发挥多层次银行体系的功能，进一步增加对小企业的服务和支持力度。在业已形成的不同市场定位和服务对象的多层次银行体系基础上，继续拓展中小企业金融服务的层次和深度。鼓励中小商业银行向下拓展服务网络，深入县域和社区开展金融服务；鼓励大型商业银行加大投入，开发批量化发展小企业金融服务的潜在优势，最终形成大中小型商业银行在中小企业金融服务市场上的合理定位和错位竞争。

■ 市场多元化

积极推进包括创业板、OTC市场在内的多层次资本市场的建设，为有条件的中小企业提供直接融资渠道。继续推动各类中小企业债券的创新试点，扩大债券市场投资者的范围，完善中小企业债券风险定价机制，提高债券市场对中小企业债券创新的承接能力。通过直接融资市场和间接融资市场、公开市场和非公开市场、权益融资市场和债务融资市场等多元化市场的建设和完善，为不同成长阶段、不同融资偏好的中小企业扩大融资选择空间，满足中小企业多样化的金融服务需求。

■ 产品\服务多元化

机构多元化和市场多元化为中小企业产品\服务多元化创造了条件，同时，更要鼓励各类机构根据自身的资源优势和风险偏好，为中小企业提供多元化的金融产品\服务。特别要鼓励和引导主流机构——商业银行，加强对中小企业客户的细分管理，鼓励其在不同行业、不同规模、不同发展阶段等特定中小企业客户群中寻找服务优势，有针对性开发创新产品\服务，提供更富个性化的产品\服务组合，在细分市场形成比较优势，打造多元化的中小企业金融服务子品牌。

4.2.2　加快落实中小企业金融服务差异化监管政策和财税政策

■ 推进中小企业金融服务差异化监管

中小企业金融服务在很多方面不同于传统金融服务，比如高定价覆盖高风险的收益模式、小型及微型企业金融服务介于公司金融和个人金融之间的特征、个人消费信贷技术和风险管理技术在中小企业金融服务中的应用等等，因此，中小企业金融服务更需要有差异化的监管政策与之相适应，从而给予金融机构更大的自主经营空间。

因此，建议监管机构：（1）制定合理的中小企业不良贷款控制考核指标，基于合理的定价机制提高对中小企业贷款的风险容忍度，而非单纯追求不良贷款"双降"；并以此为前提，切实推进小企业授信尽职免责制度的落实，完善中小企业金融服务的考核与激励机制。（2）根据一定规模以下的小企业贷款的零售业务特征，参照零售业务研究制定小企业贷款风险管理指引，指导商业银行进行科学合理的小企业贷款风险分类、组合信用风险计量与准备金计提。（3）参照巴塞尔新资本协议指引，出台按照零售业务计量中小企业金融业务的经济资本占用的相关规定，降低中小企业业务经济资本占用标准，以引导商业银行增加在中小企业金融服务上的资源配置。

■ 落实中小企业金融服务差异化财税政策

完善的中小企业金融服务对中小企业群体的健康持续发展具有重要的作用，因此，中小企业金融服务具有良好的外部效益。尽管国外的经验表明，中小企业金融服务有着比大企业更高的利润率，但是，目前在我国，由于征信体系等基础配套条件的缺失，中小企业金融服务的单位成本普遍较高。此外，规模不足导致风险不能有效分散，从整体上看，中小企业贷款的风险仍然偏高。

因此，在中小企业金融服务市场起步的初期，应该考虑通过差异化的财税政策鼓励金融机构开展中小企业金融服务。在税收、拨备计提、呆账核销等方面出台优惠政策，具体有：（1）对符合监管口径的小企业贷款业务适当降低营业税；（2）尽快落实对符合监管口径的小企业贷款税前全额拨备损失准备金；（3）制定符合中小企业风险特点的呆账核销政策，进一步放宽中小企业贷款呆账核销条件，简化核销程序，提高核销效率；（4）在当前经济下行的特殊时期，对中小金融机构中小企业贷款的历史呆账制定特殊的核销政策，使这些以中小企业为主要服务对象的金融机构能够最大程度地放下历史包袱，轻装前进。

4.2.3 持续健全中小企业金融服务配套基础条件

随着 2008 年有关中小企业发展的各项政策集中出台，中小企业金融服务的政策环境得到了很大的改善，也对中小企业金融服务配套基础条件的健全起到推动作用。但这绝非一日之功，解决长期困扰中小企业金融服务的配套基础条件不健全的问题仍需长期不懈的努力。

■ 加快社会征信体系的建设与应用

建议集中社会征信管理职能，综合运用行政和市场化手段，推进人民银行、商务部、发改委、工商、税务、公安、司法、民政、质监、海关等部门企业和个人征信数据库的互联，搭建我国社会征信数据共享平台，以有效推进我国征信市场企业和个人征信产品的开发和应用。并按照征信数据提供主体，建立"有偿使用、利益共享"的市场化运行管理机制。同时，加快制定和完善我国征信市场法律法规，促进征信体系健康、持续运行。通过征信体系的建设与应用，提高中小企业信用信息的可得性，降低中小企业金融服务因信息不对称导致的风险；推动有实力的机构开发以征信信息为基础的交易型信贷技术，为一定规模的中小企业（通常是小型企业与微型企业）提供低成本、高效率的批量化信贷服务。

■ 完善多层次的中小企业信用担保体系

在国家发改委等有关部门的大力推动下，我国担保体系建设成效显著，担保机构发展迅速。2008 年出台的支持中小企业信用担保机构发展的政策，对担保体系的完善有直接的促进作用。但应该看到，中小企业再担保制度刚刚起步，担保机构自身的风险仍得不到有效分散和转移；担保机构补充资本金的渠道仍非常有限，由于缺乏地方财政的支持，一些政策性担保机构受到资本金不足的制约而难以继续扩大担保业务。因此，应在全国范围加快建立中小企业再担保制度，特别要鼓励市场化程度高的地区采用定向募集再担保基金的方式，建立市场化的再担保体系，以提升担保机构信用、补偿担保机构代偿损失。通过财政支持和市场化运作相结合的手段，建立可持续性的担保机构资本金补充和风险补偿机制，充分发挥中小企业信用担保体系在中小企业金融服务中的风险分担作用。

■ 完善中小企业金融服务创新配套支持

由于中小企业在信息充分性、融资要件的完备性上都与大型企业集团有着巨大的差距，因此中小企业金融服务离不开根据中小企业特点进行的金融创新，而中小企业担保方式的创新是最常见的一类。由于中小企业普遍缺乏传统抵押物，金融机构尝试推出以知识产权、动产、应收账款等作为抵质押物的创新担保方式，以满足中小企业贷款需求。但是由于我国目前在担保物范围、担保手续办理、抵质押权行使等方面还缺乏完善的法律法规，导致这类非传统抵质押物的担保和变现存在不确定性，程序复杂、周期长，这使得这类具有很大市场前景的金融创新仍难以大范围应用。因此，应加快完善中小企业金融服务创新的配套支持，完善配套法律法规，明确非传统抵质押物的登记、评估、抵押、转让、变现的规定；建立中小企业抵押资产的快速处置机制，简化司法程序、拍卖程序，银行作为债权人根据银企双方借款合同和担保合同的约定，可采取直接自行处置。同时，监管层应加快制定出台包括非传统抵质押物创新在内的中小企业金融服务创新指引，支持和推动金融机构开发符合中小企业特点的金融产品与服务，更好地满足中小企业的需求。

附件

2008 年出台的中小企业
发展相关政策

2008 年中央经济工作会议

会议提出了 2009 年经济工作的重点任务之一：加强和改善宏观调控，实施积极的财政政策和适度宽松的货币政策。要较大幅度增加公共支出，保障重点领域和重点建设支出，支持地震灾区灾后恢复重建，实行结构性减税，优化财政支出结构，继续加大对"三农"、就业、社会保障、教育、医疗、节能减排、自主创新、先进装备制造业、服务业、中小企业、重大改革等方面的支持力度，加大对低收入家庭的补贴和救助力度。实施积极的财政政策，要注意准确把握政策导向，按照产业结构优化升级和优胜劣汰的要求，着重缓解和消除发展的瓶颈制约，切实淘汰落后生产能力和加快产品更新换代，增强自主创新能力和产业竞争力。

国务院进一步扩大内需　促进经济增长的十项措施

国务院总理温家宝 2008 年 11 月 5 日主持召开国务院常务会议，研究部署进一步扩大内需促进经济平稳较快增长的措施。会议确定了当前进一步扩大内需、促进经济增长的十项措施。

一是加快建设保障性安居工程。加大对廉租住房建设支持力度，加快棚户区改造，实施游牧民定居工程，扩大农村危房改造试点。

二是加快农村基础设施建设。加大农村沼气、饮水安全工程和农村公路建设力度，完善农村电网，加快南水北调等重大水利工程建设和病险水库除险加固，加强大型灌区节水改造。加大扶贫开发力度。

三是加快铁路、公路和机场等重大基础设施建设。重点建设一批客运专线、煤运通道项目和西部干线铁路，完善高速公路网，安排中西部干线机场和支线机场建设，加快城市电网改造。

四是加快医疗卫生、文化教育事业发展。加强基层医疗卫生服务体系建设，加快中西部农村初中校舍改造，推进中西部地区特殊教育学校和乡镇综合文化站建设。

五是加强生态环境建设。加快城镇污水、垃圾处理设施建设和重点流域水污染防治，加强重点防护林和天然林资源保护工程建设，支持重点节能减排工程建设。

六是加快自主创新和结构调整。支持高技术产业化建设和产业技术进步，支持服务业发展。

七是加快地震灾区灾后重建各项工作。

八是提高城乡居民收入。提高明年粮食最低收购价格，提高农资综合直补、良种补贴、农机具补贴等标准，增加农民收入。提高低收入群体等社保对象待遇水平，增加城市和农村低保补助，继续提高企业退休人员基本养老金水平和优抚对象生活补助标准。

九是在全国所有地区、所有行业全面实施增值税转型改革，鼓励企业技术改造，减轻企业负担 1200 亿元。

十是加大金融对经济增长的支持力度。取消对商业银行的信贷规模限制，合理扩大信贷规模，加大对重点工程、"三农"、中小企业和技术改造、兼并重组的信贷支持，有针对性地培育和巩固消费信贷增长点。

国务院办公厅关于当前金融促进经济发展的若干意见

国办发〔2008〕126 号

各省、自治区、直辖市人民政府，国务院各部委、各直属机构：

为应对国际金融危机的冲击，贯彻落实党中央、国务院关于进一步扩大内需、促进经济增长的十项措施，认真执行积极的财政政策和适度宽松的货币政策，加大金融支持力度，促进经济平稳较快发展，经国务院批准，提出如下意见：

一、落实适度宽松的货币政策，促进货币信贷稳定增长

（一）保持银行体系流动性充足，促进货币信贷稳定增长。根据经济社会发展需要，创造适度宽松的货币信贷环境，以高于 GDP 增长与物价上涨之和约 3 至 4 个百分点的增长幅度作为 2009 年货币供应总量目标，争取全年广义货币供应量增长 17% 左右。密切监测流动性总量及分布变化，适当调减公开市场操作力度，停发 3 年期央行票据，降低 1 年期和 3 个月期央行票据发行频率。根据国内外形势适时适度调整货币政策操作。

（二）追加政策性银行 2008 年度贷款规模 1000 亿元，鼓励商业银行发放中央投资项目配套贷款，力争 2008 年金融机构人民币贷款增加 4 万亿元以上。

（三）发挥市场在利率决定中的作用，提高经济自我调节能力。增强贷款利率下浮弹性，改进贴现利率形成机制，完善中央银行利率体系。按照主动性、可控性和渐进性原则，进一步完善人民币汇率形成机制，增强汇率弹性，保持人民币汇率在合理均衡水平上基本稳定。

二、加强和改进信贷服务，满足合理资金需求

（四）加强货币政策、信贷政策与产业政策的协调配合。坚持区别对待、有保有压原则，支持符合国家产业政策的产业发展。加大对民生工程、"三农"、重大工程建设、灾后重建、节能减排、科技创新、技术改造和兼并重组、区域协调发展的信贷支持。积极发展面向农户的小额信贷业务，增加扶贫贴息贷款投放规模。探索发展大学毕业生小额创业贷款业务。支持高新技术产业发展。同时，适当控制对一般加工业的贷款，限制对高耗能、高排放行业和产能过剩行业劣质企业的贷款。

（五）鼓励银行业金融机构在风险可控前提下，对基本面比较好、信用记录较好、有竞争力、有市场、有订单但暂时出现经营或财务困难的企业给予信贷支持。全面清理银行信贷政策、法规、办法和指引，根据当前特殊时期需要，对《贷款通则》等有关规定和要求做适当调整。

（六）支持中小企业发展。落实对中小企业融资担保、贴息等扶持政策，鼓励地方人民政府通过资本注入、风险补偿等多种方式增加对信用担保公司的支持。设立包括中央、地方财政出资和企业联合组建在内的多层次中小企业贷款担保基金和担保机构，提高金融机构中小企业贷款比重。对符合条件的中小企业信用担保机构免征营业税。

（七）鼓励金融机构开展出口信贷业务。将进出口银行的人民币出口卖方信贷优惠利率适用范围，扩大到具有自主知识产权、自主品牌和高附加值出口产品。允许金融机构开办人民币出口买方信贷业务。发挥出口信用保险在支持金融机构开展出口融资业务中的积极作用。

（八）加大对产业转移的信贷支持力度。支持金融机构创新发展针对产业转移的信贷产品和审贷模式，探索多种抵押担保方式。鼓励金融机构优先发放人民币贷款，支持国内过剩产能向境外转移。

（九）加大对农村金融政策支持力度，引导更多信贷资金投向农村。坚持农业银行为农服务方向，拓展农业发展银行支农领域，扩大邮政储蓄银行涉农业务范围，发挥农村信用社为农民服务的主力军作用。县域内银行业金融机构新吸收的存款，主要用于当地发放贷款。建立政府扶持、多方参与、市场运作

的农村信贷担保机制。在扩大农村有效担保物范围基础上，积极探索发展农村多种形式担保的信贷产品。指导农村金融机构开展林权质押贷款业务。

（十）落实和出台有关信贷政策措施，支持居民首次购买普通自住房和改善型普通自住房。加大对城市低收入居民廉租房、经济适用房建设和棚户区改造的信贷支持。支持汽车消费信贷业务发展，拓宽汽车金融公司融资渠道。积极扩大农村消费信贷市场。

三、加快建设多层次资本市场体系，发挥市场的资源配置功能

（十一）采取有效措施，稳定股票市场运行，发挥资源配置功能。完善中小企业板市场各项制度，适时推出创业板，逐步完善有机联系的多层次资本市场体系。支持有条件的企业利用资本市场开展兼并重组，促进上市公司行业整合和产业升级，减少审批环节，提升市场效率，不断提高上市公司竞争力。

（十二）推动期货市场稳步发展，探索农产品期货服务"三农"的运作模式，尽快推出适应国民经济发展需要的钢材、稻谷等商品期货新品种。

（十三）扩大债券发行规模，积极发展企业债、公司债、短期融资券和中期票据等债务融资工具。优先安排与基础设施、民生工程、生态环境建设和灾后重建等相关的债券发行。积极鼓励参与国家重点建设项目的上市公司发行公司债券和可转换债券。稳步发展中小企业集合债券，开展中小企业短期融资券试点。推进上市商业银行进入交易所债券市场试点。研究境外机构和企业在境内发行人民币债券，允许在内地有较多业务的香港企业或金融机构在港发行人民币债券。完善债券市场发行规则与监管标准。

四、发挥保险保障和融资功能，促进经济社会稳定运行

（十四）积极发展"三农"保险，进一步扩大农业保险覆盖范围，鼓励保险公司开发农业和农村小额保险及产品质量保险。稳步发展与住房、汽车消费等相关的保险。积极发展建工险、工程险等业务，为重大基础设施项目建设提供风险保障。做好灾后重建保险服务，支持灾区群众基本生活设施和公共服务基础设施恢复重建。研究开放短期出口信用保险市场，引入商业保险公司参与竞争，支持出口贸易。

（十五）发挥保险公司机构投资者作用和保险资金投融资功能，鼓励保险公司购买国债、金融债、企业债和公司债，引导保险公司以债权等方式投资交通、通信、能源等基础设施项目和农村基础设施项目。稳妥推进保险公司投资国有大型龙头企业股权，特别是关系国家战略的能源、资源等产业的龙头企业股权。

（十六）积极发展个人、团体养老等保险业务，鼓励和支持有条件企业通过商业保险建立多层次养老保障计划，研究对养老保险投保人给予延迟纳税等

税收优惠。推动健康保险发展，支持相关保险机构投资医疗机构和养老实体。提高保险业参与新型农村合作医疗水平，发展适合农民需求的健康保险和意外伤害保险。

五、创新融资方式，拓宽企业融资渠道

（十七）允许商业银行对境内外企业发放并购贷款。研究完善企业并购税收政策，积极推动企业兼并重组。

（十八）开展房地产信托投资基金试点，拓宽房地产企业融资渠道。发挥债券市场避险功能，稳步推进债券市场交易工具和相关金融产品创新。开展项目收益债券试点。

（十九）加强对社会资金的鼓励和引导。拓宽民间投资领域，吸引更多社会资金参与政府鼓励项目，特别是灾后基础设施重建项目。出台股权投资基金管理办法，完善工商登记、机构投资者投资、证券登记和税收等相关政策，促进股权投资基金行业规范健康发展。按照中小企业促进法关于鼓励创业投资机构增加对中小企业投资的规定，落实和完善促进创业投资企业发展的税收优惠政策。

（二十）充分发挥农村信用社等金融机构支农主力军作用，扩大村镇银行等新型农村金融机构试点，扩大小额贷款公司试点，规范发展民间融资，建立多层次信贷供给市场。

（二十一）创新信用风险管理工具。在进一步规范发展信贷资产重组、转让市场的基础上，允许在银行间债券市场试点发展以中小企业贷款、涉农贷款、国家重点建设项目贷款等为标的资产的信用风险管理工具，适度分散信贷风险。

六、改进外汇管理，大力推动贸易投资便利化

（二十二）改进贸易收结汇与贸易活动真实性、一致性审核，便利企业特别是中小企业贸易融资。加快进出口核销制度改革，简化手续，实现贸易外汇管理向总量核查、非现场核查和主体监管转变。适当提高企业预收货款结汇比例，将一般企业预收货款结汇比例从 10% 提高到 25%，对单笔金额较小的出口预收货款不纳入结汇额度管理。调整企业延期付款年度发生额规模，由原来不得超过企业上年度进口付汇额的 10% 提高为 25%。简化企业申请比例结汇和临时额度的审批程序，缩短审批时间。允许更多符合条件的中外资企业集团实行外汇资金集中管理，提高资金使用效率。支持香港人民币业务发展，扩大人民币在周边贸易中的计价结算规模，降低对外经济活动的汇率风险。

七、加快金融服务现代化建设，全面提高金融服务水平

（二十三）进一步丰富支付工具体系，提高支付清算效率，加快资金周转

速度。进一步增强现金供应的前瞻性，科学组织发行基金调拨，确保现金供应。配合实施积极财政政策，扩大国库集中支付涉农、救灾补贴等财政补助资金范围，实现民生工程、基础设施、生态环境建设和灾后重建所需资金直达最终收款人，确保各项财政支出资金及时安全拨付到位。优化进出口产品退税的国库业务流程，提高退税资金到账速度。加快征信体系建设，继续推动中小企业和农村信用体系建设，进一步规范信贷市场和债券市场信用评级，为中小企业融资创造便利条件。

八、加大财税政策支持力度，增强金融业促进经济发展能力

（二十四）放宽金融机构对中小企业贷款和涉农贷款的呆账核销条件。授权金融机构对符合一定条件的中小企业贷款和涉农贷款进行重组和减免。借款人发生财务困难、无力及时足额偿还贷款本息的，在确保重组和减免后能如期偿还剩余债务的条件下，允许金融机构对债务进行展期或延期、减免表外利息后，进一步减免本金和表内利息。

（二十五）简化税务部门审核金融机构呆账核销手续和程序，加快审核进度，提高审核效率，促进金融机构及时化解不良资产，防止信贷收缩。涉农贷款和中小企业贷款税前全额拨备损失准备金。对农户小额贷款、农业担保和农业保险实施优惠政策，鼓励金融机构加大对"三农"的信贷支持力度。研究金融机构抵债资产处置税收政策。结合增值税转型完善融资租赁税收政策。

（二十六）发挥财政资金的杠杆作用，调动银行信贷资金支持经济增长。支持地方人民政府建立中小企业贷款风险补偿基金，对银行业金融机构中小企业贷款按增量给予适度的风险补偿。鼓励金融机构建立专门为中小企业提供信贷服务的部门，增加对中小企业的信贷投放。对符合条件的企业引进先进技术和产品更新换代等方面的外汇资金需求，通过进出口银行提供优惠利率进口信贷方式给予支持。

九、深化金融改革，加强风险管理，切实维护金融安全稳定

（二十七）完善国际金融危机监测及应对工作机制。密切监测国际金融危机发展动态，研究风险的可能传播途径，及时对危机发展趋势和影响进行跟踪和评估。高度关注国内金融市场流动性状况、金融机构流动性及资产负债变化。必要时启动应对预案，包括特别流动性支持、剥离不良资产、补充资本金、对银行负债业务进行担保等，确保金融安全稳定运行。

（二十八）完善金融监管体系。进一步加强中央银行与金融监管部门的沟通协调，加强功能监管、审慎监管，强化资本金约束和流动性管理，完善市场信息披露制度，努力防范各种金融风险。

（二十九）商业银行和其他金融机构要继续深化各项改革，完善公司治

理，强化基础管理、内部控制和风险防范机制，理顺落实适度宽松货币政策的传导机制。正确处理好金融促进经济发展与防范金融风险的关系，在经济下行时避免盲目惜贷。切实提高金融促进经济发展的质量，防止低水平重复建设。

（三十）支持和鼓励地方人民政府为改善金融服务创造良好条件。地方人民政府应在保护银行债权、防止逃废银行债务、处置抵贷资产、合法有序进行破产清算等方面营造有利环境。继续推进地方金融机构改革，维护地方金融稳定，推动地方信用体系建设，培育诚实守信的社会信用文化，促进地方金融生态环境改善。

国务院办公厅

二〇〇八年十二月八日

财政部、国家发展改革委、国家工商总局关于停止征收个体工商户管理费和集贸市场管理费有关问题的通知

财综〔2008〕61号

各省、自治区、直辖市、计划单列市人民政府：

为减轻个体工商户和私营企业负担，促进个体、私营等非公有制经济持续健康发展，加强和改进工商行政管理，经国务院批准，现将有关问题通知如下：

一、自2008年9月1日起在全国统一停止征收个体工商户管理费和集贸市场管理费。

二、停止征收个体工商户管理费和集贸市场管理费所造成的减收，由各省、自治区、直辖市、计划单列市人民政府统筹解决，中央财政给予适当的财力性转移支付补助，具体补助办法由财政部另行制定。

三、各省、自治区、直辖市、计划单列市人民政府要按照《国务院办公厅关于进一步做好工商行政管理和质量技术监督部门经费保障工作的通知》（国办发〔2002〕55号）的规定，妥善安排工商行政管理部门预算，为工商行政管理部门正常履行市场监管职能提供财力保障，不能因停止征收个体工商户管理费和集贸市场管理费而影响工商行政管理部门经费保障水平。

四、各级财政部门、价格主管部门和工商行政管理部门要按照各自职责，认真贯彻落实本通知的各项规定，加强对停止征收个体工商户管理费和集贸市场管理费执行情况的监督检查，对不按规定停止征收个体工商户管理费和集贸

市场管理费或变相继续收费的，要按规定给予处罚，并追究有关单位负责人和直接责任人的行政责任。

中华人民共和国财政部
中华人民共和国国家发展和改革委员会
中华人民共和国国家工商行政管理总局
二〇〇八年八月二十一日

中央财政明确六大政策扶持中小企业发展

财政部2008年9月11日表示，为帮助解决中小企业发展中面临的困难和问题，中央财政今年以来明确了六大政策，有力支持中小企业健康发展。六大政策包括：

一是发挥财政政策导向作用，促进中小企业转变发展方式。按照推进经济结构调整和发展方式转变的总体要求，引导中小企业调整企业结构、节能减排，开拓国内和国际市场，加快中小企业公共服务体系建设。

二是完善科技创新政策体系，支持中小企业创业和技术创新。今年中央财政安排科技型中小企业技术创新基金14亿元，同比增长27.3%，另外还安排农业科技成果转化资金3亿元，用于支持中小企业科技创新和科技成果转化。

三是促进信用担保体系建设，改善中小企业融资环境。按照国务院关于加强中小企业信用担保体系建设的总体部署，中央财政继续大力支持中小企业信用担保机构发展，引导金融机构开展小额担保信贷业务。

四是实施中小企业税收优惠政策，促进中小企业发展。今年起实施的新企业所得税法及《企业所得税法实施条例》，对内外资企业统一实行25%的所得税税率。对符合条件的小型微利企业，减按20%的税率征收企业所得税。对国家需要重点扶持的高新技术企业，减按15%的税率征收企业所得税。对创业投资企业从事国家需要重点扶持和鼓励的创业投资，可以按照其投资额的一定比例抵扣应纳税所得额。

此外，为解决中小企业相对集中的纺织、服装企业的实际困难，今年8月将纺织品、服装的出口退税率由11%提高到13%，半年增加退税100亿元左右。

五是完善政府采购制度，拓宽中小企业市场空间。为有效利用政府采购政策支持中小企业发展，根据国家有关促进中小企业发展的法律、法规，财政部将于近期制定《中小企业政府采购管理办法》，加快开展中小企业产品和服务政府采购工作，推动各级政府将政府采购资金向中小企业倾斜。

六是清理行政事业性收费，减轻中小企业负担。全面清理和检查对中小企业的各种行政事业性收费（基金），整顿和取消涉及企业的不合理收费（基金）。从2008年9月1日起，在全国统一停征个体工商户管理费和集贸市场管理费，减轻个体工商户和私营企业负担，促进市场经营主体公平竞争。

中国银监会关于认真落实"有保有压"政策
进一步改进小企业金融服务的通知

银监发〔2008〕62号

机关各部门，各银监局，各政策性银行、国有商业银行、股份制商业银行、资产管理公司，邮政储蓄银行，银监会直接监管信托公司、财务公司、金融租赁公司：

　　根据党中央、国务院领导同志对促进和改善小企业金融服务工作的重要批示精神，以及下半年经济工作要求，针对当前和今后较长时期内小企业经营所面临的困难，为缓解小企业融资难问题，银行业金融机构要按照科学发展观的要求，改革创新，求真务实，履行责任，有所突破，进一步改进对小企业的金融服务，加大对小企业的信贷支持力度。现将有关要求通知如下：

　　一、要最大限度将新增贷款规模真正用于支持小企业的发展。各银行业金融机构要认真贯彻落实"有保有压，区别对待"的方针，增强自觉性和主动性，加大信贷结构调整力度，改善资产期限的配置结构，并坚持总量微调和结构优化相结合，确保新增信贷总量用于改善信贷结构，真正用于加大对小企业的信贷投入。一是要单列规模，单独考核。要按照小企业信贷投放增速不低于全部贷款增速，增量不低于上年的原则，单独安排小企业的新增信贷规模，单独考核。要加强资产存量结构调整，贷款回收后，要加大力度投向重点领域和经济薄弱环节，优化存量信贷结构。二是要单列客户名单，单独管理，单独统计。要把握好宏观调控的重点、节奏和力度，根据国家产业政策和环保政策，将符合产业政策、环保政策，以及有市场、有技术、有发展前景的小企业作为重点支持对象，单独列出各级分支机构支持的小企业客户名单，以利于客户经理营销、信贷审批时准确把握。三是要单独定价，合理浮动。要在防范风险的同时支持小企业可持续发展，在提高自身效益的同时履行好社会责任，对小企业贷款利率在风险定价的基础上合理浮动。不能借发放贷款之机搭销保险、基金等产品，不能附加不合理的贷款条件，不能变相收取不合理的费用。

　　二、要进一步增强小企业金融服务功能。各银行业金融机构要结合自身实际，选择合适的经营模式和组织架构把"六项机制"落到实处，实现小企业授信的商业性可持续发展。各大中型银行要增强服务意识，根据小企业融资需求"短、小、频、急"的特点，进行组织架构和流程再造，推进小企业授信事业部制，抓长效机制建设。要建立专门的小企业授信管理部门和专业队伍，建立分类管理，分账核算，单独考核的制度和办法，建立适应小企业授信特点的授信审批、风险管理、激励机制、人才培训和内部控制制度。各地方性银行机构要充分发挥服务小企业的功能优势，结合自身特点致力于县域和社区金融服务，在满足审慎监管要求、确保稳健经营的前提下，可充分运用所增加的信贷资源加大对当地小企业的信贷支持力度。各银行业金融机构在民营经济相对活跃、民间资本雄厚、金融需求旺盛的地区可适当增设机构网点；按照"低门槛、严监管"的原则，适当扩大村镇银行等新型金融机构的试点范围，加快审批进度。同时，要进一步规范和疏导民间借贷活动。

三、要加大力度推动金融创新。一是要创新小企业贷款担保抵押方式，在法律法规允许的范围内探索权利和现金流质押等新的担保方式，包括存货、可转让的林权和土地承包权等抵押贷款，以及知识产权、应收账款等质押贷款，推进股权质押贷款等。二是要在加强监管、控制风险的前提下，发展信托融资、租赁融资、债券融资和以信托、租赁为基础的理财产品，拓宽小企业融资渠道。要在规范管理的基础上，逐步推进小企业信贷资产证券化业务。三是要发展并创新小企业贸易融资手段，特别是扩大信用证项下贸易融资，探索非信用证项下贸易融资，鼓励将一般性应收账款用于支持小企业，包括发展应收账款融资，提供融通资金、债款回收、销售账管理、信用销售控制以及坏账担保等综合金融服务；鼓励仓单质押、货权质押融资，拓展供应链融资。四是要与保险公司加强互动。将银行融资与保险公司的信用保险紧密结合，银行凭借交易单据、保单以及赔款转让协议等文件，为企业提供贸易融资，利用保险公司分担风险能力较强的优势，扩大小企业融资的能力。五是要将信贷产品、资金结算、理财产品、电子银行等产品与贸易融资产品有效结合，捆绑营销，为小企业提供全面的金融服务。同时，要加强小企业融资财务顾问和咨询服务，为小企业提供理财服务，并帮助小企业规范运作，有效避免各类经济金融诈骗，保证资金安全。

四、要科学考核和及时处置小企业不良贷款。银行业金融机构应坚持风险覆盖和可持续原则，减少金融交易过程中可能出现的道德风险。根据自身信贷管理和风险防范的特点和需要，采用先进的技术和准确的方法对小企业贷款进行风险分类，在科学测算的基础上合理制定小企业不良贷款控制指标和不良贷款比例，对小企业不良贷款实行单独考核。按照新的金融企业呆坏账核销管理办法，对小企业贷款损失依法及时核销。

五、要综合发挥各项配套政策的推动作用。银行业金融机构要充分合理运用财政税收政策调整的有利时机，加强对小企业的信贷支持，积极帮助出口企业做好资金结算等服务工作。要综合发挥直接融资、间接融资、风险补偿、财税支持等作用，拓展融资渠道，适应不同行业、不同业绩、不同盈利水平的各类小企业融资需求，降低小企业对信贷市场的依赖程度。监管部门和银行要主动协调有关部门加快推进信用体系建设，探索以信用建设为支撑的融资模式，改善小企业融资环境。加快建立适合小企业特点的信用征集体系、评级发布制度、违约信息通报机制以及失信惩戒机制，研究制定小企业信用制度管理办法，提供有效信息共享和传播平台。

六、要切实转变作风努力为小企业融资办实事、办好事。各单位、各银行业金融机构要改变工作方法简单、作风浮躁的问题。由领导带头深入小企业做调查研究，做到贴近业务，贴近客户，贴近市场，要真抓实干，真正为小企业发展办实事、办好事，办解燃眉之急的事，办雪中送炭的事。要从银行自身发展战略、市场定位出发，培养一批优秀的小企业作为将来忠实的优质客户群体。单位和机构负责人一定要走出办公室，走出会议室，深入基层，深入企业，开展进厂入店的调研活动，切实调查了解新情况新问题，倾听基层意见，倾听企业呼声，面对面的商量办法，研究措施，以真实的服务、真切的情感、真正的支持，塑造良好的银行形象，赢得社会的回报，赢得公众的信赖，为社会经济发展勇担社会责任，做出更大贡献。

各银行业金融机构要结合实际，提出具体工作措施，认真贯彻落实，并于9月20日之前将落实情况报送银监会。各地方法人机构将落实情况报银监会当地派出机构。

二〇〇八年八月二十九日

中国银监会关于银行建立小企业
金融服务专营机构的指导意见

银监发〔2008〕82 号

各银监局，各政策性银行、国有商业银行、股份制商业银行：

为引导各银行业金融机构落实科学发展观，全面贯彻银监会"六项机制"建设要求，改进小企业金融服务，发挥专业化经营优势，根据近年来银行探索小企业金融服务的实践经验以及有关法律、法规，现提出以下指导意见：

第一条　小企业金融服务专营机构（以下简称专营机构）是根据战略事业部模式建立、主要为小企业提供授信服务的专业化机构。各行设立专营机构可自行命名，但必须含小企业字样（如小企业信贷中心）。此类机构可申请单独颁发金融许可证和营业执照。

第二条　专营机构的业务范围限于《银行开展小企业授信工作指导意见》（银监发〔2007〕53 号）中所包含的授信业务，即各类贷款、贸易融资、贴现、保理、贷款承诺、保证、信用证、票据承兑等表内外授信和融资业务，以及相关的中间服务业务。

第三条　各银行设立专营机构，应建立独立的风险定价机制。要充分利用各种渠道获得小企业信息，特别是现场实地核查和搜集非财务信息，按照收益覆盖成本和风险的原则，引入专业化定价技术，通过综合测算，在现行利率政策允许范围内实施差别化定价。

第四条　各银行设立专营机构，应建立独立的成本利润核算机制。要根据业务规模和收益，建立以内部转移定价为基础的独立成本利润核算机制，制定专项指标，合理安排各项经营成本，单独核算经营利润。

第五条　各银行设立专营机构，应建立独立高效的信贷审批机制。要在保证贷款质量、控制贷款风险的前提下合理设置审批权限，探索多种审批方式，可对部分授信环节进行合并或同步进行，以优化操作流程，提高审批效率。

第六条　各银行设立专营机构，应建立独立的激励约束机制。对小企业金融服务的业绩考核要独立于其他银行业务，制定专门的业绩考核和奖惩机制，加大资源配置力度，注重经营绩效和风险管理相结合，探索多种激励约束方式。

第七条　各银行设立专营机构，应建立专业化的小企业金融服务人才队伍。要把事业心、专业知识、经验和潜力作为选拔人员的主要标准，通过专题培训，推行岗位资格认定和持证上岗制度，提升小企业金融服务人员的业务营销能力和风险控制能力。

第八条　各银行设立专营机构，应建立违约信息通报机制。应通过授信后监测手段，及时将小企业违约信息及其关联企业信息录入本行信息管理系统或在内部进行通报；定期向银监会及其派出机构报告；通过银行业协会向银行业金融机构通报，对恶意逃废银行债务的小企业予以联合制裁或公开披露。

第九条　各银行设立专营机构，应建立独立有效的风险管理机制。采取与小企业性质、规模相适应的风险管理技术，对授信调查、授信审批、贷款发放、风险分类、风险预警、不良资产处置等各个环节的风险进行管控。

第十条　各银行设立专营机构，应根据小企业的特点和实际业务情况设立合理的风险容忍度。同时，建立授信尽职免责制度，在考核整体质量及综合回报的基础上，根据实际情况和有关规定追究或免除有关当事人的相应责任，做到尽职者免责，失职者问责。

第十一条　各银行设立专营机构，应建立单独的小企业贷款风险分类和损失拨备制度，制定专项的不良贷款处置政策，建立合理的快速核销机制，在国家政策允许范围内简化不良贷款核销流程，以降低不良贷款率，提高业务人员开展小企业金融服务的积极性。

第十二条　各银行设立专营机构，应注重开发、使用适应小企业金融服务的专业化技术，以推动小企业金融产品与服务的创新。

第十三条　银监会鼓励各银行参照本指导意见，从自身实际情况出发，探索建立多种形式、灵活有效的小企业金融服务专营机构。

第十四条　各银行应根据本指导意见结合各自实际制定小企业金融服务专营机构具体实施办法，并报银监会备案。

二〇〇八年十二月一日

中国银行业监督管理委员会　中国人民银行
关于小额贷款公司试点的指导意见

银监发〔2008〕23号

各银监局，中国人民银行上海总部、各分行、营业管理部、各省会（首府）城市中心支行、副省级城市中心支行：

为全面落实科学发展观，有效配置金融资源，引导资金流向农村和欠发达地区，改善农村地区金融服务，促进农业、农民和农村经济发展，支持社会主义新农村建设，现就小额贷款公司试点事项提出如下指导意见：

一、小额贷款公司的性质

小额贷款公司是由自然人、企业法人与其他社会组织投资设立，不吸收公众存款，经营小额贷款业务的有限责任公司或股份有限公司。

小额贷款公司是企业法人，有独立的法人财产，享有法人财产权，以全部财产对其债务承担民事责任。小额贷款公司股东依法享有资产收益、参与重大决策和选择管理者等权利，以其认缴的出资额或认购的股份为限对公司承担责任。

小额贷款公司应执行国家金融方针和政策，在法律、法规规定的范围内开展业务，自主经营，自负盈亏，自我约束，自担风险，其合法的经营活动受法律保护，不受任何单位和个人的干涉。

二、小额贷款公司的设立

小额贷款公司的名称应由行政区划、字号、行业、组织形式依次组成，其中行政区划指县级行政区划的名称，组织形式为有限责任公司或股份有限公司。

小额贷款公司的股东需符合法定人数规定。有限责任公司应由 50 个以下股东出资设立；股份有限公司应有 2～200 名发起人，其中须有半数以上的发起人在中国境内有住所。

小额贷款公司的注册资本来源应真实合法，全部为实收货币资本，由出资人或发起人一次足额缴纳。有限责任公司的注册资本不得低于 500 万元，股份有限公司的注册资本不得低于 1000 万元。单一自然人、企业法人、其他社会组织及其关联方持有的股份，不得超过小额贷款公司注册资本总额的 10%。

申请设立小额贷款公司，应向省级政府主管部门提出正式申请，经批准后，到当地工商行政管理部门申请办理注册登记手续并领取营业执照。此外，还应在五个工作日内向当地公安机关、中国银行业监督管理委员会派出机构和中国人民银行分支机构报送相关资料。

小额贷款公司应有符合规定的章程和管理制度，应有必要的营业场所、组织机构、具备相应专业知识和从业经验的工作人员。

出资设立小额贷款公司的自然人、企业法人和其他社会组织，拟任小额贷款公司董事、监事和高级管理人员的自然人，应无犯罪记录和不良信用记录。

小额贷款公司在当地税务部门办理税务登记，并依法缴纳各类税费。

三、小额贷款公司的资金来源

小额贷款公司的主要资金来源为股东缴纳的资本金、捐赠资金，以及来自不超过两个银行业金融机构的融入资金。

在法律、法规规定的范围内，小额贷款公司从银行业金融机构获得融入资金的余额，不得超过资本净额的 50%。融入资金的利率、期限由小额贷款公司与相应银行业金融机构自主协商确定，利率以同期"上海银行间同业拆放利率"为基准加点确定。

小额贷款公司应向注册地中国人民银行分支机构申领贷款卡。向小额贷款公司提供融资的银行业金融机构，应将融资信息及时报送所在地中国人民银行分支机构和中国银行业监督管理委员会派出机构，并应跟踪监督小额贷款公司融资的使用情况。

四、小额贷款公司的资金运用

小额贷款公司在坚持为农民、农业和农村经济发展服务的原则下自主选择贷款对象。小额贷款公司发放贷款，应坚持"小额、分散"的原则，鼓励小额贷款公司面向农户和微型企业提供信贷服务，着力扩大客户数量和服务覆盖面。同一借款人的贷款余额不得超过小额贷款公司资本净额的5%。在此标准内，可以参考小额贷款公司所在地经济状况和人均GDP水平，制定最高贷款额度限制。

小额贷款公司按照市场化原则进行经营，贷款利率上限放开，但不得超过司法部门规定的上限，下限为人民银行公布的贷款基准利率的0.9倍，具体浮动幅度按照市场原则自主确定。有关贷款期限和贷款偿还条款等合同内容，均由借贷双方在公平自愿的原则下依法协商确定。

五、小额贷款公司的监督管理

凡是省级政府能明确一个主管部门（金融办或相关机构）负责对小额贷款公司的监督管理，并愿意承担小额贷款公司风险处置责任的，方可在本省（区、市）的县域范围内开展组建小额贷款公司试点。

小额贷款公司应建立发起人承诺制度，公司股东应与小额贷款公司签订承诺书，承诺自觉遵守公司章程，参与管理并承担风险。

小额贷款公司应按照《公司法》要求建立健全公司治理结构，明确股东、董事、监事和经理之间的权责关系，制定稳健有效的议事规则、决策程序和内审制度，提高公司治理的有效性。小额贷款公司应建立健全贷款管理制度，明确贷前调查、贷时审查和贷后检查业务流程和操作规范，切实加强贷款管理。小额贷款公司应加强内部控制，按照国家有关规定建立健全企业财务会计制度，真实记录和全面反映其业务活动和财务活动。

小额贷款公司应按照有关规定，建立审慎规范的资产分类制度和拨备制度，准确进行资产分类，充分计提呆账准备金，确保资产损失准备充足率始终保持在100%以上，全面覆盖风险。

小额贷款公司应建立信息披露制度，按要求向公司股东、主管部门、向其提供融资的银行业金融机构、有关捐赠机构披露经中介机构审计的财务报表和年度业务经营情况、融资情况、重大事项等信息，必要时应向社会披露。

小额贷款公司应接受社会监督，不得进行任何形式的非法集资。从事非法集资活动的，按照国务院有关规定，由省级人民政府负责处置。对于跨省份非法集资活动的处置，需要由处置非法集资部际联席会议协调的，可由省级人民政府请求处置非法集资部际联席会议协调处置。其他违反国家法律法规的行为，由当地主管部门依据有关法律法规实施处罚；构成犯罪的，依法追究刑事责任。

中国人民银行对小额贷款公司的利率、资金流向进行跟踪监测，并将小额贷款公司纳入信贷征信系统。小额贷款公司应定期向信贷征信系统提供借款人、贷款金额、贷款担保和贷款偿还等业务信息。

六、小额贷款公司的终止

小额贷款公司法人资格的终止包括解散和破产两种情况。小额贷款公司可因下列原因解散：（一）公司章程规定的解散事由出现；（二）股东大会决议解散；（三）因公司合并或者分立需要解散；（四）依法被吊销营业执照、责令关闭或者被撤销；（五）人民法院依法宣布公司解散。小额贷款公司解散，依照《公司法》进行清算和注销。

小额贷款公司被依法宣告破产的，依照有关企业破产的法律实施破产清算。

小额贷款公司依法合规经营，没有不良信用记录的，可在股东自愿的基础上，按照《村镇银行组建审批指引》和《村镇银行管理暂行规定》规范改造为村镇银行。

七、其他

中国银行业监督管理委员会派出机构和中国人民银行分支机构，要密切配合当地政府，创造性地开展工作，加强对小额贷款公司工作的政策宣传。同时，积极开展小额贷款培训工作，有针对性地对小额贷款公司及其客户进行相关培训。

本指导意见未尽事宜，按照《中华人民共和国公司法》、《中华人民共和国合同法》等法律法规执行。

本指导意见由中国银行业监督管理委员会和中国人民银行负责解释。

请各银监局和人民银行上海总部、各分行、营业管理部、各省会（首府）城市中心支行、副省级城市中心支行联合将本指导意见转发至银监分局、人民银行地市中心支行、县（市）支行和相关单位。

中国银行业监督管理委员会　中国人民银行
二〇〇八年五月四日

中国人民银行、财政部、人力资源和社会保障部关于进一步改进小额担保贷款管理积极推动创业促就业的通知

银发〔2008〕238 号

中国人民银行上海总部，各分行、营业管理部，各省会（首府）城市中心支行，各副省级城市中心支行，各省、自治区、直辖市、计划单列市财政厅（局）、人事厅（局）、劳动保障厅（局），财政部驻各省、自治区、直辖市、计划单列市财政监察专员办事处，各国有商业银行、股份制商业银行、中国邮政储蓄银行：

为落实《中华人民共和国就业促进法》和《国务院关于做好促进就业工作的通知》（国发〔2008〕5 号）精神，进一步改进下岗失业人员小额担保贷款（以下简称小额担保贷款）管理，积极推动创业促就业，经国务院同意，现就有关事项通知如下：

一、进一步完善小额担保贷款政策，创新小额担保贷款管理模式和服务方式

（一）允许小额担保贷款利率按规定实施上浮。自 2008 年 1 月 1 日起，小额担保贷款经办金融机构（以下简称经办金融机构）对个人新发放的小额担保贷款，其贷款利率可在中国人民银行公布的贷款基准利率的基础上上浮 3 个百分点。其中，微利项目增加的利息由中央财政全额负担；所有小额担保贷款在贷款合同有效期内如遇基准利率调整，均按贷款合同签订日约定的贷款利率执行。本通知发布之日以前已经发放、尚未还清的贷款，继续按原贷款合同约定的贷款利率执行。

（二）扩大小额担保贷款借款人范围。在现行政策已经明确的小额担保贷款借款人范围的基础上，符合规定条件的城镇登记失业人员、就业困难人员，均可按规定程序向经办金融机构申请小额担保贷款。小额担保贷款借款人的具体条件由各省（自治区、直辖市）制定。其中，对申请小额担保贷款从事微利项目的，中央财政给予贴息。具体贴息比例和办法，由财政部会同有关部门制定。

（三）提高小额担保贷款额度。经办金融机构对个人新发放的小额担保贷款的最高额度为 5 万元，还款方式和计、结息方式由借贷双方商定。对符合条件的人员合伙经营和组织起来就业的，经办金融机构可适当扩大贷款规模。

（四）创新小额担保贷款管理模式和服务方式。鼓励有条件的地区积极创

新、探索符合当地特点的小额担保贷款管理新模式。各经办金融机构在保证小额担保贷款安全的前提下，要尽量简化贷款手续，缩短贷款审批时间，为失业人员提供更便捷、更高效的金融服务。对信用记录好、贷款按期归还、贷款使用效益好的小额担保贷款的借款人，银行业金融机构要积极提供信贷支持，并在资信审查、贷款利率、贷款额度和期限等方面予以适当优惠。

二、改进财政贴息资金管理，拓宽财政贴息资金使用渠道

（一）完善小额贷款担保基金（以下简称担保基金）的风险补偿机制。各省级财政部门（含计划单列市，下同）每年要安排适当比例的资金，用于建立和完善担保基金的持续补充机制，不断提高担保基金的代偿能力。中央财政综合考虑各省级财政部门当年担保基金的增长和代偿情况等因素，每年从小额担保贷款贴息资金中安排一定比例的资金，对省级财政部门的担保基金实施奖补，鼓励担保机构降低反担保门槛或取消反担保。

（二）建立小额担保贷款的有效奖补机制。中央财政按照各省市小额担保贷款年度新增额的一定比例，从小额担保贷款贴息资金中安排一定的奖补资金，主要用于对小额担保贷款工作业绩突出的经办金融机构、担保机构、信用社区等单位的经费补助。具体奖补政策和担保基金的风险补偿政策由财政部根据小额担保贷款年度发放回收情况、担保基金的担保绩效等另行制定。

（三）进一步改进财政贴息资金管理。各省级财政部门要管好用好小额担保贷款财政贴息资金，保证贴息资金按规定及时拨付到位和专款专用。小额担保贷款贴息资金拨付审核权限下放至各地市级财政部门。各地市级财政部门要进一步简化审核程序，加强监督管理，贷款贴息情况报告制度由按月报告改为按季报告。

三、加大对劳动密集型小企业的扶持力度，充分发挥其对扩大就业的辐射拉动作用

（一）放宽对劳动密集型小企业的小额担保贷款政策。对当年新招用符合小额担保贷款申请条件的人员达到企业现有在职职工总数 30%（超过 100 人的企业达 15%）以上、并与其签订 1 年以上劳动合同的劳动密集型小企业，经办金融机构根据企业实际招用人数合理确定小额担保贷款额度，最高不超过人民币 200 万元，贷款期限不超过 2 年。

（二）经办金融机构对符合上述条件的劳动密集型小企业发放小额担保贷款，由财政部门按中国人民银行公布的贷款基准利率的 50% 给予贴息（展期不贴息），贴息资金由中央和地方财政各负担一半。经办金融机构的手续费补贴、呆坏账损失补贴等仍按现行政策执行。

（三）鼓励各省级和省级以下财政部门利用担保基金为符合条件的劳动密

集型小企业提供贷款担保服务。具体管理政策由各省级财政部门牵头制定，并报财政部备案。

四、进一步完善"小额担保贷款＋信用社区建设＋创业培训"的联动工作机制

（一）各地要积极依托社区劳动保障平台，进一步做好创业信息储备、创业培训、完善个人资信、加强小额担保贷款贷后跟踪管理等工作，促进"小额担保贷款＋信用社区建设＋创业培训"的有机联动。对经信用社区推荐、参加创业培训取得合格证书、完成创业计划书并经专家论证通过、符合小额担保贷款条件的借款人，要细化管理，积极推进降低反担保门槛并逐步取消反担保。

（二）认真落实《中国人民银行　财政部　劳动和社会保障部关于改进和完善小额担保贷款政策的通知》（银发〔2006〕5号）的有关规定，进一步细化和严格信用社区标准和认定办法，加强对信用社区的考核管理工作，及时总结信用社区创建工作好经验、好做法，逐步建立和完善有效的激励奖惩机制。具体考核指标和考核办法由各省级财政部门牵头制定。

（三）各地人力资源社会保障、财政部门和中国人民银行分支机构要进一步密切协作，充分利用当地就业工作联席会议制度，建立信用社区建设联动工作机制，积极健全和完善"人力资源和社会保障部门组织创业培训—信用社区综合个人信用评级—信用社区推荐—经办金融机构发放贷款—信用社区定期回访"的小额担保贷款绿色通道。

除本通知外，中国人民银行、财政部、原劳动和社会保障部等部门已经发布的有关小额担保贷款的相关规定继续执行。与本通知政策规定不一致的，以本通知为准。

请中国人民银行各分支机构联合当地财政、人力资源社会保障部门将本通知速转发至辖区内相关金融机构。

中国人民银行　财政部　人力资源和社会保障部

二〇〇八年八月四日

工业和信息化部关于支持引导中小企业信用担保机构加大服务力度缓解中小企业生产经营困难的通知

工信部企业〔2008〕345号

各省、自治区、直辖市和计划单列市经贸委（经委）、中小企业管理部门

（局、厅、办）：

为贯彻落实党中央、国务院关于保持经济稳定增长的决策部署，充分发挥信用担保机构在支持中小企业发展中的重要作用，现就支持引导中小企业信用担保机构加大对中小企业贷款担保服务力度、缓解中小企业生产经营困难等问题通知如下：

一、切实提高对中小企业信用担保服务重要性和紧迫性的认识

近年来全国中小企业信用担保体系建设取得积极进展，以中小企业信用担保机构为主体的担保业已初步形成，担保资金逐步增加、业务能力不断增强、服务领域正在拓展、运行质量逐年提高、企业和社会效益显著提高，为中小企业快速发展提供了有力支撑。

当前，受国内外经济形势变化，特别是金融危机影响，部分地区和行业的中小企业生产经营出现较大困难。中小企业融资难更为突出，资金供应矛盾加剧，一些企业因资金链断裂而停产倒闭，已影响到企业生产的基本稳定。各级中小企业管理部门要高度重视目前中小企业的经营困难，从经济社会发展的大局出发，从践行科学发展观的要求，加快结构调整和促进经济增长的责任出发，从保持社会稳定，保证就业稳定出发，必须高度重视中小企业信用担保工作。引导担保机构充分发挥自身在提升中小企业信用，分散分担中小企业贷款风险，缓解中小企业融资难方面的重要作用。

二、切实引导支持中小企业信用担保机构加大对经营困难的中小企业担保服务力度

面对当前中小企业生产经营困难，要引导中小企业信用担保机构创新体制机制，积极拓展担保业务，切实采取有效措施，帮助中小企业尽快走出困境。支持担保机构简化贷款担保手续，坚持便利原则，便捷企业申请，有条件的可开辟贷款担保绿色通道，尽量缩短贷款担保办理时间。要加强与银行协商，争取在授信额度内采取"一次授信、分次使用、循环担保"方式，提高审保和放贷效率。

合理确定并适当降低贷款担保收费标准。综合考虑借款人信用等级、贷款方式、贷款金额、贷款期限、管理成本、风险水平、资本回报及当地市场利率水平等因素，严格按照国家有关规定确定贷款担保收费标准。对有产品、有信用、有发展前景，确因生产经营出现困难的中小企业，要降低担保收费标准，特别是对中央和地方财政补助的担保机构要实行低收费，减轻企业融资成本。对还款确有困难的企业，要积极加强与协作银行沟通，争取予以适当展期，或由短期贷款转为中期贷款，以实现续贷续保，帮助企业渡过难关。

各地中小企业主管部门要引导支持中小企业信用担保机构改进贷款担保服

务方式，及时了解企业特别是经营困难的资金需求，积极主动寻找客户。对客户群要作市场细分，对重点和优质客户，要在担保审批、收费标准、信用额度、担保种类等方面提供方便和优惠。对暂时达不到担保要求的中小企业，要开展咨询和培训等服务，培育潜在担保客户。

三、切实发挥担保机构在促进中小企业转变发展方式上的积极作用

当前中小企业生产经营困难主要集中于出口加工型和轻工、纺织等劳动密集型企业。这类企业正处于结构调整和产业升级关键时期，要引导中小企业担保机构在推进中小企业结构调整、产业升级、转变发展方式方面发挥促进作用。注重支持市场开拓功能强、有自主品牌、有专利技术的创新型企业以及产品质量好、节能环保的中小企业的贷款担保需求，优先为有产品、有市场、有信用、符合产业政策的中小企业提供便捷快速贷款担保服务。对中小企业调整、重组和改造项目，要加大担保支持。对就业容量大、劳动密集型的中小企业，要积极提供一些确保生产岗位稳定的担保业务。对工艺技术落后、安全生产隐患大、产品质量差、环保不达标的企业，不能提供担保。

要引导担保机构拓展贷款担保用途。根据当地经济发展和就业情况，除积极提供短期流动资金贷款担保需求外，积极为中长期贷款提供担保服务。当前，要配合有关部门为下岗职工安置就业和创业提供融资担保服务。

四、引导担保机构规范业务，防范风险

针对当前中小企业面临的形势，在推进中小企业信用担保机构大力拓展贷款担保业务同时，各级中小企业管理部门也要积极引导中小企业信用担保机构高度重视防范担保风险。完善内部风险管理制度，确保充足的现金流，切实防范担保风险。要切实加强对担保机构运营的监控，及时跟踪贷款担保走向及变化，形成有效的风险识别、预警和应急处理机制，适时建立对担保风险定期分析制度，发布担保市场和担保运营情况的信息。

各级中小企业管理部门要加大监管力度，引导中小企业信用担保机构加强自身管理，规范操作行为。对从事小额贷款担保、帮助中小企业解决当前困难的担保机构形成的代偿损失，要通过财政补助、风险分担等多种措施降低担保风险，确保担保能力不受影响。通过市场信息收集和评估，定期分析行业风险、产业链风险和受保企业风险，切实防范和化解担保风险。

五、加强对担保机构的组织协调和服务指导

各级中小企业管理部门要加强与财政、人行、税务、银监等部门协调配合，采取有效政策引导中小企业信用担保机构加大对目前经营困难的中小企业担保服务支持力度。对中小企业信用担保机构开展的小额贷款担保服务，要积极争取各级财政支持，用好中央财政担保业务风险补偿、奖励和营业税减免等

政策。对信用好、管理能力强、业绩突出的中小企业信用担保机构，引导协作银行与其建立平等紧密的合作关系，建立风险分担机制，共同缓解中小企业融资难问题。

各级中小企业管理部门要加强对中小企业信用担保机构的宣传，认真总结推广好的做法和先进经验。坚定克服当前困难的信心，加大调研力度，对由于融资难、贷款难、担保难影响到中小企业生产经营困难等问题，特别是停产亏损企业情况和下岗职工等影响社会稳定的问题，要高度关注，并及时分析，加强信息反馈，上下配合，齐心协力，为促进中小企业稳定健康发展做出应有贡献。

二〇〇八年十一月二十八日

中央财经大学民泰金融研究所联系方式

电话：010 – 62288868 转 6107

E – mail：mintaiyjs@ sina. com

地址：北京市海淀区学院南路 39 号中央财经大学专家楼 107 室

邮编：100081